HEIDE SOMMER

Lassen Sie mich mal machen

HEIDE SOMMER

Lassen Sie mich mal machen

Fünf Jahrzehnte als Sekretärin berühmter Männer

Ullstein

Ullstein ist ein Verlag der Ullstein Buchverlage GmbH

ISBN 978-3-550-20016-8

3. Auflage 2019
© 2019 by Ullstein Buchverlage GmbH, Berlin
Alle Rechte vorbehalten
Lektorat: Christian Seeger
Gesetzt aus der Sabon
Satz und Repro: LVD GmbH, Berlin
Druck und Bindearbeiten: GGP Media GmbH, Pößneck

Inhalt

Wie alles begann	7
Woher – wohin? Kindheit in Bad Kissingen	15
Der Umzug nach Hamburg	28
Das Berufsleben beginnt	36
Sommertage	58
Ende einer Affäre – Affäre ohne Ende	74
Bei Carl Zuckmayer in Saas-Fee	83
Kleiner Exkurs: Bei Henri Nannen in Positano	97
Die Wendeltreppe, der 70. Geburtstag und ein kostbarer Ring	101
Rückkehr nach Hamburg	110
Beim *Spiegel*	116
Bei Augstein	128
Mit Theo in Israel	142
Mit Augstein im Wahlkampf	156
Trennung und Rückkehr in die Arbeitswelt	170
An der Hamburgischen Staatsoper	181
Die Eroberung des Fritz J. Raddatz	199
Drei Jahre Doppelspitze	216
Letzte Jahre mit Raddatz	233
Epilog	249
Personenregister	251
Bildnachweis	256

Wie alles begann

Im Herbst 1962 besuchte Fräulein Heide Grenz, gerade zweiundzwanzig Jahre alt geworden, im Hamburger Amerika-Haus, dieser damals noch existierenden fabelhaften Institution in der Nähe des Dammtorbahnhofs, eine Podiumsdiskussion, an der auch Theo Sommer von der Wochenzeitung *Die Zeit* teilnahm. Es ging um die deutsch-amerikanischen Beziehungen unter dem Anfang 1961 ins Amt gekommenen demokratischen US-Präsidenten John F. Kennedy und dessen Verhältnis zur NATO und zu dem störrischen Bundeskanzler Konrad Adenauer, der dann ein Jahr später, fünf Wochen vor Kennedys Ermordung, als Kanzler zurücktrat. Ich rufe mir das hier selber in Erinnerung, denn in der Rückschau verliert man die zeitlichen Dimensionen doch leicht aus den Augen. So steht bei mir Adenauer für das »alte« Westdeutschland in grauer Vorzeit, Kennedy hingegen als Inbegriff für meine, unsere Zeit, und das eigentlich bis heute. Seine so kurze, nur gut zweieinhalb Jahre während Amtszeit hat mich begeistert und geprägt und ist mir immer noch sehr lebendig, als sei es gestern gewesen.

Aber es ging auch um die Beziehungen des Westens zum sogenannten Ostblock, den Kalten Krieg und die Situation Westberlins. Immerhin war am 13. August 1961, also nur ein Jahr zuvor, die Berliner Mauer gebaut worden, die Situation war noch neu und schockierend. Noch heute habe ich die näselnde Eunuchenstimme von Walter Ulbricht und seinen sächsischen Dialekt im Ohr, wie er am 15. Juni 1961 auf einer Pressekonferenz die Frage einer Journalistin von der *Frankfurter Rundschau* mit den Worten beantwortete: »Niemand hat die Absicht, eine Mauer zu errichten.« Und acht Wochen später geschah es dann doch. Da war also viel Aufklärungs- und Diskussionsbedarf, aber an dem Abend im Amerika-Haus ging es nicht nur um die Ereignisse hier bei uns, sondern auch um den Krieg der Amerikaner in Vietnam.

Theo Sommer faszinierte und beeindruckte mich auf Anhieb, und ich fing an, seine Zeitung zu lesen. Und fasste den Entschluss: Da will ich arbeiten! Man muss vielleicht wissen oder sich in Erinnerung rufen, wie die Situation damals in Westdeutschland war: Vollbeschäftigung, Arbeitskräftemangel, Gastarbeiter. Stellenanzeigen noch und noch in den regionalen und überregionalen Tageszeitungen. Allein der Stellenmarkt einer Samstagsausgabe des *Hamburger Abendblatts* war doppelt so dick wie die ganze Zeitung heutzutage. Und es wurden tatsächlich Stenotypistinnen und Sekretärinnen gesucht, nicht etwa studierte Assistentinnen mit EU-Zertifikat und auch nicht männliche Sekretäre oder Assistenten der Geschäftsleitung. So gesehen war es das »Zeitalter der Frauen«, aber in einem anderen Sinn, als wir es heute gerne sähen. Es war die Zeit *vor* '68 und *vor* Alice Schwarzer. Ohne weibliches Personal in den Vorzimmern der Büros und Vorstandsetagen, ohne die dienstbeflissenen, fleißigen Arbeitsbienen lief gar nichts, und noch in den Siebzigern sang Konstantin Wecker in einem Song, der mir sehr ans Herz ging: »Was tat man den Mädchen, die wie Schirme und Nelken/liegen gelassen in Vorzimmern welken?« Ja, so war es, viele von uns gingen ganz in ihrer Arbeit auf, liebten womöglich ihren verheirateten Chef, wie es mir dann ja auch geschah, und vergaßen, dass sie auch ein eigenes Leben hätten haben können, ja sollen.

Nun, ich hatte nicht vor zu verwelken, sondern versprach und erhoffte mir ein interessantes, anregendes Leben, erfüllt von der Arbeit, die ich mir nun bei der *Zeit* suchen wollte. Auf fünf Bewerbungen kamen damals sechs Zusagen – und das sofort.

Auch Initiativbewerbungen lagen hoch im Kurs und hatten Erfolg, und – es ist unschwer zu ahnen – das war meine Strategie. Geschnatzt und wieder aufgesatzt wie die Grimm'sche Gänsemagd, allerdings mit kurzen Haaren, marschierte ich im Februar 1963 mit meinen noch spärlichen Zeugnissen zum Hamburger Pressehaus am Speersort, stieg in den Paternoster und landete im fünften Stock beim weiblich bewohnten Glaskasten. Die junge Dame – es war die unglaublich dicke, aber wahnsinnig nette, sanguinische, höchst appetitliche Sonja mit dem tollen schwarzen Lidstrich, deren bloße Gegenwart wie Seelenbalsam wirkte – machte einen Anruf und schickte mich direkt weiter zur Personalabteilung, wo ich sofort bei Frau von Rechenberg vorgelassen wurde. Nach kurzem Studium meiner Unterlagen und einem ad hoc arrangierten Gespräch mit Marion Gräfin Dönhoff, damals Leiterin der politischen Redaktion und stellvertretende Chefredakteurin, bekam ich, schwupps, allerdings nicht ohne eindringliche gräfliche Ermahnung, dass es pünktlichen Feierabend wohl kaum geben würde, die Anstellung als Sekretärin in der politischen Redaktion. So einfach war das damals im boomenden Westdeutschland. Ich war genau dort, wo ich hinwollte, und ab sofort zuständig für vier Redakteure und einen noch zu erwartenden Volontär. Dieser war Kai Hermann, später berühmt geworden mit seiner *Stern*-Reportage »Christiane F. – Wir Kinder vom Bahnhof Zoo«. Die Redakteure waren Theo Sommer (Außenpolitik, NATO und transatlantische Beziehungen), Hans Gresmann dito, mit glanzvoller Stilistik, Dietrich Strothmann mit Schwerpunkt Israel und Rolf Zundel (Innenpolitik).

Aber als ich dann Mitte Februar erwartungsvoll meinen Dienst antrat, war Theo Sommer gar nicht da. Er absolvierte gerade für drei Monate eine Hospitanz bei der Londoner Sonntagszeitung *The Observer*, mit der die *Zeit* eine Art Kooperation vereinbart hatte. Gräfin Dönhoff, die ihrerseits weltweite

Verbindungen zu den bedeutendsten Journalisten und Politikern pflegte, hatte ihn dort hingeschickt. Man wollte den Anschluss an internationale Standards des Zeitungmachens nicht verpassen, und Sommer sollte sich umsehen und etwas Flair und Know-how von den Londoner Zeitungsmachern mit nach Hamburg bringen. Ich konnte es kaum erwarten, ihn persönlich kennenzulernen. Telefoniert hatten wir schon, und auch meine Taillenweite hatte ich ihm bereits durchgegeben, denn wie den anderen Damen auf der Redaktion machte er auch seiner neuen, von der Gräfin eingestellten und ihm noch unbekannten Sekretärin das Angebot, einen echten schottischen Kilt und das dazu passende Cashmere-Twinset von Pringle aus London mitzubringen, und zwar zu einem sehr viel günstigeren Preis als auf dem Kontinent. Solche Kleidungsstücke gab es in Hamburg nur für teures Geld bei Ladage & Oelke, dem Traditionsgeschäft am Neuen Wall, wo man auch die unverwüstlichen hauseigenen Dufflecoats mit den Knebelknöpfen aus Leder kaufte, die ein Leben lang hielten und von Schülern, Studenten, 68er-Revolutionären, radfahrenden Lehrern und Professoren bis ins hohe Alter getragen wurden.

Das Angebot, mir auch einen Kilt mitzubringen, und zwar einen echten Männerkilt – das war ja das Besondere – mit dieser enormen Weite, in die sieben bis acht Meter feinster, in dichte Falten gelegter Wollstoff verarbeitet werden, konnte ich nicht ablehnen. Keine Ahnung, wie Sommer die Stücke damals durch den Flughafenzoll bekommen hat, ich müsste ihn mal fragen … Die Größe von Kilt und Twinset bemaß er nach dem übermittelten Taillenumfang, und so stellte er sich seine neue Sekretärin als zierliches, schmächtiges Mädchen vor. Schlank war ich wohl, aber doch auch hochgewachsen, und das hat ihn, neben einigen anderen »Features«, umgehauen, als wir uns dann endlich sahen.

Theo Sommer war damals zweiunddreißig Jahre alt. Er war

einer der ersten jungen Deutschen gewesen, die nach Krieg und raschem Abitur zum gesponserten Studium ins Ausland gehen konnten: ein Jahr Schweden, ein Jahr Chicago, wo zwei amerikanische Lehrerinnen ihn förderten und für ihn bürgten. Nach Erfahrungen als Redakteur bei der *Rems-Zeitung* in Schwäbisch Gmünd hatte die Gräfin ihn 1958 zur *Zeit* geholt. Er war verheiratet mit einer fast zehn Jahre älteren, sehr schmalen, zerbrechlich wirkenden Griechin, die er in Chicago an der Uni kennengelernt hatte, und Vater von zwei Söhnen, der ältere neun, der zweite gerade mal ein Jahr alt. Seine Frau war während des Zweiten Weltkriegs in Griechenland Partisanin gewesen. Sie bekam, als ihr Pass ablief, in den USA kein neues Visum mehr und hätte ausreisen müssen. Sommer war fasziniert von ihrem levantinischen Wesen und ihrem exotischen Aussehen, heiratete sie und rettete ihr so das Leben, denn mit einem deutschen Pass konnte ihr nichts mehr geschehen, während sie mit ihrem abgelaufenen griechischen Pass nirgendwo mehr hin konnte und in ihrem Heimatland bei der Einreise sofort verhaftet und vermutlich umgebracht worden wäre.

Schon sehr jung, mit dreiundzwanzig, war Sommer zum ersten Mal Vater geworden. In den ersten Jahren in Deutschland, in Schwäbisch Gmünd, verdiente die studierte Biochemikerin das Geld für die Familie, während Sommer zwar schon journalistisch tätig war, aber doch sein Studium bis zur Promotion bei Hans Rothfels in Tübingen noch zu Ende bringen wollte. Den ersten Sohn, den heute sechsundsechzigjährigen Journalisten Jerry Sommer, nahmen sie oft mit nach Griechenland, wo sie jedes Jahr mehrere Wochen in Athen die Familie besuchten und anderswo Ferien machten. Sie hatten einen VW-Käfer ohne Schiebedach und fuhren damit die fast dreitausend Kilometer lange Strecke durch Österreich, dann über den nach dem pechschwarzen Dieselabgas stinkenden und mit Schafherden, Rindern und Hühnern bevölkerten einspurigen Autoput durch Jugoslawien und schließlich über die kurvenreichen Staub- und Schotterstraßen Griechenlands, die einen schwindelig machten vor Hitzeflimmern, gefährlichen Biegungen und steilen Abgründen. Unter Anleitung seiner Frau entwickelte Sommer seine Liebe zu Griechenland, die griechische Seite seiner Mentalität. Er lernte, sich auf Griechisch zu unterhalten, und war im Urlaub optisch von einem echten griechischen Bauern kaum zu unterscheiden.

Die Atmosphäre auf der Redaktion veränderte sich schlagartig, als Theo Sommer aus London zurück war. Nun hockten die Redakteure in kleinen Grüppchen in ihren winzigen Stuben zusammen und erzählten, redeten, diskutierten, lachten und – rauchten. Die Geselligkeit nahm zu, die Aschenbecher quollen über, aber das war damals ganz normal, man kannte es nicht anders. Die Schwaden kalten Rauchs waren am nächsten Morgen von den Putzkolonnen ausgelüftet worden, die überladenen Aschenbecher geleert, die alten Zeitungen entsorgt. Sommer war offensichtlich wohlgelitten, ein leidenschaftlicher, jovialer Zeitungsmacher mit guten Ideen, Überzeugungskraft und Durchsetzungsvermögen, der die Arbeit über die Familie stellte, obwohl er sich einen Familienmenschen nannte. Das war er auch, aber wenn andere Redakteure über Müdigkeit klagten und nach Hause strebten, hatte er immer noch Kraft und konnte kein Ende finden. Ein echter Workaholic.

Und nun traf er auf diese große, schlanke, blonde, zehn Jahre jüngere Frau, offen, wissbegierig und tüchtig, kurzhaarig wie Jean Seberg in »Außer Atem«, dem Kultfilm der Nouvelle Vague von Jean-Luc Godard, anpassungsfähig und flexibel und offenbar von ihm beeindruckt. Dass das nicht spurlos an ihm vorüberging, vorübergehen konnte, war sehr schnell klar. Ich war befangen, aber auch sehr gespannt auf unsere Zusammenarbeit. Diese gestaltete sich rasch überaus produktiv und hingebungsvoll, denn auch ich wurde zum Workaholic, vor allem, weil Theo Sommer mir deutlich zeigte, dass und wie sehr er mich schätzte. Nichts beflügelt mehr als Anerkennung und Lob, selbst wenn es unausgesprochen bleibt. Ich spürte, dass wir gut harmonierten und dass ich Quantensprünge in meiner Entwicklung machte. Ich wollte ihm gerecht werden, ihn nicht enttäuschen.

Bei Sommers Artikeln, die ich aufmerksam von der Handschrift abtippte, traute ich mich von Anfang an, Einwände und Verbesserungsvorschläge vorzubringen. Das war eine Frage des Vertrauens und des Engagements. Er ging darauf ein, was mich stolz und glücklich machte. Es war ein Erlebnis für uns beide, eine Offenbarung, und es machte Spaß. Für mich war es perfekt. Ich teilte täglich seine langen Arbeitsstunden mit ihm, fühlte mich privilegiert gegenüber seiner und vielen anderen Ehefrauen, die ihre Männer nur morgens und abends sehen, wenn sie noch oder schon wieder müde sind.

Sommer und seine Frau sprachen Englisch miteinander, ihr Deutsch war schlecht. Dass einem Mann der Sprache, einem Journalisten und Autor, der dem Blatt mit seinen Leitartikeln und Reportagen den Stempel aufdrückte und Qualitätsstandards setzte, dass so einem diese adrette junge Frau mit ihrem hübschen Lächeln und ihrer gepflegten deutschen Sprache ans Herz ging, ja gehen musste, war unvermeidlich. Rasch bildete sich zwischen uns ein stilles Einvernehmen über Sprachgefühl, über die Qualität von Sätzen, Absätzen und ganzen Artikeln.

Beim Diktieren seiner umfangreichen und interessanten Korrespondenz ins Stenogramm, deutsch und englisch, kamen wir uns näher. Das brachte die Arbeitssituation so mit sich, wenn er an den stillen Mittwochnachmittagen leicht angemüdet an seinem Schreibtisch saß, ich auf dem Besuchersessel daneben, den Block auf dem über das andere Bein geschlagenen

Knie. Die Redaktion war dann fast leer, die Zeitung im Druck, die Kollegen schauten nur kurz herein und tauschten kryptische Bemerkungen, die sich schon auf die Themen der neuen Ausgabe bezogen. Theo Sommer und ich tauschten derweil Blicke, wohlwollende Blicke, fragende Blicke, die keiner Antwort bedurften.

Die Gewissheit, dass wir uns schätzten und mochten, wuchs von Tag zu Tag, und ganz allmählich begann es zu knistern, doch anfangs nur professionell, weil uns die Arbeit so viel Freude machte. Für mich öffnete sich wieder einmal die Welt, denn die diktierten Briefe gingen nach England, Amerika, Frankreich, Japan und in viele andere Länder, darunter auch solche, in denen ich selbst seit der Schulzeit Brieffreundschaften pflegte. Es ging um die Bestellung von Artikeln für die nächsten Ausgaben, internationale Konferenzen, an denen Sommer als einer der aufstrebenden politischen Journalisten jener Zeit teilnahm, oder einfach um Kontaktpflege mit Politikern, Professoren, Freunden, bei denen er sich für ihre Gastfreundschaft bei Begegnungen auf seinen jüngsten Dienstreisen bedankte. Das gefiel mir, und ich saugte die neue Lebensart in mich auf.

Woher – wohin?
Kindheit in Bad Kissingen

Am Anfang ihrer Autobiografie, die ich 1992 das Vergnügen hatte, aus dem Englischen ins Deutsche zu übersetzen, schreibt Vanessa Redgrave: »Die erste Erinnerung, die ich mir scharf ins Gedächtnis zurückrufen kann, ist ein früher Sommermorgen im August 1940, als ich drei Jahre alt war. Ich bin allein in einem Garten und esse eine Schüssel Kellogg's Rice Krispies mit Milch. Die Sonne scheint, die Luft duftet kühl, süß und dämpfig von der Feuchtigkeit des Grases und der Blätter eines riesigen Kastanienbaumes. Ein paar Fliegen und Mücken schweben in der Luft; ihr Summen und das Knuspern der Krispies sind die einzigen Geräusche in der Stille. Plötzlich erfüllt ein ungeheures Gejaule den ganzen Himmel. Ein hölzernes Schiebefenster im obersten Stockwerk fliegt krachend hoch. Dulcie Shave, das Kindermädchen meines Bruders Corin, der ja noch ein Baby war, steckt den Kopf heraus und ruft laut: ›Vanessa! Komm ins Haus. Komm ins Haus – SOFORT!‹ Das Gejaule kam von einer Sirene, die den ersten Fliegeralarm gab, den ich in meinem Leben gehört habe.«

Ich bildete mir ein, der hier beschriebene dramatische Sommermorgen sei der Tag meiner Geburt gewesen, denn am 8. August 1940 stand meine Mutter, nach sechsunddreißigstündigen Wehen ohne Beistand, in Berlin auf einem Stuhl an einem offenen Fenster in der Charité und schrie laut: »Wenn nicht jetzt sofort einer kommt, springe ich!« Woraufhin man mich mithilfe einer Saugglocke eiligst ins Leben zerrte.

Emmy war ohne ihren Mann, denn der war mit dem Berliner Kammerorchester unter Hans von Benda zur Frontbetreuung irgendwo in den von Hitler eroberten Teilen Europas auf Konzertreise. Immerhin kann ich sicher sein, dass mein Vater nicht mit der Knarre, sondern mit der Bratsche unterm Arm in den Krieg gezogen ist und ganz bestimmt niemandem etwas zuleide getan hat. Ein gutes Gefühl, obwohl er an Hitlers Geburtstag 1942 doch noch in die Partei eintrat – aus reinem Opportunismus, denn Artur Grenz war nicht nur Instrumentalist, sondern auch Kapellmeister und Komponist, einer der letzten Hindemith-Schüler bis zu dessen Emigration, ein begabter Hund mit Aussicht auf eine große Karriere, um die er fürchtete, wenn er sich offen gegen die Nazis stellte. Doch die Rechnung ging nicht auf, denn nach dem Krieg, als er in den Fünfzigerjahren Solobratscher beim Nordwestdeutschen Rundfunk in Hamburg war, wie der Sender vor der Trennung in WDR und NDR hieß, blieb ihm eine Karriere als Dirigent versagt – eben wegen seiner früheren Parteizugehörigkeit.

Emmy, typisch meine Mutter, war standhaft geblieben und schrieb auf jeden Wahlzettel: Hitler verrecke! – auch noch, als der schon längst verreckt war. Sie war eigentlich mit Robert A. Ottosson verlobt gewesen, dem begabtesten Kommilitonen an der Berliner Musikhochschule, einem Juden. Der wanderte rechtzeitig aus, nach Island, wo er bald die Sprache so perfekt sprach, dass er als Einheimischer durchging, als einer von ihnen geliebt wurde und als Kirchenmusikrat und Pädagoge eine große Rolle im isländischen Musikleben spielte. Emmy wollte hinterher, wurde aber von Freunden, Kollegen und ihrer Familie zurückgehalten. Sie war nicht stark genug, hatte Angst vor der Ungewissheit eines Lebens in Island, konnte sich nicht von Berlin und ihrem Klavierstudium trennen.

In die Bresche sprang ihr heimlicher Verehrer, der Mann, der dann mein Vater wurde. Sie liebten sich, waren sich nahe und durch die Musik verbunden und hielten es bis zum Ende miteinander aus. Nach einem langen gemeinsamen Leben im Dienste der Musik ging er zuerst, im September 1988. Sie starb zweieinhalb Jahre später, im Mai 1991, am Golfkrieg. »Ich fasse es nicht, mein Gehirn bleibt mir stehen, ich wünschte, ich wäre tot«, sagte sie am 17. Januar 1991, dem Tag nach den ersten Bombenflügen, drei Tage nach einem gemeinsamen Besuch bei dem jüngeren meiner beiden Brüder in Kiel. Sie deckte sich reichlich mit Zellstoff ein, denn unter dem Mangel an weichem Toilettenpapier auf dem eiskalten Plumpsklo draußen im Hof hatte sie im Krieg am meisten gelitten. Auf einem Erinnerungsfoto sieht die damals Achtzigjährige aus wie fünfundsechzig. Sie entwickelte einen rasanten Bauchspeicheldrüsenkrebs, schaffte sich selber zu Ostern ins Krankenhaus und war zu Pfingsten tot. Das nenne ich mal konsequent. Nein – noch einen Weltkrieg, wie sie ihn kommen sah, wollte sie nicht erleben.

Artur Herbert Diedrich Wilhelm Grenz, 1909 in Bremen geboren, war der Sohn polnischer Einwanderer. Der Familienname Granitza wurde eingedeutscht zu Grenz. Die Eltern hatten eine Kneipe in Bremen-Hemelingen, der Sohn, das einzige Kind, wuchs im Gastraum auf. Er war hochmusikalisch und ein begabter Turner, der nicht wusste, wohin mit seiner Kraft. Irgendwann musste er sich entscheiden: Entweder turnen, auf Händen gehen, treppauf, treppab und weite Strecken in den Weserauen, wo die Jugend damals ihre Freizeit verbrachte, oder Musikstudium: Geige, Bratsche und Klavier, Dirigieren und Komposition. Zum Turnen brauchte er starke, feste Handgelenke, für die Musik mussten sie weich und biegsam sein, das eine schloss das andere aus. Die Entscheidung fiel zugunsten der Musik.

Friederike Luise Emilie Grenz, genannt Emmy, geb. Schulz, wurde an Johanni des Jahres 1910 in Bielefeld geboren. Ihr

Vater Wilhelm Schulz war Musiker und Musiklehrer, von 1912 bis zu seinem Tod ein verdienstvoller Dirigent der »Arbeiter-Sängervereinigung Frisch Auf Bielefeld«, der am 1. Mai oder an Christi Himmelfahrt, wenn die Väter mit dem Bollerwagen auf Schinkentour gingen, große Sängerfeste und Chortreffen leitete und bis zu fünftausend Aktive im Chorgesang vereinigte. Er hinterließ im Musikleben wie in der Familie eine große Lücke, als er 1925 mit fünfzig Jahren überraschend starb. Ihn hatte der Schlag getroffen.

Es war eine große Familie mit Geschwistern, vielen Onkeln und Tanten an allen Zweigen des Stammbaums, in die meine Mutter als Nesthäkchen hineingeboren wurde. Sie hatte zwei sehr viel ältere, schon erwachsene Brüder, Walter und Otto. Walter, der jüngere, zog 1914 freiwillig in den Krieg. Als er direkt nach seiner Ankunft im Schützengraben bei Verdun nur einmal kurz den Kopf anhob, um sich umzuschauen, zack, da war er auch schon tot. Kanonenfutter. Außerdem hatte sie eine vierzehn Jahre ältere Schwester namens Else und somit eigentlich zwei Mütter.

Emmys richtige Mutter Caroline Schulz, genannt Lina, geb. Richter, war schon über vierzig, als sie mit Emmy schwanger war. Das galt damals als unanständig. Sie genierte sich und verließ nicht mehr das Haus, sobald man etwas sah. Als das Kind, meine Mutter, dann geboren war, waren alle Verwandten sehr überrascht. Else ging zu ihrer Lehrerin und meldete sich von der Schule ab: »Ich kann nun nicht mehr kommen, wir haben jetzt ein Kind.« Und übernahm es fortan, sich um das kleine Nachzüglermädchen zu kümmern, versorgte es, hielt es sauber, schob es stolz im Kinderwagen durch die Straßen von Bielefeld und war glücklich: Sie hatte eine lebendige Puppe bekommen. Und Emmy hatte zwei Mütter, die sich in ihrer Fürsorge, aber auch in ihrer Bevormundung gegenseitig überboten. Mit achtzig machte Emmy schlapp und starb noch vor ihrer um so vieles älteren Schwester, die erst mit achtundneunzig Jahren nach dreijähriger Bettlägerigkeit in einem Berliner geriatrischen Krankenhaus friedlich einschlief.

Emmy, die Musikertochter, und Artur, der Kneipensohn, lernten sich in Berlin an der Musikhochschule kennen. Sie heirateten 1939 am 7. Dezember, einem Datum, das zwei Jahre später durch den Angriff der Japaner auf Pearl Harbor zu trauriger Berühmtheit gelangte, was den beiden ihr Leben lang den Hochzeitstag verhagelte. Die jungen Musiker hatten eine schöne Wohnung in Berlin-Charlottenburg, Wilmersdorfer Straße 75, Gartenhaus. Es gab Noten, die von der kleinen Heide aus den Schränken gerissen wurden, Filme, genauer 8-mm-Schmalfilme, die mein Vater mit Begeisterung drehte, schnitt, montierte und zu Weihnachten vorführte, eine Leica und die Ausrüstung zum Bildermachen mit Entwicklerschale, Fixierbad, Vergrößerungsapparat und Trockenpresse. Außerdem mehrere Streichinstrumente, Taktstöcke und einen Steinway-Flügel, der von den Russen konfisziert wurde, was meiner Mutter das Herz brach, als sie in Mainfranken, wo wir ab 1943 lebten, davon hörte. Nie hat sie diesen Verlust verwunden, sondern zeitlebens von ihrem Flügel geträumt und ihn schmerzlich vermisst. Er soll im Konservatorium in Warschau stehen, aber zu einer Reise dorthin konnte sie sich nicht aufschwingen.

Da Artur im Krieg ständig auf Konzertreise war, schnappte Emmy sich bei Fliegeralarm in Berlin den Koffer mit den Filmen und ihr in Decken gewickeltes, mit Bindfaden auf einem Kopfkissen festgeschnalltes, wie ein Paket verschnürtes Kind und ging mit den anderen Bewohnern in den Luftschutzkeller, vier Treppen. Aber sie hatte Angst und wollte nicht allein mit mir in Berlin bleiben. Mithilfe von Freunden wurde 1943 ein kleines Holzhaus mit einem Morgen Land und einem Wäldchen drauf in Garitz bei Bad Kissingen gepachtet, das »Blaue

Teehaus«. Dort lebten wir idyllisch und bekamen von den Bombenangriffen auf die Industriebetriebe Kugelfischer und Fichtel & Sachs im nahegelegenen Schweinfurt außer dem dumpfen Grollen der Einschläge nichts mit.

Wenn Artur auf Reisen war, kamen Emmys Mütter – die richtige und ihre Schwester – aus Berlin zu Besuch und halfen mit bei den Kaninchen, den Hühnern, dem Schaf Camelia und den von Artur in den dreimonatigen Tourneepausen angelegten Erdbeer- und Gemüsebeeten. Wir waren fast Selbstversorger, denn der Boden war fruchtbar, die Hühner legten Eier, ab und zu landete eins im Kochtopf, aber zum Schlachten, auch der Kaninchen, musste ein Nachbar kommen. Im dazugehörigen Wiesenhaus schlummerte so manches Geheimnis, wie zum Beispiel die Puppen »Vater und Sohn« nach Figuren des Zeichners Erich Ohser alias e. o. plauen, zu dem Artur und Emmy über ihre angeheiratete Verwandtschaft mit dem Schauspieler Albert Florath und dessen Bruder, dem Bildhauer und Karikaturisten Alois Florath, freundschaftliche Beziehungen hegten. Die Puppen zu berühren war mir streng verboten, was den Reiz noch verstärkte und mir einen schönen Grusel bereitete.

Warum diese Angst der Eltern, der Besitz der schon arg abgegriffenen und leicht lädierten Puppen könnte entdeckt, ich könnte mit ihnen erwischt werden? Was war so gefährlich an den Puppen in unserem Wiesenhaus? Das hatte zu tun mit den Zeiten, dem Krieg, dem unter der Naziherrschaft blühenden Denunziantentum und dem seltsamen Lebenswandel meines Vaters, der immer drei Monate mit dem Berliner Kammerorchester auf Konzertreise und anschließend drei Monate am Stück im Blauen Teehaus, also zu Hause war, wo er in Feld und Wald, in Haus und Garten alles auf Vordermann bringen und gleichzeitig an seinen Kompositionen und den Bearbeitungen für Hans von Benda arbeiten konnte.

Ein anonymer Denunziantenbrief an die Reichskulturkammer in Berlin vom August 1944 ist erhalten – zusammen mit sämtlichen von mir abgetippten Briefen, die meine Eltern während des Krieges tauschten: mein 750 Seiten langes persönliches »Echolot«. Dieser anonyme Brief zeigt, mit was für üblen Machenschaften man sich zu allem Überfluss herumschlagen musste, als hätte man sonst keine Probleme. »Heute ergeht an Sie die Anfrage«, heißt es dort, »wie es möglich ist, daß ein Mitglied der Berliner Philharmoniker – Kapellmeister Arthur Grenz aus Berlin –, wochen-, ja monatelang sich in Kissingen aufhalten kann. Im Jahre 43 war er von 6 Sommermonaten mindestens 4 hier zu sehen – in diesem Jahr ist es ganz das Gleiche! Es kann doch nicht möglich sein, daß dieser Herr nur zum Komponieren beurlaubt ist, wenn tausend andere Komponisten im Waffenrock ihre Pflicht und schwersten Dienst tun. Krank ist der Mann auch nicht, denn er kann nachweislich, wenn er will, außerordentlich schwere körperliche Erdarbeit leisten. – Da wir alle der Meinung sind, daß nun wirklich jeder sein Bestes und Letztes für die Erringung des Sieges zu geben hat, auch der, der sich ›höchster Beziehungen‹ rühmt, so ergeht an Sie diese Anfrage. Heil Hitler!«

Und genau hier, im Vorhandensein von Schnüfflern und Denunzianten, liegt denn auch der Grund für die Angst meiner Eltern bezüglich der Puppen, denn die nach der Machtübernahme durch die NSDAP erfolgte Ablehnung seines Antrags auf Aufnahme in die Reichspressekammer kam für Erich Ohser einem Berufsverbot gleich. Dadurch waren auch diejenigen, die seine Bildergeschichten lasen, seine Puppen besaßen und überhaupt Kontakt mit ihm hatten, verdächtig und gefährdet. Wie heißt es so schön in Schillers »Wilhelm Tell«? »Es kann der Frömmste nicht in Frieden leben, wenn es dem bösen Nachbarn nicht gefällt ...« Nun waren meine Eltern zwar nicht fromm, aber Artur und Emmy Grenz waren einfach besorgt und auf der Hut vor der nachbarschaftlichen Inquisition.

Über Erich Ohser ist unbedingt noch zu sagen, dass er zu den vielen tragischen Figuren gehört, die sich in der Nazi-Haft lieber selber das Leben nahmen, als sich von den Nazi-Schergen umbringen zu lassen. Mit seinen gegen Hitler und Goebbels gerichteten Karikaturen hat er den Hass der Nationalsozialisten auf sich gezogen und musste das – ebenfalls aufgrund einer Denunziation – mit dem Leben bezahlen. Ebenso Erich Knauf, Journalist, Schriftsteller und Liedtexter, der am 2. Mai 1944 im Zuchthaus Brandenburg enthauptet wurde. Von den eng miteinander befreundeten »drei Erichs« Erich Ohser, Erich Knauf und Erich Kästner hat nur Letzterer das NS-Regime überlebt.

Eines Tages wollte mein Vater mit zwei leeren Koffern mit der Eisenbahn nach Berlin fahren, um noch ein paar Sachen und vor allem Notenmaterial aus der Wohnung zu holen. In Hut und Mantel ging er aus der Tür, blieb auf der Veranda stehen, setzte die Koffer ab, drehte sich um und sagte zu seiner Emmy: »Ach was, ich fahre erst morgen.« Wäre er an dem Tag gefahren und hätte er sich in dieser Nacht in der Berliner Wohnung aufgehalten, wäre er bei dem schweren Bombenangriff ums Leben gekommen, der das ganze Haus in Schutt und Asche legte. Selbst im Luftschutzkeller verbrannten alle Hausbewohner elendig. Später befragt, warum er umgekehrt und nicht gefahren sei, meinte er nur: »Ach, da hat mich so etwas angeweht, so ein Hauch …« Wie einfach und doch so schwer, die innere Stimme nicht nur wahrzunehmen, sondern auch auf sie zu hören!

Bis zum 19. Januar 1944 war ich Einzelkind und hatte eine herrliche Zeit. So viele liebe Erwachsene, die sich um mich kümmerten, mit mir über die Wiese und durch das Wäldchen spazierten, Hühner und Kaninchen fütterten, im Herbst mit dem großen Holzrechen Blätter harkten. Anhand von Fotos und Filmen kann ich mir noch genau in Erinnerung rufen, wie mir eine dicke fette Riesenspinne von hinten über Kopf und Gesicht lief, offenbar aus dem Herbstlaub aufgestöbert von meinem Rechen, den ich verträumt singend über der Schulter trug. Dieser Schreck! Die Unberechenbarkeit des schnellen Spinnenlaufs über Augen, Nase, Mund, zum Schütteln. Aber nicht totmachen, nein! Schon damals wirkte die Erziehung meines Vaters zur Ehrfurcht vor dem Leben, und sei es das Leben des kleinsten und furchterregendsten Insekts.

Eines Nachts wurde ich geweckt, warm angezogen und nach draußen auf die Wiese geführt. Dort war ein Lager aus Bettzeug eingerichtet, aber seltsam: Alle Federbetten und Kopfkissen im roten Inlett, kein weißer Kissen- oder Bettbezug störte die Dunkelheit, und auch das Blaue Teehaus lag in totaler Verdunkelung, es war stockfinster. Emmy und ihre beiden Mütter lagen mit mir und dem neuen Brüderchen draußen auf der Wiese, und wir starrten in den dunklen Himmel, an dem es bald ein wundersames Lichtspiel zu sehen gab: lauter leuchtende Christbäume fielen sanft zur Erde. So nannten die Menschen die grausamen Zeichen nahender Bombenangriffe. In Wahrheit war es Leuchtmunition, abgeworfen von sogenannten Pfadfindermaschinen, die für die nachfolgenden Bomber die Ziele markierten.

Auch auf ihren Konzertreisen durch die von Hitler eroberten Gebiete Europas oder durch die verbündeten Länder Italien, Spanien, Portugal und die Türkei mussten die Musiker die Züge nachts verdunkeln, die Fensterscheiben von innen mit Zeitungspapier oder Pappe bekleben und mit Leukoplaststreifen fixieren, um bei Angriffen ein Zersplittern möglichst zu verhindern. Um aus dem Ausland Leckereien und Kinderkleidung mitbringen zu können – der türkische Honig aus

Istanbul wurde in hauchdünne Scheiben geschnitten und als Brotbelag gegessen, das spanische Mäntelchen mit Mütze und Muff aus weißem Kaninchenfell schmückte und wärmte das Töchterchen –, reiste mein Vater oft mit vier Koffern, die Bratsche und die Leica noch dazu schräg über Schultern und Brustkorb gehängt. Beim Aus- oder Umsteigen rannte er mit zwei der schweren Koffer hundert Meter voraus und deponierte sie so, dass er sie im Blick behalten konnte, während er die anderen beiden nachholte. Dann wieder mit zwei Koffern voraus und so weiter. Die Methode funktionierte, er brachte alles sicher nach Haus. Nur einmal war er so müde, dass er beim Aussteigen seine Leica im Zugabteil vergaß. Kaum auf dem Bahnsteig, stürmte er wieder hinein, aber die Leica war schon weg.

Ab Mitte 1944 wurden die Konzertreisen des Berliner Kammerorchesters eingestellt und überhaupt alle Kulturträger aufgelöst, die Theater geschlossen. Auch die Künstler gehörten im letzten Kriegswinter zu den Massen neuer Wehrpflichtiger, die Goebbels als »Generalbevollmächtigter für den totalen Kriegseinsatz« für den »Endsieg« brauchte. Artur Grenz wurde im Spätsommer zum Schippen an den Westwall abkommandiert und schrieb am 13. September 1944 aus Brebach an der Saar an seine »Liebste Emmy«: »Ich habe das Glück gehabt, einem Holzfällerkommando zugeteilt zu werden. Ich bin also nicht mehr mit den 1000 Menschen auf einer Arbeitsstätte, sondern wir sind 25 Mann tief im Walde. Zwar haben wir keinen Bunker, aber es gibt viele Erdlöcher, in die wir uns verkriechen können. Die Jäger des Feindes, die viel am Tage hier herumfliegen, können uns nicht sehen.« Kein Wunder, dass er bis ins hohe Alter auf seinem Grundstück in Quickborn gerne Bäume fällte und sogar die Stubben selber ausgrub. Er legte sie bis zur Sohle frei und stieg zu ihnen hinab, verschwand ganz in der Grube, sägte sie in handliche, tragbare

Stücke und fuhr sie mit der Schubkarre zu einem großen Haufen Brennholz.

Im Januar 1945 wurde noch ein zweites Brüderchen geboren. Als die Wehen einsetzten, schaute das Köpfchen schon heraus. Herr Fehser konnte aber mit seiner Pferdekutsche nicht den schwer vereisten, steilen Staffelsberg hinauf, und meine Mutter musste im Pelzmantel auf dem Hintern den Berg hinunterrutschen. Wenige Tage nach der Geburt kam Artur mit heftigen Magenschmerzen vom Westwall nach Hause und ließ sich auf der anderen Seite der Fränkischen Saale operieren. Nach drei Tagen, gerade noch vor der Sprengung der einzigen Brücke, über die er zur Familie zurückkehren konnte, bestellte auch er Herrn Fehser mit der Pferdekutsche, um frisch operiert aus dem Krankenhaus zu flüchten und sich nach Hause fahren zu lassen. Das war knapp.

Nach dem Krieg kam unser Umzug ins »Museum« – in die Wohnung, in der Fürst Bismarck immer gelebt hatte, wenn er seine dreimonatige Sommerkur in Bad Kissingen machte. Das Gut hieß – und heißt heute noch – »Obere Saline« und lag an einer asphaltierten Landstraße, ungefähr drei Kilometer außerhalb von Bad Kissingen. Inzwischen ist die Stadt der Saline entgegengewachsen, und auch alle umliegenden Dörfer sind längst eingemeindet. Die Wohnung, das originale Interieur und alle Gebäude der Oberen Saline mit Reitstall und Gärtnerei hatten den Krieg unbeschadet überstanden, es mussten nur die Bretter von Türen und Fenstern abgenommen und kleinere Reparaturen ausgeführt werden.

In der Bismarck-Wohnung wurde dann unter amerikanischer Oberhoheit die »Musikschule Bad Kissingen, Artur und Emmy Grenz« gegründet, denn die Amerikaner wollten durchaus etwas für die Wiedergeburt der deutschen Kultur tun und auch selber musizieren. Das Leben im engen Kontakt mit den netten amerikanischen Offizieren und ihren Familien war aus der Sicht einer Sechsjährigen sehr attraktiv. Es fehlte uns an nichts, denn mein Vater konnte einen Teil seiner amerikanischen Zigaretten (einen Teil rauchte er natürlich selber) auf dem Schwarzmarkt gegen Kartoffeln, Butter und Fleisch eintauschen. Die Liebe zur englischen Sprache amerikanischer Prägung wurde mir damals ins Herz gepflanzt. Sie sollte in meinem späteren Leben eine große Rolle spielen.

Im großen Saal mit den kostbaren Ölgemälden – wir nannten sie scherzhaft Bismarcks Ahnengalerie – fanden die Konzerte der Musikschule statt, mein Vater dirigierte und brillierte als Solist an Geige oder Bratsche, meine Mutter – in schöner Robe, vermutlich aus alten Vorhängen selbst geschneidert wie für Scarlett O'Hara in »Vom Winde verweht« – glänzte am Flügel als Solistin berühmter Klavierkonzerte oder am Spinett in tragenden Cembalopartien. Aber auch der eine oder andere amerikanische Offizier trat mit Querflöte oder Violine solistisch auf oder spielte im Orchester mit. Und die kleine Heide übte sich schon früh im Überreichen üppiger Blumensträuße aus der hauseigenen Gärtnerei. Mein Vater dirigierte auch in der Konzertmuschel im Kissinger Kurpark, und Pianisten wie Elly Ney und Julian von Károlyi (der schnellste aller Klaviersolisten verkürzte die Spieldauer der Stücke um mehrere Minuten) oder Sänger wie Hans Hotter gastierten dort und gehörten zu unseren Familienfreunden.

1946 wurde ich im Dorf Hausen bei Bad Kissingen in eine Zwergschule eingeschult, vier Jahrgänge in einem Klassenraum. Der Schulweg war voller Gefahren – schnatternde Gänse zwickten mich in den Po, ein Ziegenbock wollte mich aufspießen und hätte das auch gekonnt, denn die Leine, mit der er angepflockt war, war viel zu lang. Ich musste einen günstigen Zeitpunkt abwarten und mich auf abschüssigen Böschungen und an Mauern vorbeidrücken. Im Februar, dem Faschingsmonat, lauerten mir die bösen Buben der Dorfjugend auf und verprügelten mich, die nicht Katholische aus diesem seltsamen Musikerhaushalt, mit ihren Pritschen – aus gefalteter Hartpappe hergestellte Schlaggeräte, wie sie das Kasperle verwendet, um das böse Krokodil zu verscheuchen. Unheimliche Männer jagten mir höllische Angst ein, wenn sie in den weiten Buchenwäldern hinter dicken Baumstämmen hervorlugten. Ich hielt sie für böse Mitschnacker. Die rotbraunen Blätter waren im Herbst schon abgefallen und lagen als dichter Teppich auf dem glatten Waldboden. In meiner Erinnerung verbinden sich solche Farben und Situationen zu einem gruseligen Stimmungsbild. Nirgendwo kann ich mich so hilflos und allein fühlen wie im Wald.

Der Umzug nach Hamburg

Am 20. Juni 1948, dem Tag der Währungsreform, schrieben Artur und Emmy Grenz, noch aus Bad Kissingen, an ihre amerikanischen Freunde, die inzwischen abgelöst, ausgetauscht und wieder in die USA zurückgekehrt waren: »This is the first but also the only cry for help! We got the money-reform and we don't know how to exist now. All pupils stopped their lessons. If you can, please send a little food-package to your former music teachers for their family with the three little children. We shall need your help only once. In the future it may become better. In the present it is terrible.«

Zu der Hungersituation kam noch ein anderes Problem hinzu, das sich im Laufe der Zeit als gravierend herausstellte: Wir waren nicht katholisch, ja, noch nicht einmal evangelisch, nämlich gar nichts – oder sagen wir: buddhistisch angehauchte Agnostiker. Die Eltern aus der Kirche ausgetreten, die Kinder nicht getauft. So konnte man im bigotten Mainfranken nicht existieren. Das schlechte Verhältnis zu den Einheimischen und den örtlichen Behörden schnürte meinen Eltern die Luft ab, sie konnten ohne den Schutz der sich allmählich aus den Belangen des täglichen Lebens herauswickelnden Amerikaner nicht weitermachen. Irgendwann bekam auch ich das zu spüren. Anlässlich eines Besuchs von Julius Kardinal Döpfner, damals noch Bischof von Würzburg, geboren am 26. August 1913 in ebendiesem Dorf Hausen bei Bad Kissingen, wo ich nun zur Schule ging, sollte ein Kind aus der Schule ein Gedicht sprechen. Ich wurde ausgewählt, habe eifrig geübt und war sehr aufgeregt. Und habe mich gefreut, bis mir alles wieder genommen wurde. Sie ist ja nicht getauft und ein Heidenkind, das kann man dem katholischen Bischof nicht zumuten. Ich erlitt einen Schock und war lange Zeit krank.

Angesichts dieser bedrückenden Zustände nahm mein Vater, als sich die Gelegenheit bot, an einem Probespiel für die Stelle des Solobratschers im Rundfunkorchester des damaligen NWDR in Hamburg teil. Er bekam die Stelle, zog nach Hamburg voraus und holte nach etlichen Monaten die Familie nach, als er eine Wohnung für uns gefunden hatte. Wir alle, Vater, Mutter, drei Kinder und Emmys Mutter, unsere Oma fürs Gröbste, kamen mit der Eisenbahn abends bei Dunkelheit in der großen fremden Stadt an. Die Fahrt über die Elbbrücken war besonders unheimlich. Ich wusste nicht, was das donnernde Geräusch zu bedeuten hatte, wo es herkam, konnte keinen Boden sehen, wusste nicht, dass wir über den breiten Fluss fuhren, sah Lichter über mir schweben, unter mir glitzern, war orientierungslos und hatte Angst.

Die neue Wohnung an der Ohlsdorfer Schleuse: drei Zimmer, Küche, Bad auf sechzig Quadratmetern, eins der Zimmer noch von einer vierköpfigen Familie belegt, bis diese in eine sogenannte Nissenhütte in Langenhorn umziehen konnte. Diese von dem kanadischen Ingenieur Peter Norman Nissen schon 1916 als Soldatenunterkunft entwickelten Wellblechhütten dienten nach dem Krieg sowohl in der britischen als auch in der amerikanischen Zone der Unterbringung von Flüchtlingen und Ausgebombten. Sie waren aus vorgefertigten Teilen schnell aufzustellen, hatten ein rundes Dach, das bis zum Boden reichte, sahen aus wie senkrecht durchgeschnittene Konservendosen, die mit der offenen Seite auf das Erdreich gestellt werden.

Aber wir hatten ja eine richtige Wohnung, weil mein Vater eine verlässliche Anstellung beim Sender hatte. Ich wurde eingeschult in die fünfte Klasse einer reinen Mädchenschule und lernte schnell die typischen Lieder, die man damals an Hamburger Schulen so sang, darunter auch die Hymne der Hansestadt »Stadt Hamburg an der Elbe Auen«. Doch was bedeutete »der Elbe hauen«? Ich hatte schon früh die Libretti von Richard Wagners »Ring des Nibelungen« gelesen, und noch dazu in Fraktur, und dachte natürlich an den Elben Alberich und sein heftiges Wüten und Drohen. Bei den Zeilen »Heil über dir, Hammonia, Hammonia« musste ich an unser Harmonium in dem schönen Bismarcksaal denken, an dem ich so gerne musiziert hatte.

Die Jahre gingen dahin, am Ende der sechsten Klasse kam die Prüfung für die Oberschule und die Einschulung ins Gymnasium. Die Oma starb, als ich sechzehn war, sie wurde zweiundneunzig Jahre alt, damals ein selten erreichtes Alter. Vater spielte seine »Dienste«, muckte nachts bei Plattenaufnahmen mit Harry Hermann Spitz, dem langjährigen Leiter der Musikabteilung des NDR, der sich ein eigenes Orchester zusammengestellt hatte, mit dem er große Unterhaltungsabende sowie Platteneinspielungen bestritt. Nach Aufnahmen mit der damals sechzehnjährigen Pianistin Martha Argerich waren alle Musiker in sie verliebt und schwärmten von ihr wegen ihrer großen Kunst, aber auch wegen ihres zauberhaften Aussehens mit den bis zur Taille wallenden pechschwarzen Haaren. Und meine Mutter gab Klavier- und Theorieunterricht und machte ihre Schüler fit für die Aufnahmeprüfung an der Musikhochschule. Mit viel Erfolg.

Ostern 1959. Das Abitur unter der berühmten Reformpädagogin und Schulleiterin Erna Stahl, bekannt auch aus dem Lebenslauf von Helmut und Loki Schmidt, geschafft. Und nun? Die Abschluss-Klassenfahrt nach Lüneburg, im März bei Eis und Schnee, traten nicht mehr alle von uns mit der Bahn an. Drei, darunter dank meiner modern denkenden Eltern auch ich, die Klassenjüngste, hatten schon den Führerschein und durften als Zeichen der »Reife« mit dem väterlichen Auto fahren, in meinem Fall ein Opel Olympia Rekord der ersten Generation in dieser unglaublich vornehm anmutenden, zart lindgrünen Farbe. Wir waren eine gemischte Klasse, in Hamburg war die Koedukation schon in den Fünfzigerjahren eingeführt worden. Bei eisglatten Straßen, mit unpassenden Reifen und wegen Unerfahrenheit ziemlich aufgeregt, holten wir Motorisierten die Zugreisenden nach und nach vom Bahnhof ab und brachten sie zu unserer Unterkunft, einem Jugendheim. Dort wurde drei Tage lang kräftig gefeiert, Abschied genommen, geflirtet und geschmust, viel gesungen und getanzt, auch reichlich Alkohol getrunken. Wir waren in melancholischer Stimmung und hatten Weltschmerz, denn nun würden wir auseinandergehen und Abschied von der Klassengemeinschaft nehmen müssen, die sich über die Jahrzehnte erhalten hat und immer noch regelmäßig trifft. Die meisten gingen an die Hamburger Uni und wurden Lehrer, aber ich nahm einen anderen Weg.

Unsere Wohnung an der Ohlsdorfer Schleuse war sehr beengt. Die Oma hatte ein Zimmer, eines teilte ich mir bis über das Abitur hinaus mit meinen beiden Brüdern, und die Eltern schliefen auf der Ausziehcouch von Bornhold im Wohnzimmer, mit den Füßen beinahe schon unterm Bechstein-Flügel, an dem den ganzen Tag unterrichtet wurde und mein Vater seine Kompositionen in feinster Notenschrift auf großen Partiturbögen zu Papier brachte, den unverzichtbaren Bleistiftstummel und das Radiergummi stets in der Hosentasche oder auf der kleinen schwarzen Ablage rechts außen neben den höchsten Tönen des Instruments.

Das Familienleben fand, wie in Bad Kissingen, in der Wohnküche statt. Und dort war es auch, dass mein Vater mir die Gretchenfrage stellte. Er wollte ein eigenes Haus bauen, um aus der Enge herauszukommen und einen Wert zu schaffen, und sagte zu mir: »Wenn du studieren willst, kann ich das Haus nicht bauen.« Das war nicht böse, das war die Wahrheit.

Da ich mit achtzehn ohnehin nicht wusste, was ich hätte studieren sollen, und es mich nach dreizehn Jahren Schule nicht an die Universität drängte, nahm ich das Angebot an, das mir der Vater einer Klassenkameradin machte. Er war Syndikus bei einer halbstaatlichen Organisation zur Förderung des japanischen Außenhandels, der Japan External Trade Organization JETRO. Deren erste Niederlassung in der 1957 gegründeten Europäischen Wirtschaftsgemeinschaft EWG war gerade im Aufbau begriffen, und das zu Recht in Hamburg, der Stadt mit den längsten und intensivsten Beziehungen zu Japan sowie den meisten in der Bundesrepublik ansässigen japanischen Familien, Firmen, Vereinen und Kultureinrichtungen.

Gesucht wurde eine junge Auskunftsdame für die große, von zwei japanischen Design-Studenten gestaltete Dauerausstellung japanischer Exportartikel in den Colonnaden, und zwar dort, wo auch heute noch der Durchgang zur Fehlandtstraße und zur Binnenalster ist und früher das große Urania-Kino war. Rechts und links der Passage befanden sich die Ausstellungs- und Lagerräume, oben im ersten Stock die Büros, in denen außer einem schwulen deutschen Zarah-Leander-Verehrer, der mit Strom so sparsam war, dass er sich beim Ankleiden kein Licht gönnte und oft verschiedenfarbige Socken trug, nur japanische »Herren« arbeiteten und die Non-Profit-Geschäfte führten.

Die einzige Qualifikation für diesen Job als Ausstellungsgirl war gutes Englisch und ein charmantes Lächeln, und mit beidem konnte ich dienen. Anhand von riesigen Nachschlagewerken und Firmenregistern lernte ich schnell, Auskünfte über die ausgestellten und auch über nicht ausgestellte Waren zu geben, Firmen nachzuweisen, Adressen zu vermitteln und Kontakte zu knüpfen. Das war etwas für mich, dazu hatte ich große Lust, und dafür war ich auch begabt. Von klein auf war ich ja ein Leben mit Publikum, Künstlern und Musikschülern gewohnt, und so konnte ich mich intuitiv auf die unterschiedlichsten Männer – ja, es gab damals im Im- und Exporthandel nur Männer – einstellen. Schnell hatte ich begriffen, wie das mit den Firmen- und Warenkatalogen funktionierte, die so dick und schwer waren wie prall gefüllte Pilotenkoffer. Und schnell konnte ich ein paar Brocken Japanisch, konnte die Zahlen von eins bis zehn und die Straßen- und Stadtteilnamen von Tokio und Osaka richtig aussprechen, was bei den japanischen Herren auf große Heiterkeit stieß. Sie schütteten sich aus vor Lachen, laut dröhnend und schenkelklopfend mit dunkelrot anlaufenden Gesichtern.

Bald kannte ich mich mit den begehrtesten Waren aus, die wir in der großflächigen, hocheleganten Ausstellung zeigten und die ich mit schönsten Worten anpries und erklärte. Es gab japanische Möbel, Tatamis und Paravents, Glasvitrinen für die kostbaren Perlenketten, Spiegelreflexkameras und Transistorradios, Regale für die Krebsfleisch- und Thunfischkonserven Marke Three Diamonds von Mitsubishi und das unter indonesischen Studenten, die sich in der benachbarten Evangelischen Akademie zum gemeinsamen Kochen trafen, sehr begehrte Ajinomoto, ein Glutamat, das in der asiatischen Küche als Geschmacksverstärker eingesetzt wird, obwohl es grauenvolle Allergien bis hin zum anaphylaktischen Schock verursachen kann. Nicht zu vergessen die prachtvollen Seidenstoffe, handgewebte, golddurchwirkte Brokate für Dekoration und Wandbespannung. So etwas gab es in Hamburg nicht noch einmal, und was war das für ein herrliches Ambiente im Unterschied zur vollgestopften Familienwohnung mit vom Vater selbst gezimmerten Regalen aus Apfelsinenkisten, an denen wir uns viele Splitter rissen.

Sämtliche Ausstellungsstücke kamen per Schiff, wurden von einer Spedition in riesigen Holzkisten angeliefert und im Lagerraum von den beiden extra aus Ulm und Kopenhagen angereisten japanischen Studenten und mir ausgepackt. Dabei kontrollierte ich die Frachtlisten und lernte, mit FOB (Free On Board) und CIF (Cost Insurance Freight) umzugehen. Learning by Doing war schon immer mein Ding. Damals war der Freihafen noch ein abgeschlossenes, nur mit Erlaubnis zugängliches Gebiet, der Zoll noch eine gefürchtete Behörde mit weitgehenden Befugnissen. Über Kameras, Konserven oder Radios zu sprechen und die besten Firmen nachzuweisen, das war einfach. Schwierig, ja heikel wurde es, als jemand Präservative aus Japan importieren wollte. Mit achtzehn noch völlig unerfahren, ahnte ich intuitiv, was das war, griff, noch ehe ich rot werden konnte, souverän zum Hörer und avisierte den Kunden oben im Büro, wo sich die japanischen Herren persönlich um seine Wünsche kümmerten. Als er wieder weg war, dröhnten die Lachsalven bis zu mir in die Ausstellung, und der Vorfall sorgte bis zum Schluss für überbordende Heiterkeit.

Bis zum Schluss? Nun ja – nach anderthalb Jahren des herrlichsten selbstständigen Lebens mit vielen japanischen Festen, Empfängen und Einladungen in das erste echte japanische Restaurant Hamburgs, mit Barbesuchen in Begleitung ausländischer Gentlemen, und das, obwohl ich längst noch nicht volljährig war (das wurde man damals erst mir einundzwanzig), hatte ich das Gefühl, doch noch etwas Kleines lernen zu sollen, kündigte und meldete mich für einen sechsmonatigen Abiturientenkurs bei der Groneschen Handelsschule in der Ferdinandstraße an. Nach den sechs Monaten war ich handelskammerzertifiziert und fit fürs Büro, konnte Maschineschreiben, Stenografie in Deutsch und Englisch, Buchführung und ein bisschen Spanisch. Und wieder begann eine tolle Zeit – ganz anders, aber nicht weniger spannend. Im Gegensatz zu meinen früheren Klassenkameraden verdiente ich schon mein eigenes Geld, ungefähr 250 Mark im Monat, und das war viel, denn ich brauchte zu Hause nichts abzugeben und konnte für Fahrgelder, Klamotten, Schminke und Schuhe, erste kleine Urlaubsreisen mit Hapag-Lloyd über Ostern nach Sylt, selbst aufkommen. Und ich kriegte die Schule und das Bravsein aus dem Kopf, wurde weltgewandt und liebte es, mein Leben.

Das Berufsleben beginnt

Erste Büroerfahrungen sammelte ich als Aushilfe bei Bittorf & Bahll, Bauunternehmung und Baustoffhandlung, sowie bei zwei Hamburger Traditionsreedereien, Bugsier und Fairplay, beides Schleppunternehmen mit Sitz am Hafen. Es gibt sie heute noch, man sieht ihre Schlepper immer noch die ganz großen Pötte die Elbe rauf- und runterziehen, auch die riesigen Container- und Kreuzfahrtschiffe, und beim Hafengeburtstag haben sie jedes Jahr ihren großen Auftritt beim »Tugboat-Waltz«, dem Schlepperballett, wenn sie zu lauter Walzermusik von Johann Strauß, die über den ganzen Hafen schallt, gewagte Schlingerkurse fahren und ihre üppigen Wasserfontänen tanzen lassen. Ich tauchte ein in eine sehr gediegene, mir als Künstlertochter völlig unbekannte hanseatisch-kaufmännische Welt mit stillen, vornehmen Kontoren, Mahagonimöbeln, hohen Rollschränken, grünen Linoleumfußböden und riesigen Glaswänden zwischen den einzelnen Räumen, damit die strenge Bürovorsteherin, die auch die Arbeit verteilte, alles unter Kontrolle haben konnte. Meine Zeugnisse machten mir Mut, dass ich auch weiterhin versuchen sollte, mein Glück »im Büro« zu finden.

Die erste richtige Anstellung ergatterte ich bei »Planten un Blomen«, der Parkanlage hinter dem Dammtorbahnhof, wo rechts vom Haupteingang die Glaspavillons mit den Büros der Internationalen Gartenbau-Ausstellung 1963 – »IGA 63« – lagen. Dort wurde ich im Mai 1961 als Zweitkraft im Büro der Gesamtleitung bei Staatssekretär a. D. Karl Passarge eingestellt, der auch schon die »IGA 53« geleitet hatte. Im Zuge dieser Gartenbau-Ausstellung wurde viel Geld in die Hand genommen, um zum Beispiel die im Krieg zerstörten alten Wallanlagen neu zu gestalten und dem Botanischen Garten vor seiner Auslagerung nach Klein Flottbek neue Themengärten, eine Schwebebahn und andere Attraktionen hinzuzufügen. Die IGA war noch weit entfernt, und wie sich herausstellen sollte, war ich schon nicht mehr mit dabei, als sie im April 1963 eröffnet wurde. Traumatisch meine Erinnerung, wie im Februar 1962 viele der 340 Opfer der Hamburger Flutkatastrophe per Hubschrauber auf der Eisbahn in Planten un Blomen abgelegt wurden und schwarz gekleidete Menschen im Sonntagsstaat, die Frauen mit Hütchen und Schleier, Blumensträuße in der Hand, durch den Haupteingang strömten, um nach ihren ertrunkenen Angehörigen zu suchen oder sie zu identifizieren. Auf dem Rückweg trugen sie keine Blumen mehr, sondern drückten sich große weiße Stofftaschentücher ins Gesicht.

Ich wohnte immer noch bei meinen Eltern im inzwischen neu gebauten Haus in Lemsahl, hatte eine lange Anfahrt mit Bus und Bahn und konnte es deutlich spüren: Über der Stadt lag eine dumpfe Glocke des Entsetzens und der Betroffenheit, ein großes Schweigen, eine stille Bedrückung, wie ich sie nur anderthalb Jahre später beim Tod von John F. Kennedy noch einmal erlebt habe. Die Menschen saßen mit gesenktem Blick in U- und S-Bahn, viele versteckten sich hinter der *Bild*-Zeitung, niemand wollte oder konnte seinem Gegenüber in die Augen sehen. Tränen flossen, noch nie wurde so intensiv aus dem Fenster gestarrt wie damals, aber da war alles kalt und grau.

Mein Heimweg von der Arbeit ins ländliche Lemsahl gestaltete sich immer sehr umständlich und nachts auch gefährlich, weil junge Damen, die im Dunkeln allein an der Bushaltestelle warteten oder eine einsame Straße hinuntergingen, oft hässlich angequatscht, belästigt und bedrängt wurden. Spätabends fuhren kaum Autos, niemand weit und breit, um zu hören oder zu helfen. Aber was mich nicht umbringt, macht mich stark, und so habe ich die Jahre bis zu meinem ersten eigenen Zimmer in der begehrten Wohngegend Hamburg-Harvestehude doch heil überstanden.

Durch die Zeit in Bad Kissingen und die dort von meinen Eltern geführte Musikschule hatte ich viel Kontakt zu amerikanischen GIs und Offizieren gehabt. Die gingen ja bei uns aus und ein, waren fröhlich und spendabel, immer gut gelaunt. In der Schule hatte es die tägliche Schulspeisung gegeben: eine warme Suppe in einem Armeegeschirr aus Blech, das außer der obligatorischen Schiefertafel mit Griffel immer an meinem Schulranzen baumelte, süßen, heißen Kakao und eine riesige weiße Semmel. Es war himmlisch, und alles, was gut und schön war, kam für mich aus Amerika. Auch mit zwanzig und längst in Hamburg angekommen, trug ich diese dankbare Liebe zu Amerika noch im Herzen. Ich pflegte diese Liebe, hütete als Abiturientin bei einer amerikanischen Konsulatsfamilie aus Ohio mit philippinischer Ehefrau und vier wunderniedlichen Kindern ein, wurde Mitglied in der Deutsch-Amerikanischen Gesellschaft, die in den Räumen über dem Modehaus Jäger & Koch am Jungfernstieg tagte, und besuchte regelmäßig die Veranstaltungen im Amerika-Haus, darunter die für mein weiteres Leben so entscheidende Podiumsdiskussion mit Theo Sommer. Ich machte dort bereits im November 1960 die Wahlnacht mit, in der Kennedy zum Präsidenten gewählt wurde, ging zu einer Lesung der noch jungen Joyce Carol Oates bei einem ihrer ersten Auftritte in der Bundesrepublik und schwärmte meinen Eltern von meinen kulturellen Erlebnissen vor, die ich stets unbegleitet und allein genoss. Irgendwie gab es niemanden, der das, was mich interessierte, mit mir geteilt hätte.

Ab Februar 1963 hegte und pflegte ich dann mein neues

Lebensgefühl als Sekretärin im Ressort Politik der *Zeit*. Dort teilte ich mir das relativ kleine Arbeitszimmer, in dem das dominierende Element zwei riesige, schwere, mechanische Adler-Schreibmaschinen waren, mit einer Kollegin, die für Marion Gräfin Dönhoff arbeitete. Unser kleines Sekretariat hatte drei Türen: eine zum Zimmer der Gräfin, eine zur ersten der vier an einem Innenflur hintereinander aufgereihten, durch Türen verbundenen Redakteursstuben der »Dönhoff-Buben«, und eine ging auf den schlecht beleuchteten, trüben Flur hinaus zum Vorraum mit dem Glaskasten, wo auch Besucher warten konnten. Jedes Redakteurszimmer hatte ein Fenster zum Domplatz, der damals und noch viele Jahrzehnte ein unebener Schotterplatz voller Schlaglöcher war und als Parkplatz genutzt wurde – kostenfrei. Es gab ja noch nicht so viele Autos auf den Straßen, ein Parkwächter, eine Schranke und Gebühren waren dort noch auf Jahre unbekannt.

Die Schreibtische in den kleinen Redakteursstuben standen praktischerweise so, dass das Tageslicht von links kam. Ein Schreibtischsessel auf Rollen, ein einfacher, immerhin schon gepolsterter Stuhl für Besucher oder auch Kollegen, die zum Quatschen oder Rauchen vorbeischauten, einen Kaffee trinken oder die Anmerkungen in ihrem gegengelesenen Manuskript diskutieren wollten. Die Bücherwand im Rücken, die Pinnwand vor der Nase und ein Telefon, das war's. Wobei ich nicht vergessen sollte zu erwähnen, dass wir 1963 noch meilenweit vom Selbstwähl-Fernsprechdienst entfernt waren und der Ausbau des Selbstwählnetzes in Westdeutschland erst 1972 vollendet wurde.

Der Produktions- und Arbeitsrhythmus einer Wochenzeitung ist weitaus angenehmer als der hektische Rhythmus einer Tageszeitung – leben wir doch ohnehin von Woche zu Woche – und mir im Laufe der Zeit in Fleisch und Blut übergegangen: Dienstags Redaktionsschluss für die Politik, Arbeit, bis das letzte Manuskript abgesegnet, bei unleserlichen handschriftlichen Korrekturen nochmals sauber abgetippt und in der Setzerei gelandet ist, unter Umständen tief in der Nacht. Das hatte die Gräfin also mit »kaum pünktlich Feierabend« gemeint.

Mittwochs dann besonders früh erscheinen, Kaffee kochen, Telefone bedienen, Anrufe notieren und die Redakteure beim Korrekturlesen der auf meterlangen schmalen Druckfahnen gesetzten Artikel abschirmen und unterstützen. Umbrochen wurde ein Stockwerk tiefer, in der Mettage, wo die fertig gesetzten Artikel und Überschriften durch den Metteur von Hand zu einem Seitenlayout zusammengefügt wurden. Da waren tatsächlich noch jene Setzkästen in Gebrauch, die dann bald, als die Satztechnik weitere Fortschritte machte, entbehrlich und begehrte Dekorationsstücke wurden.

Ganz hinten, am Ende der Umbruchwerkstatt, saßen, wegen des Lärms durch Glaswände abgeschottet, die Setzer an ihren lauten Linotype-Maschinen. Es war ein emsiges, ewig gleichförmiges Geklimper und Geklapper. Dorthin mussten wir Sekretärinnen, auch die der anderen Ressorts, die von der Handschrift abgetippten und handschriftlich redigierten Manuskripte bringen, die dort – ist es zu glauben? – nochmals (unter Umständen inzwischen zum dritten Mal) neu abgetippt wurden. Der Setzer musste an seiner Maschine einen gemäßigt gleichmäßigen Takt einhalten, zu schnelles hektisches Tippen führte zu Kollisionen, denn bei jedem Tastendruck wurde der entsprechende Buchstabe, das entsprechende Satz- oder Leerzeichen neu gegossen und rutschte wie bei einer Murmelbahn über eine Schiene an seinen Platz im Text. Ein großer Fortschritt gegenüber dem kompletten Handsatz, aber dennoch: Was für ein Zeit- und Kraftaufwand gegenüber dem heutigen Desktop-Publishing!

Abgesehen davon, dass auch ein Setzer sich mal vertippen kann, konnte man bei dieser Methode, die damals die modernste war, nicht unbedingt sicher sein, ob der Artikel »passte« oder ob »im Blei«, also in der vom Metteur montierten Zeitungsseite, noch gekürzt werden musste oder, ganz schlimm, ein Artikel womöglich zu kurz geraten war. »Raum für Notizen« sollte dann in der Freifläche stehen, witzelten wir. Und wenn mal ein Artikel ganz ausfiel, dann musste unter Umständen spontan neu geschrieben oder auf unveröffentlichte Stücke aus dem Stehsatz zurückgegriffen werden.

Fröhlich, glücklich und stolz, in dieser intellektuellen und doch auch handwerklichen Männerwelt mitmischen zu dürfen, ein kleines, aber wichtiges Rädchen im Getriebe zu sein, klapperte ich mehrmals am Abend und gelegentlich in der Nacht auf sehr hohen Pfennigabsätzen mit Messingbeschlag, unter Hinterlassung vieler Abdrücke und Löcher im dunkelgrünen Linoleumboden, leichtfüßig die eine Etage vom fünften in den vierten Stock hinunter, tänzelte durch die Mettage und grüßte, grüßte, grüßte – jeden, den ich traf. Vor meinem Grüßen war niemand sicher. Guten Tag auf dem Hinweg, guten Tag auf dem Rückweg. So war das damals. Es gab mir das Gefühl, dazuzugehören und wichtig zu sein, die heutige Vereinzelung in Berufsleben und Arbeitswelt hatte noch nicht stattgefunden.

Das Leben auf der Redaktion, das tägliche Zusammensein mit den Redakteuren und Kolleginnen machte regelrecht süchtig. Dienstags um 23 Uhr kehrte allmählich Ruhe und Entspannung ein. Man hatte die Artikel fast alle im Kasten, wartete nur noch auf die Nachzügler, die ersten blonden Whiskys klimperten auf Eis. Die Kollegen redeten sich mit Vornamen und dem berühmten Hamburger »Sie« an. Theo Sommer, der ja in Amerika studiert hatte und Kontakte zum Weißen Haus und zum Pentagon pflegte, hieß bei der Gräfin und den Kollegen nur »Ted«, wie die Amerikaner ihn nannten.

Der Tagesablauf wurde durch den Redaktionsschluss der

einzelnen Ressorts und die Konferenzen bestimmt. In der Politik war Montag der Planungs- und Artikeltag, Dienstag Redaktionsschluss, Mittwoch Korrekturlesen und ab Mittag Ruhe für Schreibtischaufräumen, Briefe diktieren, erste Artikel für die kommende Woche anleiern und vorbesprechen. Insgesamt war der Donnerstag der ruhigste Tag, die Büros zum größten Teil leer, die Redakteure auf Dienstreise oder auf Termin, auch mal beim Zahnarzt oder, selten genug, zu Hause bei der Familie. Freitagnachmittag dann die »große« Konferenz mit allen Ressorts, kurz davor die »kleinen«, ressortinternen Konferenzen zur Abstimmung der Themen, die man ansagen wollte.

Manchmal waren Autoren oder Korrespondenten zu Gast, wie Robert Strobel aus Bonn, der mehrmals wöchentlich einen Newsletter mit vertraulichen Informationen über Interna der Bonner Szene schickte – dünne, getippte Durchschläge, mit der Post versandt. Die gingen dann von Hand zu Hand, jeder zeichnete sie mit seiner Paraphe ab, es wurde gespart und kaum kopiert. Strobel musste oft »bei Ria« abhängen, um an seine Informationen zu gelangen, in jener legendären Godesberger Weinstube von Ria Maternus, in der sich die damalige Polit-Prominenz die Klinke in die Hand gab. Adenauer und Erhard führten dort Koalitionsgespräche, Helmut Schmidt und Horst Ehmke dinierten dort zu Zeiten der sozialliberalen Koalition, und Willy Brandt feierte 1973 seinen 60. Geburtstag bei Ria.

Wenn Wolfgang Leonhard, DDR- und Kommunismus-Spezialist, *Zeit*-Autor und Verfasser des Bestsellers »Die Revolution entlässt ihre Kinder«, zu Besuch kam, brachte er immer seine Frau Yvonne mit. Die beiden hatten sich auf einem Empfang kennengelernt und von Stund an nicht mehr getrennt. »Ich glaube, wir sollten heiraten«, habe er gleich am ersten Tag zu seinem Yvonnchen gesagt, erzählte er immer wieder mit seinem rrrollenden Rrrachen-»Ärr« vom Beginn seiner großen Liebesgeschichte. Sie waren sehr verliebt und gleich groß beziehungsweise gleich klein, was für ihn nicht unwichtig war.

Die lustigste Erinnerung an meine Jahre bei der *Zeit* betrifft einen kleinen Dackel und sein Herrchen, den Wirtschaftsjournalisten Oberst Erwin Topf. Dieser im persönlichen Umgang etwas ruppige, mit einem ganz speziellen Humor gesegnete, eigenwillige Mann geisterte immer noch auf der Redaktion herum, obwohl seine große Zeit bei der *Zeit* seit 1958 offiziell beendet war. Am 25. Dezember 1958 hatte der damalige Chefredakteur Josef Müller-Marein ihm und seinem Pseudonym unter dem Titel »Topf und Kessel« eine hübsche Glosse zum 60. Geburtstag gewidmet, in der es heißt: »Der Zufall will es, daß zwei Mitglieder der *Zeit*-Redaktion an gleicher Stunde, ja Sekunde die 60jährige Wiederkehr ihres Geburtsaugenblicks feiern können: Dr. Erwin Topf und Georg Kessel. Da aber der Kessel zum Topf im selben Verhältnis steht wie Theobald Tiger zu Kurt Tucholsky, gibt dieser Geburtstag Gelegenheit, einem einzigen Manne doppelt zu gratulieren.«

Was mich heute noch zum Schmunzeln bringt, wenn ich an Oberst Topf denke, sind zwei Dinge. Zum einen seine freche Geste, als er im Paternoster mit Hund und Pfeife neben Ebelin Bucerius, der Frau des Verlegers, zu stehen kam, die ihren von allen verwendeten Vornamen übrigens dem Nachnamen ihres ersten Ehemannes, Herrn Ebel, verdankte. Der hatte ein Speditionsunternehmen und fuhr mit seinen Lastwagen jede Woche die frisch gedruckten Exemplare der *Zeit* durch die westdeutsche Republik, und sie war eben die »Ebelin«. Im Aufzug, wo das Gespräch oft zum Erliegen kommt, weil jeder auf seine Füße oder nach oben an die Decke starrt, ergriff Oberst Topf ganz ungeniert die Hand der Buceria, sagte »Gestatten, gnädige Frau«, und klopfte seine Pfeife darin aus. Das machte rasch die Runde und sorgte für enorme Heiterkeit hinter vorgehaltener Hand.

Aber noch viel komischer fand ich ja den kleinen Dackel, den der Oberst mit ins Büro nahm, von Zeit zu Zeit im fünften Stock zum Paternoster brachte und alleine nach unten fahren ließ, zum Gassigehen ohne ihn. Natürlich war dieser kleine Hund bekannt wie ein bunter Hund, aber wie er es anstellte, ins Freie zu gelangen und nach dem Beinchenheben und Herumschnüffeln sicher wieder im Zimmer seines Herrchens zu landen, das war schon bemerkenswert. Wenn Besucher oder Mitarbeiter den Hintereingang des Pressehauses benutzten, schlüpfte er rasch mit durch die geöffnete schwere Holztür, fand seinen Weg zum und in den Paternoster zurück, konnte offenbar zählen oder erkannte das richtige Stockwerk zum Aussteigen am Geruch, wer weiß. Jedenfalls wurde dieser kleine Dackel von allen geliebt und zum Lohn für seine Selbstständigkeit beim Nachhausegehen vom Oberst auf dem Arm getragen, auf Augenhöhe sozusagen.

Ein befreundetes Ehepaar, das Theo Sommer und ich später, als wir schon zusammenlebten, oft besuchten, waren Bärbel und Kurt Becker. Sie hatten in Großhansdorf im Nordosten von Hamburg ein Traumgrundstück, und Bärbel lebte fast ausschließlich in ihrem Garten. Die Blumenpracht war von ihr so gestaltet, dass zu jeder Jahreszeit immer irgendwo etwas blühte. Der betörende Duft ihrer Himbeeren war verführerisch – und natürlich die Himbeeren selbst, die es bei abendlichen Essenseinladungen mit frischer Sahne zum Nachtisch gab, während der Hausherr schwere Süßweine aus seinem berühmten Weinkeller servierte. Er war Anfang der Sechzigerjahre Politikchef der damals liberal-konservativen Tageszeitung *Die Welt* gewesen, dann von 1966 bis 1971 politischer Redakteur bei der *Zeit,* zu der er, nach einem Ausflug zum *Kölner Stadt-Anzeiger,* 1975 als Ressortleiter Politik und stellvertretender Chefredakteur zurückkehrte. Von 1980 bis April 1982 war er – glückloser – Pressesprecher der Regierung Helmut Schmidt in Bonn.

Mit Kurt Becker verbinde ich eine tragische Erinnerung, die ihn selber gar nicht betrifft. Jahre zuvor, noch in seiner Zeit beim *Kölner Stadt-Anzeiger,* hatte er einen Infarkt im Auge erlitten und musste für seine Autofahrten zwischen Großhansdorf und Köln das eindimensionale Sehen lernen, eine Sache der Gewöhnung, wie er meinte. Als er in Hamburg im Krankenhaus lag, wollte ihn ein großer Kollege besuchen, der in jener Zeit zu den freien Mitarbeitern der *Zeit* gehörte und gelegentlich auf der Redaktion vorbeikam, um mir seine Artikel direkt in die Maschine zu diktieren: Paul Sethe. Von ihm, einem von Krieg und Hüftleiden schon leicht gebeugten Hünen an Geist und Gestalt, mit riesigem Beethovenschädel und vorstehendem Kraut-und-Rüben-Gebiss, lernte ich, was der »Ballhausplatz« ist – ein Synonym für das österreichische Außenministerium in Wien, vergleichbar der Bezeichnung »Downing Street« für den Sitz der britischen Regierung in London. Als Becker also im Hamburger Krankenhaus Heidberg lag und Paul Sethe ihn besuchen wollte, es war der 21. Juni 1967, ein schwüler, heißer Sommertag, brach Sethe auf dem Gelände zusammen und war trotz rasch herbeigerufener Hilfe sofort tot. Er wurde fünfundsechzig Jahre alt.

Sorgen hatten wir an Redaktionsschlusstagen, wenn morgens noch nicht alle Artikel eingegangen waren, wenn Eilbriefe, Einschreiben und Express-Sendungen trotz aller akribischen Planung nicht pünktlich ankamen. So überließ uns der Zeichner Paul Flora hin und wieder eine immer passende Reservekarikatur für den Fall, dass seine wöchentliche Sendung mit den aktuellen Blättern verloren ging oder zu spät eintraf – immerhin aus Innsbruck, wo er auf der Hungerburg lebte, einem nördlich über dem Stadtzentrum gelegenen Stadtteil. Ganz genau zirkelte er sich den Zug aus, mit dem sein orangefarbener DIN-A4-Umschlag nach Hamburg fahren musste, um dann pünktlich vom Bahnpostamt Hühnerposten per Eilboten zum Pressehaus gebracht zu werden. Ich sehe noch die roten Aufkleber vor mir. Das klappte meistens und gehörte zu den Dingen, die man nebenbei zur Kenntnis nahm, weil sie zur Routine gehörten: Flora schon da? Ja – eben angekommen.

Mit Hansjakob Stehle in Warschau, damals unser Korrespondent für den düsteren Ostblock, ein logistisch schwieriger Posten, hatten wir große Probleme. Oft musste er – wie etliche andere Journalisten auch – seine Artikel per Telefon durchgeben, weil die zu kommentierenden Ereignisse zu kurzfristig oder erst am Tag des Redaktionsschlusses selbst stattfanden, und das war jedes Mal ein Akt. In diesen Zeiten vor dem Selbstwähl-Fernsprechdienst musste ich also mit Stehle aushandeln, wann sein Artikel vermutlich fertig geschrieben sei und er ihn durchgeben könne. Das Auslandsferngespräch nach Warschau war mindestens einen Tag vorher und als »dringend« (doppelte Gebühr) beim Fräulein vom Amt anzumelden, dann war am Redaktionsschlusstag ständig nachzufragen, ob wir denn Hoffnung haben dürften, das Gespräch überhaupt, und wenn möglich pünktlich, zur gewünschten Uhrzeit, führen zu können.

Das Fernmeldeamt war die eine unsichere Komponente bei der ganzen Sache, die andere war das teure Uher-Tonbandgerät, das Feinste vom Feinen, mit vielen Argumenten und Anträgen von der Materialverwaltung sauer erstritten. Es stand auf der breiten Fensterbank des Büros, und ich musste ein Kabel mit der Steckdose, ein anderes mit dem Telefon verbinden. Dazu brauchte man einen dicken, faustgroßen Adapter, der mit einem Gummisaugnapf außen am damals noch kurvig geschnittenen Telefon (der Hörer thronte auf der Gabel wie auf einem Geweih) mit Spucke angepappt werden musste. Kräftig andrücken und mehrfach kontrollieren, ob er auch nicht abfiel, womöglich während der Aufnahme – eine Katastrophe! Dann der Anruf: »Hier Fernamt – Sie haben ein Gespräch nach Warschau angemeldet. Das Gespräch verzögert sich um eine Stunde …« Und wenn dann Stehle irgendwann wirklich dran und sogar zu verstehen war, galt es, das auf »Aufnahme« voreingestellte Tonbandgerät in Gang zu setzen und am Telefon mitzuhören. Nach wenigen Minuten die Probe: »Herr Stehle – Herr Stehle? Bitte einen Moment, ich mache eben eine Probe, ob das Gerät auch aufnimmt.« Auf Stopp drücken, zurückspulen, Wiedergabe, Lautstärke einstellen, alles mit einer Hand, die andere Hand hielt ja den Telefonhörer, und im freien Raum lauschen. Erleichterung, wenn alles Gesprochene drauf war, dann wieder vor zu der Stelle, an der unterbrochen wurde, wieder auf »Aufnahme« drücken und hoffen, dass auch weiterhin alles gut ging.

Denn das war nicht immer der Fall. Panik, wenn es trotz der relativ großen Tonbandspulen (Durchmesser etwa 15 cm) Bandsalat gab oder der Aufnahmeknopf nicht funktionierte oder der Adapter vom Telefon abfiel und die ganze Prozedur, womöglich mit neu angemeldetem Fern- oder Auslandsgespräch, noch einmal von vorn beginnen musste. Das Mithören am Telefon war nötig, um den Inhalt des Artikels schon zu kennen, wenn es dann ans Abtippen ging: noch im freien Handbetrieb und ohne Kopfhörer! Aber auch, um zum Beispiel Theodor Eschenburg bei seinem Diktat aus Tübingen zu unterbrechen, wenn der mal wieder gar zu sehr nuschelte: »Herr Professor? Halloo, Herr Pro-fesssooor! Nehmen Sie bitte mal die Pfeife aus dem Mund? Ich kann Sie überhaupt nicht verstehen!« Das musste sein, und da man freundlich miteinander war und sich gut kannte, gab es auch kein böses Blut.

An technischen Kommunikationsmitteln gab es außer dem

vom Fernamt abhängigen Telefon – nur Gespräche innerhalb Hamburgs konnte man direkt und selbst wählen! – lediglich einen Fernschreiber, den wir auch bedienen lernten. Das Gerät erinnerte mich entfernt an eine Heimorgel oder ein Harmonium, wie wir es in Bad Kissingen besessen hatten: elektrische Tastatur statt Manual, Fußbrett statt Pedal, alles hübsch kompakt in einem kleinen Eichenschrank; statt der Registerzüge die Wählscheibe für das Telefon, mittels dessen das Geschriebene direkt oder per Lochstreifen gesendet werden konnte. Faxgeräte gab es noch nicht.

Später, als Theo Sommer und ich schon längst ein Liebespaar waren, wurde mir dieser verdammte Fernschreiber zum Verhängnis. An einem Samstag fuhr ich auf die Redaktion und schickte ihm ein Sehnsuchtstelegramm an sein Hotel in Tokio, wo er auf Dienstreise war. Das war ja so einfach und ging so fix: Rasch einen Lochstreifen produzieren und ab damit … Ihm wurde meine Botschaft als reguläres Telegramm zugestellt, das er prompt in der Tasche seines todschicken Trenchcoats vergaß. Bis dahin hatte seine Ehefrau wohl nur etwas geahnt, aber nachdem sie das Telegramm in der Manteltasche gefunden hatte, war die Sache klar und hatte nach einer Weile bittere Konsequenzen für mich, indem ich meine geliebte Arbeit, den geliebten Mann und mein hübsches Zimmer in Harvestehude aufgeben und Hamburg verlassen sollte. Aber so weit sind wir noch nicht.

Generell war die Tipperei, ob Artikel oder Korrespondenz, ein Abenteuer, sehr anstrengend und sehr laut. Im kleinen Sekretariat standen die beiden wuchtigen mechanischen Schreibmaschinen auf quadratischen Filzmatten, um den Geräuschpegel ein wenig zu dämpfen. Manchmal war die eine Kollegin mit einer telefonischen Aufnahme beschäftigt, während die andere laut klapperte, und das störte doch sehr. Für Manuskripte gab es mehrfarbige Papiersätze aus dünnem

Durchschlagpapier, das »Kohlepapier« musste vor dem Einspannen in die Maschine zwischen die Seiten gelegt werden; beschichtete Papiere, die das Kohlepapier überflüssig machen und direkt durchschreiben, gab es noch nicht. Bei Tippfehlern kamen die Radierstifte zum Einsatz, und das ging so: Jedes Blatt einzeln nach vorne biegen und einen kleinen Zettel hinter das Kohlepapier und die Fehlerstelle legen, um das Durchdrücken des Radierens zu vermeiden. Dann auf jedem Blatt den Fehler ausradieren. Die Einlegezettel herausnehmen und die abgeriebenen Radierwürstchen durch kräftiges Pusten entfernen. Trotz größter Sorgfalt blieben schwärzliche Abdrücke auf dem Papier zurück, man sah also überall, wo radiert worden war. Tipp-Ex existierte nur in Form von länglichen, mit feinpulvriger weißer Farbe beschichteten Korrekturstreifen, die man mit der beschichteten Seite auf den Fehler legte und den falschen Buchstaben noch einmal kräftig darübertippte, wodurch das weiße Pulver in den Buchstaben hineingedrückt wurde und der richtige Buchstabe auf den nun wieder unschuldig weißen Untergrund aufgetippt werden konnte. Das flüssige, mit Lösungsmitteln angereicherte und zum Schnüffeln geeignete Tipp-Ex kam erst ab Mitte der Sechzigerjahre in den Handel.

Die fertig getippten Seiten dann schnell, schnell, ratsch aus der Maschine ziehen und verteilen: dem Autor, den Kollegen oder bei »Fremdartikeln« dem zuständigen Redakteur auf den Schreibtisch legen. Manches Mal, wenn es besonders eilig war und schon brannte, standen die Redakteure hinter uns, schauten uns über die Schulter, machten uns zusätzlich nervös und rissen uns die Blätter einzeln aus den Fingern. Bei normalem Betrieb bekamen alle Kollegen einen Durchschlag und machten vorsichtig ihre Anmerkungen, sehr respektvoll und dezent – bis auf Sommer, der mit starker Hand und schwungvollen Linien entschlossen die Manuskripte redigierte und manchem Artikel, auch denen der Gräfin, noch den letzten Schliff oder die richtige Länge verpasste. Manchmal allerdings gab es auch Diskussionen, besonders wenn die Artikel von außen kamen. Dann wurde auch mal gestritten, wie weit man beim Redigieren gehen, wie sehr man Artikel von abwesenden Autoren verändern durfte.

Die Handschriften der Redakteure hatten es in sich. Sommer schrieb mit seiner großen Pranke groß und breit, drei Blatt von seiner Handschrift ergaben ziemlich genau eine Normseite im getippten Manuskript – auch damals schon 1800 Zeichen oder 30 Zeilen à 60 Anschläge. Bei Rolf Zundel hingegen war das Verhältnis genau umgekehrt, bei ihm ergab eine einzige handschriftliche Seite drei getippte Normseiten Manuskript. Seine kleine, leicht zerknittert wirkende Handschrift sah für mich aus wie lauter zerquetschte Ameisen und war sehr schwer zu entziffern; immer wieder musste ich zu ihm hingehen und um Deutungshilfe bitten. Aber die Herren blieben sich treu, sodass man schon anhand der Handschrift ziemlich sicher kalkulieren konnte, wie viele Zeilen der Artikel im Umbruch haben würde. Zum Glück gab es ja Herrn Sohnemann, den langmütigen, liebenswerten, leisen Mann von der Herstellung, der regelmäßig seine Runden drehte und überall, wo er auftauchte, von allen wegen ihrer Sonderwünsche bezüglich der Gestaltung ins Gebet genommen wurde. Seine Streifzüge durch die Redaktionsstuben wirkten überaus beruhigend, alle schätzten ihn wegen seiner Verlässlichkeit und seiner Ideen. Er hing an der Zeitung wie wir alle und blieb ihr bis zu seiner Pensionierung treu.

Kai Hermann, der frisch eingestellte Volontär, hatte die schlimmste Handschrift von allen – stark ausgeprägte Ober- und Unterlängen, die teilweise ineinander verschlungen waren. Gelegentlich wurde ich richtig böse, wollte schon streiken und seine Texte nicht mehr tippen, aber sein verhaltener Charme und sein verschmitztes Grinsen ließen meinen Ärger bald verrauchen. Er war aufgrund seiner hervorragenden Reportagen und Analysen ein von den Redakteuren sehr geschätzter Kollege. Leider habe ich ihn später nie mehr wiedergesehen. Ich glaube, er konnte mit mir nichts anfangen.

Und die Gräfin, wie Marion Dönhoff allseits nur genannt wurde? Nun – sie hatte mich immerhin eingestellt, und das sogar in Abwesenheit von Theo Sommer. Sie beobachtete genau, wie ich mich machte, gab mir gelegentlich kleine Aufgaben, die ich gern erledigte, besonders wenn ihre eigene Sekretärin mal nicht da war und ich einspringen durfte. Herzklopfen begleitete mich, aber wenn sie mich zum Diktat bestellte, erlebte ich erleichtert, dass auch das zu schaffen war, und wurde immer selbstsicherer. Durch die Kooperation mit dem *Observer* bekamen wir jede Woche auf überlange, leuchtend apfelgrüne Blätter hektografierte Artikel zugeschickt, die für die Zeitung in London nicht gebraucht wurden. Sie waren aufgrund ihrer Farbe regelrechte Eyecatcher auf jedem Schreibtisch, man konnte sie in jedem Papierstapel sofort erkennen und aus jedem Gewühl mühelos herausfischen. Der *Observer*, 1791 gegründet, ist die älteste Sonntagszeitung der Welt. In den Sechzigerjahren war David Astor der Verleger, und die vom »Observer Foreign News Service« (OFNS) angebotenen Artikel stammten aus dem weltweit agierenden Korrespondentennetz der Zeitung. So etwas hatte die *Zeit* nicht, sie musste sich an andere »dranhängen«. Theo Sommer übersetzte, als er aus London zurück war, immer wieder solche Artikel fürs Blatt und diktierte mir die wohlformulierte deutsche Fassung direkt ins Stenogramm. Das habe ich maßlos bewundert, das wollte ich auch können, und er war es, der in mir den Wunsch weckte, selber Texte aus dem Englischen zu übertragen.

Nach einer Weile kam dann der interessante Gegenbesuch: Neal Ascherson hospitierte bei uns, in meiner Erinnerung immer noch der flotte, drahtige junge Mann, aber heute auch schon Mitte achtzig. Die enge Zusammenarbeit der beiden Zeitungen ging auf Marion Dönhoff zurück. Sie hatte Mitte der Fünfzigerjahre selbst einige Zeit beim *Observer* verbracht und war dessen Herausgeber David Astor eng verbunden.

Meine Kollegin, die Sekretärin der Gräfin, war eine verheiratete Frau, die ihre fabelhafte, fantasievolle Garderobe nach Burda-Schnitten selber nähte. Ich verehrte sie sehr und genoss mit ihr gemeinsam ihre Schwangerschaft. Unser Chefredakteur Josef Müller-Marein hatte das Zimmer hinter der Gräfin. Er wurde sehr speziell betreut von »Spohrchen«, der grauen Eminenz unter uns Sekretärinnen, die auch für das Ressort Modernes Leben mit Eka Gräfin Merveldt und Haug von Kuenheim zuständig war und kaum ohne Alkohol auskam. Sie machte auch den »Anstrich«, die Bezahlgrundlage für die Honorare. In die jeweils fertige Zeitung trug sie für alle Beiträge, die abgedruckt waren und bezahlt werden mussten, die vereinbarten Honorare ein. Fräulein Spohr benutzte dafür einen roten Fettstift, strich jede Spalte, jedes Foto, jede Grafik in der Zeitung senkrecht durch und vermerkte in großen roten Ziffern den Betrag, der dafür an den Urheber überwiesen werden sollte: 150, 400, 700 oder auch mal null Mark, je nachdem, ob der Autor bei der *Zeit* fest angestellt, ein »fester Freier« oder ein externer Gastautor war. Das Anstrich-Exemplar ging dann in die Buchhaltung und war ein wichtiges Dokument, das gut gehütet und sorgfältig verwahrt werden musste. Es galt dem Verlag als Rechtsgrundlage für das Finanzamt, bei Unstimmigkeiten auch zur Klärung mit den Autoren.

Josef Müller-Marein, Jahrgang 1907, war ein rundum gebildeter »klassischer« Feuilletonist, der nach eigenen Worten »neben Musik- und Theaterwissenschaft, neben einem Wenigen an Literatur und Psychologie, die Ausübung von Musik« studiert hatte. Er war in Köln aufgewachsen und hatte eine gewisse rheinische Fröhlichkeit nach Hamburg mitgebracht, die man in seinen köstlichen Büchern und Kolumnen in der *Zeit*, deren Chefredakteur er von 1956 bis 1968 war, spüren konnte. Er steigerte die gedruckte Auflage der Zeitung von 48 000 auf knapp 300 000 Exemplare und übergab 1968 die Chefredaktion an seine Stellvertreterin Marion Gräfin Dönhoff. Er verstand es, aus den kleinsten Begebenheiten witzige Glossen über menschliche Befindlichkeiten und bizarre Situationen zu zaubern, und amüsierte sich und seine Leser gleichermaßen über Absurdes wie Erstaunliches.

Die politische Redaktion lebte mit den benachbarten Ressorts Modernes Leben und Feuilleton freundschaftlich zusammen, andere Ressorts hatten ihre Räume etwas weiter entfernt, aber alles im fünften Stock des Pressehauses am Speersort. Im sechsten und siebten Stock residierte bis zu seinem Umzug in den inzwischen alten Neubau an der Ost-West-Straße Ecke Brandstwiete noch der *Spiegel*. Im berühmt-berüchtigten Herausgeberzimmer von Rudolf Augstein regierte ab 1969 Marion Dönhoff als Chefredakteurin der *Zeit*. Später wurde sie Herausgeberin, und Theo Sommer zog 1973 als neuer Chefredakteur in das ehemalige Augstein-Zimmer ein. Die *Zeit* bewohnt heute fast das ganze Pressehaus, einschließlich des *Zeit*-Cafés im Erdgeschoss, und das Pressehaus heißt inzwischen Helmut-Schmidt-Haus und liegt an der Buceriusstraße. So hat man das Gedenken an die Granden des Blattes rundum versammelt, lediglich die Gräfin muss sich, wie Rudolf Augstein, mit einer Gedenktafel am Pressehaus begnügen.

Im dritten Stockwerk, also unterhalb der Mettage, gab es 1963, als ich zur *Zeit* kam, noch die Firma Auerdruck, die dort nachts die SPD-Tageszeitung *Hamburger Echo* und – von der ersten Ausgabe 1946 an – auch die *Zeit* druckte, alles unter einem Dach. Doch im Januar 1969 veröffentlichte Gerd Bucerius, Verleger und Inhaber der *Zeit*, eine Mitteilung an die Leser und gab bekannt, dass er sich entschlossen habe, die *Zeit* fortan in Frankfurt, auf den Maschinen der *Frankfurter Rundschau* drucken zu lassen. Nach der Einstellung des *Hamburger Echo* fürchtete er, »dass es sich für Auer nicht lohnen würde, eines Tages allein für die Wochenzeitung neue Maschinen anzuschaffen«. Die Trennung von Auer fiel ihm nicht leicht: »22 Jahre ausgezeichneter Zusammenarbeit kann man nicht ohne weiteres vergessen, aber die Technik ließ keinen anderen Ausweg.«

Ich hatte ein zärtliches Verhältnis zu Auerdruck, denn nachts, wenn die Maschinen anfingen zu rotieren und ein warmes Summen das Pressehaus wie einen Bienenstock erfüllte, das Gebäude anfing, im Rhythmus der Rotationsmaschinen leise zu schwingen, fühlte ich mich wie in Abrahams Schoß. Wir waren am Produzieren, und alles war gut. Die riesigen, tonnenschweren Papierrollen wurden am Hintereingang an der Rampe angeliefert und mit technischer Hilfe in die Maschinen gehoben, die Druckzylinder waren schon eingespannt, und bald liefen die fertigen Zeitungsseiten in affenartiger Geschwindigkeit und sehr laut in schrägen Bahnen von hoch oben quer durch den Raum nach unten, wurden geschnitten, gefaltet, ineinandergelegt und am Ende mit den bereits gedruckten Büchern der Zeitung zusammengefügt. Dabei war auch Handarbeit vonnöten. Die Nachtschichten an den Maschinen, auch zum Einlegen der gedruckten Werbebroschüren, waren begehrte Studentenjobs. Alles war echt und wegen des Geruchs von Druckerschwärze und Schmieröl noch viel schöner, als man es aus Spielfilmen wie »Citizen Kane« kennt.

Jeden Freitag, dem Tag mit den meisten Konferenzen, sammelte ich von den Redakteuren mittags etwas Geld ein, lief rasch hinüber zur Mönckebergstraße und besorgte einige der damals mit den neuen EWG-Bestimmungen nach Westdeutschland einwandernden französischen Käsesorten, die es in der

Lebensmittelabteilung bei Karstadt so wunderbar zu kaufen gab, ferner ein französisches Baguette und eine Flasche Mateus, diesen halbtrockenen, leicht moussierenden Roséwein aus Portugal im Boxbeutel. Damit stärkten sich die Männer, ehe sie in die ressortinterne »kleine« Konferenz im Zimmer der Gräfin gingen. Die sogenannte Käsekonferenz war geboren. Es waren junge Männer, Anfang oder Mitte dreißig, Ehemänner und Familienväter, die sich privilegiert fühlten wegen des hohen Ansehens ihrer Zeitung, aber mit diesem Hochgefühl auch ihr relativ bescheidenes Einkommen kompensieren mussten, denn Bucerius, der bis zu seinem Tod im September 1995 auf der Redaktion weste – manche würden lieber sagen: irrlichterte –, zahlte nicht die besten Gehälter. Fritz J. Raddatz, der spätere Feuilletonchef der *Zeit*, schimpfte in seinen Artikeln und Tagebüchern oft darüber, dass es eine reiche *Zeit*-Stiftung gebe, aber keine betriebliche Altersversorgung für die Mitarbeiter. Die Gehälter niedrig, das Prestige hoch, so war das damals. Die Redakteure konnten und mussten sich das fehlende Kleingeld durch Vorträge, Teilnahme an Podiumsdiskussionen, Rundfunk- und Fernsehkommentare zusammentingeln. Und durch eigene Bücher, natürlich. Sie waren hoch angesehen, aber im Vergleich zu *Spiegel* und *Stern* ziemlich unterbezahlt.

Aus Gründen der Aktualität wurde (und wird immer noch) der Politikteil als letzter abgeschlossen und als letzter gedruckt. Auf der Titelseite prangte jede Woche eine politische Karikatur des mit spitzer Feder zeichnenden Paul Flora. Die Fotos für die Bebilderung der Artikel brachten zwei Damen zur Auswahl vorbei: die eine im Auftrag der Deutschen Presseagentur (dpa), die andere für United Press (UP) und Associated Press (AP). Beide waren recht madamig, mit trutschigen Hüten, und wirkten wie aufgetakelte Avon-Beraterinnen, hatten »g'schneckelte Hoar«, wie der Bayer sagt, und trugen die neuesten Agenturfotos in Lederhandtaschen – heute würden wir Shopper sagen –

mit sich herum. Sie gingen von Zimmer zu Zimmer und zeigten vor, was sie hatten. Die Redakteure, besonders Theo Sommer, griffen zu und wählten passende Bilder zu ihren Artikeln. Eine Grafikabteilung oder Bildredaktion gab es noch lange nicht. Das wurde frei Schnauze und von Hand gemacht, indem Sommer mit seinem roten Fettstift auf den erworbenen Schwarz-Weiß-Abzügen den gewünschten Bildausschnitt einzeichnete und sie dem Hersteller Herrn Sohnemann mit Angaben zu Höhe, Spaltenbreite und Position auf der Zeitungsseite in die Hand drückte, der sie dann in die Klischieranstalt schickte. Anfänglich waren die Klischeeplatten aus silbrig glänzendem Zink, später waren es dann flexible Folien, »Cellos« – gesprochen: Zellos – aus Cellophan.

Immer öfter wurde ich hinüber ins benachbarte, durch eine Glasbrücke mit dem Pressehaus verbundene Haus am Domplatz geschickt, dem Domizil von Henri Nannen und der *Stern*-Redaktion, um dort aus den Tiefen des reichhaltigen Bildarchivs Fotos herauszusuchen, am liebsten solche der berühmten *Stern*-Fotografen. Da musste ich immer ein bisschen betteln und meinen ganzen Charme spielen lassen, denn obwohl *Zeit* und *Stern* im selben Verlag Gruner+Jahr erschienen, war Herr Beukert, der Herrscher über das Bildarchiv, doch sehr darauf bedacht, nicht seine größten Schätze wegzugeben. Henri Nannen hatte die weltbesten Fotografen um sich geschart, er wusste um die Kraft der Bilder. Außer bei *Life*, *Paris Match* und *Look* gab es keine vergleichbaren Bildredaktionen.

Die Fotokünstler waren Mitglieder der 1947 gegründeten Foto- und Fotografenagentur Magnum, über die der weltberühmte Fotograf Thomas Höpker einst sagte: »Wir sind als ein Verein von Fotojournalisten gegründet worden, die die Realität beobachten. Wir haben bei uns nie einen Modefotografen gehabt. Wir haben auch keine Werbefotografen gehabt, sondern wir sind durch die Zeit des Fotojournalismus groß geworden, durch die Zeit der großen Illustrierten wie *Life*, *Look* oder *Stern*.« Höpker, den ich damals kennenlernte, war von 2003 bis 2007 Präsident von Magnum Photos und lebt schon ewig lange in New York.

Aber damals hatte der *Stern* ja auch noch Geld, viel Geld! Das Format der Illustrierten war riesig, sodass die Fotos Wirkung entfalten konnten und den Leser mit ihrer künstlerischen Aussage und politischen Wucht fast erschlugen. Es gab Fotostrecken über zwanzig Seiten im Heft, darunter viele Doppelseiten, ein unglaublicher gestalterischer Luxus, und *Stern*-Fotografen waren überall, ob bei der gestohlenen Volkacher Madonna, der Beerdigung von John F. Kennedy oder den verhungernden Menschen im Biafra-Krieg. Ein Jammer, dass auch diese Illustrierte zum Magazin-Format verkommen ist. Aber wie immer lag und liegt es am Jelde.

Im *Stern*-Archiv Fotos für die *Zeit* herauszusuchen, war eine große Ehre, aber manchmal auch eine seelische Belastung, denn was ich dort gelegentlich zu sehen bekam, war für das Gemüt selbst einer inzwischen Dreiundzwanzigjährigen schwer zu verkraften: Bilder von Kriegs- und Bürgerkriegsopfern, verstümmelte und vergewaltigte Frauen auf dem Balkan, brutalst abgeschlachtet und zur Schau gestellt – grausam und nicht publikationsfähig. Als Theo Sommer sich irgendwann eine (das Redaktionsstübchen war ja eng) herunterklappbare Platte mit einem primitiven kleinen Lichtkasten an sein Zeitungsregal anbauen ließ, war das eine enorme Verbesserung, denn nun konnten auch Dias für die Reproduktion angeschaut werden.

Sommertage

Es gab damals in der Bundesrepublik noch diesen Feiertag, den berühmten 17. Juni, den »Tag der Deutschen Einheit« im Gedenken an die gewaltsame Niederschlagung des Arbeiteraufstands 1953 in der DDR. Es fanden jedes Jahr offizielle, ernste Gedenkveranstaltungen und Kundgebungen statt, aber bei der westdeutschen Bevölkerung war dieses Datum verbunden mit Sonne, Sommer, Feiertag, und das war im Grunde ein böser Affront gegenüber unseren »Brüdern und Schwestern im anderen Teil Deutschlands«, die für mehr Rechte und mehr Freiheit auf die Straße gegangen waren, ihr Leben riskiert und zum Teil eingebüßt hatten. Meistens war herrliches Wetter, und wenn der freie Tag günstig lag, machte man gleich ein verlängertes Wochenende daraus. So geschah es auch im Jahr 1963, als der 17. Juni auf einen Montag fiel.

Am Wochenende 15./16. Juni, also nur wenige Wochen, nachdem Theo Sommer und ich uns kennengelernt hatten, fand der jährliche gemeinsame Betriebsausflug von *Zeit* und *Stern* statt, mit den Mitarbeitern sämtlicher Abteilungen, mit allen Redakteuren und Korrespondenten aus dem In- und Ausland. Die Verleger Bucerius und Gruner ließen sich nicht lumpen und mieteten einen Sonderzug mit Sambawagen und allem Drum und Dran nach Scheveningen, dem zu Den Haag gehörenden Seebad an der niederländischen Nordseeküste. Dort wohnten wir alle im komplett für uns reservierten Hotel Ambassador, und ich konnte nur staunen über diese Pracht. Abends großes Buffet und Tanz durch die laue Sommernacht – um ein Haar ohne mich, denn ich war vor lauter

Aufregung zu Beginn des Abends auf der mit dickem roten Teppich belegten Hoteltreppe ausgerutscht und rumms, rumms, rumms auf dem Hintern – besser gesagt: auf dem Steiß – die endlosen Stufen hinuntergerutscht. Unten blieb ich ohnmächtig liegen, vermutlich mit einer Gehirnerschütterung. Auf meinem Zimmer kippte ich ein, zwei Cognacs gegen den Schüttelfrost und tanzte dann trotzdem mit Theo die ganze Nacht. Am nächsten Morgen war ich kuriert, das nächtliche Tanzen und die nicht ausbleibenden erotischen Gefühle waren die beste Therapie.

Für den sich ans Wochenende anschließenden freien Montag, den 17. Juni, hatten Hans Gresmann, die Dönhoff-Sekretärin sowie Theo und ich uns etwas ganz Besonderes überlegt. Wir wollten am Sonntagabend nicht mit nach Hamburg zurückfahren, sondern aus dem Betriebsausflug aussteigen und auf eigene Faust noch eine Nacht in Amsterdam verbringen, am Montag durch die Stadt streifen, indonesisch essen und berühmte Bilder im Rijksmuseum ansehen. Dort war es dann auch, dass Theo nach einer ersten, unbefriedigenden Nacht mit mir – es war nämlich nichts passiert –, ganz mit sich selbst und seinem Frust beschäftigt, vor Rembrandts »Nachtwache« stand und versonnen den zwischen uns zum Bonmot gewordenen Ausspruch tat: Habe ich auch schon besser gesehen ...

Warum war zwischen uns nichts passiert, obwohl ich doch schon einen jugendlichen Freund gehabt hatte, dem ich allerdings vier Wochen vor diesem Betriebsausflug meinen Verlobungsring zurückgegeben und mit großer Geste auf der Glasplatte über dem Häkeldeckchen seines elterlichen Wohnzimmertisches deponiert hatte? Na ja – es war halt doch ein Unterschied, so ein junger, gleichaltriger Student oder ein zehn Jahre älterer gestandener Mann, verheiratet, zwei Kinder ... Das traute ich mich – noch – nicht. Aber es dauerte nicht mehr lange, bis Theo mir sagte, er führe allein, ohne seine Familie, für zehn Tage nach Helgoland, um auszuspannen, und ob ich nicht auch dorthin kommen wolle. Das elektrisierte mich, meine Antennen vibrierten, und sofort begann ich mit den Reisevorbereitungen. Ich war ja so gespannt auf das, was da kommen würde. Auf der gemeinsamen Hinfahrt mit dem Schiff wurde ich im »Hamburger Loch«, dem letzten Teil der Überfahrt zwischen der Untiefe Großer Vogelsand und Helgoland, seekrank. Auf diesem Stück wird bei größeren Windstärken auch denjenigen schlecht, die sich bis dahin tapfer gehalten haben. Theo achtete zwar darauf, dass ich nicht gegen den Wind spuckte, verzog sich aber rasch und wollte nicht zu mir gehören. Aber das verzieh ich ihm, so sehr verliebt war ich.

Auf Helgoland bezog er Quartier bei seiner langjährigen Vermieterin, wo er auch schon mit seiner Familie genächtigt hatte. Ich hatte ein eigenes Zimmerchen in einer anderen Pension – niemand sollte wissen, dass wir zusammengehörten. Und auch in dieser abgeschiedenen Zweisamkeit dauerte es lange, bis ich meinen »Panzer« ablegte. Freischwingende Büschen waren damals noch nicht »in«, die Befreiung durch die 68er und die Frauenbewegung hatte noch nicht stattgefunden. Ein Korselett gehörte zur selbstverständlichen Garderobe jeder Frau, die etwas auf sich hielt, wobei man darauf achtete, dass die Stangen und Körbchenbügel der hübsch mit Spitze verzierten Einteiler wenigstens nicht mehr aus Draht, sondern schon elastisch waren. Es war die Zeit, da Marika Rökk für die Gesichtscreme Hormocenta und bequeme Miederwaren der Marke »Triumph« Werbung machte. In ihrer Werbespot-Rolle hatte sie nach einer Vorstellung keine Lust mehr auf quälende Verbeugungen, sondern wollte möglichst rasch raus aus ihrer unbequemen Unterwäsche. »Mein Hüfthalter bringt mich um!«, war der Slogan.

Im Laufe der Tage, die wir auf der Helgoländer Düne mit

Sonne, Strand und Meer verbrachten, veränderten wir uns, machten eine Metamorphose durch. Aller beruflicher Stress fiel von uns ab, wir wurden knusprig braun, bekamen auch einen heftigen Sonnenbrand, der Berührungen vorübergehend unmöglich machte, lebten ganz im Rausch grosser Gefühle, immer noch zaghaft und auch ein wenig »bittersweet«, denn wo sollte das hinführen, wie würden wir mit der neuen Situation umgehen? Theo rauchte damals »Gitanes«, diese französischen filterlosen Zigaretten in der aufklappbaren Pappschachtel mit der wilden blauen Zigeunerin (daher der Name) auf dem Deckel. Das Aroma war kräftig, der Duft angenehm würzig, orientalisch. Aber sein Konsum hatte sich von Jahr zu Jahr gesteigert und irgendwann den Höchststand von achtzig Zigaretten pro Tag erreicht. Auf Helgoland, in unserer verliebten Zweisamkeit, vergass er immer öfter, sich eine anzustecken, und veränderte sich dabei auf erstaunliche Weise: Seine trüben, verschwiemelten grauen Augen wurden plötzlich strahlend blau, der gelbliche Augapfel wurde zusehends weisser, sein Blick wurde glänzend und klar. Das Nikotin wich aus ihm, und er wurde ein neuer Mensch. Schon bald spürte er den Entzug, ihm war flau und klapprig. Aber ans endgültige Aufhören dachte er damals noch lange nicht.

Das kam erst 1964, als die Kollegen auf der Redaktion über eine sensationelle wissenschaftliche Grossuntersuchung aus den USA staunten, in der zum ersten Mal überhaupt Zusammenhänge zwischen dem Zigarettenrauchen, Lungenkrebs und chronischer Bronchitis nachgewiesen wurden. Auch das Kapitel Arterienverkalkung und Herzinfarkt konnte nicht mehr ausgeklammert werden, denn es gab ja häufig genug Kollegen, auch von anderen Blättern, die viel zu jung vom plötzlichen Herztod dahingerafft wurden. Das historische Dokument war 387 Seiten stark und vom US-Surgeon General Luther L. Terry veröffentlicht worden. *Time Magazine, News-*

week, alle waren voll davon, bald auch *Spiegel* und *Zeit*. Bei uns sprach man nur vom »Terry-Report«. Darin stand unter anderem, dass die Zellen eines mittleren bis schweren Rauchers nach sieben Jahren Nikotinabstinenz wieder jungfräulich rein und unbelastet seien. Das ließ aufhorchen, und Sommer und Gresmann fingen an zu rechnen: Wenn sie jetzt aufhörten, würde ihr Körper also in dem gefährlichen Alter von Mitte vierzig wieder über gesunde, elastische Zellen ohne schädliche Ablagerungen verfügen! Das klang verführerisch.

Diskussionen begannen, ob man es wohl schaffen könne, ganz mit dem Rauchen aufzuhören. Das schien unwahrscheinlich, und man überlegte sich gemeinsam Tricks, mit denen man sich selbst überlisten wollte, um den Zigarettenkonsum allmählich herunterzufahren oder möglichst ganz aufzugeben. Theo, der noch vor dem Aufstehen morgens im Bett seine erste Zigarette rauchte (wie er mir erzählte), versuchte, diese erste wenigstens auf nach dem Frühstück zu verschieben. Hans Gresmann wollte versuchen, tagsüber gar nicht mehr zu rauchen, um dafür abends seinem Laster in Verbindung mit Alkoholgenuss zu frönen.

Da kam Gerd Bucerius, der damals erst Ende fünfzig und ständig im Verlag anwesend war, mit einem Vorschlag. Seine von allen »Lutherin« genannte Sekretärin bestellte Gresmann und Sommer ins Büro, und Bucerius machte den beiden ein Angebot: Wenn sie bis zwölf Uhr mittags abstinent blieben und keine einzige Zigarette rauchten, sollten sie sich ihren Vorrat für den Rest des Tages – sagen wir: zwei Schachteln – bei ihm im Büro abholen dürfen. Gratis. Bucerius wollte so die Hand auf dem Zigarettenkonsum der beiden haben. Gerne gingen sie darauf ein, hielten tapfer durch und beschubsten den Herausgeber – von Theo spaßhaft gern »Herausnehmer« genannt – nicht. Es war ein lustiges Spiel, aber an langen Redaktionsschluss-Abenden musste manchmal gebettelt und nachgelegt werden. Und genau dieses Maßhalten und Betteln war es dann auch, was Theo bald zum Hals raushing. Er fand das Gieren nach der ersten Zigarette des Tages unwürdig, ihm war es schlichtweg zuwider, ständig mit seiner Sucht im Clinch zu liegen – dann lieber einen harten Schnitt und Schluss damit. Und so kündigte er von sich aus die Vereinbarung mit Bucerius auf, verzichtete auf die Gratiszigaretten und hörte von jetzt auf gleich ganz mit dem Rauchen auf.

Doch das war leichter gesagt als getan. Es folgten Wochen und Monate der Nervosität, des ständigen Fummelns an Mund und Nase, der Ersatzbefriedigung mit Kaugummi und Karamellbonbons, die bald deutliche Spuren auf Rippen und Hüften hinterließen, ja sogar der Selbsttäuschung durch »Rauchen« unbenutzter kalter Pfeifen, igitt, Hauptsache, er hatte etwas zwischen den Lippen. Der erste Leitartikel ohne Zigaretten war eine Katastrophe! Ich kann nicht mehr sagen, worum es ging, aber es war eine Qual. Theo konnte sich nicht konzentrieren, schickte um Mitternacht alle anderen nach Hause, um mit mir allein auf der Redaktion seine Ruhe zu haben. Quälend langsam lieferte er ein mühsam vollgeschriebenes Blatt Papier nach dem anderen, und erst morgens um fünf verließen wir die Redaktion – höchste Zeit, denn bald schon sollte Andruck sein. Es war Juni, die Nacht war hell, und lautes Vogelgezwitscher empfing uns draußen auf dem Parkplatz am Pressehaus.

Wie gefährdet Theo damals vom Rauchen tatsächlich schon war, kam erst nach und nach ans Licht. Er stand ganz offenbar kurz vorm Raucherbein und hatte nach einem Jahr Nikotinentzug eine schwere Kreislaufkrise. Seine Frau reiste ihm zu Vorträgen heimlich hinterher und hatte eine entsprechende Spritze in der Tasche, um ihm diese zu verpassen, falls er zusammenbrechen sollte. Was dann auch prompt geschah. Aber er hat sich berappelt, ist sportlich wieder aktiv geworden, hat als einer der Ersten das Windsurfen betrieben und sich mithilfe des Royal Canadian Air Force Exercise Plans wieder fit gemacht. Die 1961 vorgestellten Übungen hatten ihn bei einem Truppenbesuch in Kanada beeindruckt, weil man sie auf kleinstem Raum, also auch im Flugzeug, in einer Kabine oder einem engen Hotelzimmer ausführen und damit jede Muskelgruppe im Körper systematisch trainieren kann. Daran hat er viele Jahre festgehalten, bis er später vom Laufen auf der Stelle zum Joggen im Wald überging.

Inzwischen hatten sich alle auf der Redaktion an unsere Affäre gewöhnt. Außer uns gab es noch andere Pärchen, das berühmt-berüchtigtste wohl Diether Stolze und Inge Niese. Inge hatte als junges Mädchen mit ansehen müssen, wie sich ihre Mutter die Kehle durchschnitt. Sie war lange unser neues Glaskastenmädchen und stieg dann zur Redaktionssekretärin in anderen Ressorts auf. Diether Stolze war zunächst Chef des Wirtschaftsressorts, später Stellvertretender Chefredakteur und zuletzt Verleger und Herausgeber der *Zeit*. Sein Beschützerinstinkt umarmte die bedauernswerte, traumatisierte Inge, er half ihr bei der Verwaltung des geerbten Vermögens und heiratete sie. Beide sind schon lange tot, Inge starb am Krebs, Diether Stolze 1990 bei einem Autounfall in der Schweiz.

Während ich diese Zeilen schreibe und an mein Lebensgefühl von damals zurückdenke, tief hineinkrabbele in das Erlebte und Empfundene, kommt mir die Erinnerung an einen ganz besonderen Kinobesuch zurück – wohl auch, weil sich im Juli 2018 der Geburtstag von Ingmar Bergman zum einhundertsten Male jährte und der Kultregisseur in Kulturredaktionen, Rundfunk- und Fernsehsendungen gewürdigt und von Margarethe von Trotta in ihrem neuesten Film »Auf der Suche nach Ingmar Bergman« gefeiert wurde. Wer erinnert sich denn aus meiner Generation nicht an 1963, als Bergmans Film »Das Schweigen« in die Kinos kam? Ein sogenannter Skandalfilm, den man sich bei dem Ruf, der ihm vorausging, am liebsten heimlich und unbeobachtet angesehen hätte. Heute wäre das ja möglich, aber damals? Kein Video, keine DVD, kein Internet, was für Zeiten! So musste man Skrupel und Hemmungen überwinden und sich ganz öffentlich an der Kinokasse eine Karte kaufen, schon das etwas g'schamig. Der Film lief in dem eleganten Hamburger Prachtkino »Kurbel am Jungfernstieg«. Das repräsentative Erstaufführungstheater war 1953 mit dem ewigen Klassiker »Vom Winde verweht« eröffnet worden und seinerzeit die vornehmste Adresse für großes Kino. Plüsch und Samt, raffinierte indirekte Beleuchtung (damals der neueste Schrei) und ein bisschen Glitzer am teuren Vorhang entführten die Besucher in eine andere Welt, aber leider nur bis 1966, denn dann begann schon das Kinosterben. 1971 musste das Gebäude einem Erweiterungsbau des Hamburger Kaufhauses »Alsterhaus« weichen.

Es war abgemacht: Hans Gresmann, die Dönhoff-Sekretärin, Theo und ich wollten uns den Film gemeinsam ansehen – also die gleiche Besetzung wie in Amsterdam. Die munteren Gespräche verstummten, die dichte, düster und erotisch aufgeladene Atmosphäre der Handlung erdrückte uns. Beklommen saßen wir auf unseren Sitzen in den hintersten Reihen und harrten der Bilder, die da kommen sollten. Was heute überhaupt keine erotische Wirkung mehr auf mich hat, raubte uns damals den Atem. Nie gesehen, unerhört – wir wussten nicht, wie uns geschah. Ein bisschen Peinlichkeit war auch dabei, und hinterher konnten wir über das Gesehene nicht sprechen. Die Verarbeitung der vordergründigen Bilder von der Kopulation eines Paares auf dem Theatersitz verhinderte die Verarbeitung der erschütternden Aussage des Films, die wir als äußerst intensiv, schwer verständlich und verstörend empfanden.

Die Zeitungsarbeit wurde mir nie langweilig, ich konnte nicht genug davon bekommen, sie wurde mein Leben. Flexibilität war gefragt, aber unregelmäßige Arbeitszeiten, gelegentliche Sonn- und Feiertagsarbeit sowie viele Überstunden waren mir weitaus lieber als jeder »normale« Bürojob von neun bis fünf. Wir Sekretärinnen hatten gegenüber Freunden und Familie einen enormen Informationsvorsprung, waren zwar bei den Redaktionskonferenzen nie dabei, schnappten aber doch immer etwas auf, bekamen Vermerke oder Hausmitteilungen ins Stenogramm diktiert und konnten anhand der von den »Herren« gewünschten Telefonverbindungen, die wir ihnen ja schaffen mussten, leicht feststellen, in welche Richtung die Überlegungen gingen. Und natürlich waren wir auch mal die Lauscher an der Wand, wenn die Gespräche laut und heftig wurden. Ich hatte meine Redakteure fest im Griff, triezte sie gelegentlich mit unliebsamen Ermahnungen zur Erledigung ihrer Post, sie müssten nun endlich diese oder jene dringenden Briefe beantworten, Entscheidungen zu den stapelweise »unverlangt eingesandten Manuskripten« treffen oder aber ihre Reisekostenabrechnungen machen. Immerhin hatten sie Vorschüsse in bar erhalten, mussten das übrig gebliebene Restgeld an der Kasse wieder einzahlen oder etwas nachfordern, die Belege in bedruckte DIN-A4-Taschen stopfen und alle Rubriken auf der Rückseite mit den Daten, Uhrzeiten und Kosten der Reise ausfüllen. Komplizierter Kram, die Berechnung der Tagespauschalen und Bewirtungen minus Eigenanteil umständlich und äußerst unbeliebt. Sommer und Gresmann stöhnten unter der »Diktatur des Sekretariats«, was bald als geflügeltes Wort in der Politischen Redaktion die Runde machte. Aber es war ein Geben und Nehmen, denn die Redakteure schätzten Eigeninitiative sehr, spürten bald, wie gut es ihnen ging, wenn sie zuließen, dass man mit- und vorausdachte.

Eines Tages kam Haug von Kuenheim aus dem Ressort Modernes Leben bei uns in der Politik vorbei und erzählte, er würde sein möbliertes Zimmer in der eleganten Alsterchaussee, zwischen Mittelweg und Außenalster, aufgeben und suche einen Nachmieter. Schnell waren wir uns einig. Der Internist, der mit Frau und zwei Söhnen in Beletage und Obergeschoss wohnte und dem die Villa mit insgesamt vier Untermietern in Hochparterre und Souterrain gehörte, entfernte die alten Möbel, sodass ich meine eigenen, neu gekauften, hineinstellen konnte – ein breites Treca-Bett und skandinavische Kleinmöbel von Asko. Und wer sagt's denn: Der Untermieter im Zimmer nebenan war Justus Frantz, damals noch Student an der Musikhochschule bei Frau Professor Eliza Hansen, einer der namhaftesten deutschen Klavierpädagoginnen. Er war schon befreundet (man munkelte: liiert) mit seinem Studienkollegen Christoph Eschenbach, der damals noch lange nicht ans Dirigieren dachte, sondern ebenfalls Klavier bei Eliza Hansen studierte.

Endlich gab es einen Ort, an dem Theo und ich auch mal ungestört und ganz privat zusammen sein konnten. Und was geschah, wenn er mich in meinem Zimmer besuchte, ehe er zu seiner Familie nach Hause fuhr? Unsere Schäferstündchen wurden musikalisch untermalt von schönster Klaviermusik aus dem Nebenzimmer, live und von hoher Qualität. Besser ging's doch wohl nicht. Eschenbach und Frantz übten vierhändig Stücke von Schumann, Schubert, Mozart und Chopin – es war traumhaft und Wahnsinn zugleich, unglaublich inspirierend und charmant. Wenn ich Justus heute irgendwo treffe, umarmen wir uns herzlich und grinsen über die schöne Zeit, die lustige, aber auch ein wenig pikante Situation damals in der Alsterchaussee.

Die politische Redaktion unter Marion Gräfin Dönhoff befasste sich in jenen Jahren vornehmlich mit dem Kalten Krieg zwischen den USA und der Sowjetunion, der innerdeutschen Situation an der Mauer in Berlin und an der Grenze zur DDR, von der die *Zeit* als eine der ersten westdeutschen Zeitungen ohne Anführungsstriche berichtete. Es gab Menschen wie Peter Fechter, der im August 1962 bei einem Fluchtversuch aus der DDR auf grausame Weise Opfer des Schießbefehls geworden war und an der Berliner Mauer sozusagen »öffentlich« verblutete, und Jan Palach, der sich 1968 aus Protest gegen die gewaltsame Niederschlagung des Prager Frühlings durch die Truppen des Warschauer Pakts mit Benzin übergoss, anzündete und als lebende Fackel über den Wenzelsplatz lief – Namen und tragische Ereignisse, die man nie vergisst.

Genauso wie den Slogan »Wandel durch Annäherung«, den Egon Bahr, damals Presseamtschef des Berliner Regierenden Bürgermeisters Willy Brandt, am 15. Juli 1963 in einer Rede in der Evangelischen Akademie Tutzing prägte. Das Verhältnis der beiden deutschen Staaten zueinander beschäftigte uns täglich. Es war verhärtet und schien hoffnungslos in einer Sackgasse, als Kennedy – zum Glück – nichts gegen den Bau der Berliner Mauer unternahm; hätte er das getan, hätte es wohl doch einen heißen Krieg gegeben. Um das Leben in der geteilten Stadt für die Bürger ein wenig erträglicher zu machen, begann Willy Brandt auf Berliner Ebene, Deutschlandpolitik im kleinen Stil zu betreiben. Mit seiner »Politik der kleinen Schritte« erreichte er zu Weihnachten 1963, als Kennedy schon ermordet war, den Abschluss eines Passierscheinabkommens, das Westberlinern und später auch Bundesbürgern zeitlich begrenzte Besuche in Ostberlin ermöglichte, was die Verzweiflung in vielen getrennten Familien ein wenig linderte.

Die *Zeit* unterstützte diese neue Ostpolitik von Anfang an. Im Frühjahr 1964 unternahmen Gräfin Dönhoff, Theo Sommer und Rudolf Walter Leonhardt, der langjährige Feuilletonchef der *Zeit*, als erste Journalisten aus der Bundesrepublik eine längere Reise durch die DDR. Ihre Eindrücke schilderten sie anschließend in einer groß aufgemachten Artikelserie, die später unter dem Titel »Reise in ein fernes Land: Bericht über Kultur, Wirtschaft und Politik in der DDR« als Taschenbuch erschien.

Parallel zu der aufsehenerregenden Reise war über einen Zeitungsaustausch zwischen der *Zeit* und dem *Neuen Deutschland*, dem Zentralorgan der SED, verhandelt worden. Gesprächspartner war Günter Kertzscher, stellvertretender Chefredakteur des *ND*, der in einem »redaktionellen Zusatz« zu Theo Sommers im *ND* und in der *Zeit* abgedruckten Artikel »Die permanenten Provisorien« vom 11. Juni 1964 schrieb: »Wir schlagen der Redaktion der *Zeit* vor, unsere Stellungnahme ebenso abzudrucken, wie wir den Artikel von Theo Sommer abgedruckt haben. Beide wünschen wir, dass unsere Zeitungen ausgetauscht werden. Solange ein Zeitungsaustausch sich noch verzögert, könnte ein vereinbarter Austausch von einzelnen Artikeln ein vorläufiger Ersatz sein.« Gerd Bucerius telegrafierte umgehend: »Wir sind mit Ihrem Vorschlag einverstanden, Artikel zwischen *Zeit* und *Neues Deutschland* auszutauschen. Wir schlagen vor: Jede Zeitung sendet der anderen jede Woche einen Artikel von höchstens 120 Schreibmaschinenzeilen Länge. Wir müssen Ihren Artikel abdrucken, Sie verpflichten sich, unseren Artikel abzudrucken, beides ohne jede Änderung oder Kürzung. Beide Blätter werden die vom anderen abzudruckenden Artikel gleichzeitig veröffentlichen, wir den Ihnen gesandten Artikel in der *Zeit*, Sie den uns gesandten Artikel im *Neuen Deutschland*. Wir beginnen diese Vereinbarung mit dem Abdruck Ihres Artikels ›... müssen friedlich miteinander auskommen‹.« Das Ganze wurde behandelt wie eine Staatsaffäre. Es war der Spatz in der Hand, wenn man schon die Taube auf dem Dach, Entspannung und ein Ende des Kalten Krieges, nicht haben konnte.

Überhaupt, die Sechzigerjahre! Sie waren eine aufregende Zeit, nicht nur politisch. Was kam da nicht alles auf! Die Engländerin Mary Quandt erfand den Minirock. Dann rutschte der Saum wieder weiter nach unten, und es gab die Midi-Länge mit sehr kleidsamen schmalen Wickelröcken und einem langen T-Shirt darüber, geschmückt von einem lose die Hüften umspielenden Gürtel. Bald gab es alles nebeneinander von Mini über Midi bis zur Maxilänge wehender Plastik- oder Baumwollmäntel. Courrèges erfand die geometrische Minimode und die passenden Stiefelchen dazu: aus weißem Nappaleder, seidenweich und anschmiegsam, wadenhoch und weit, manche vorne offen, mit rechteckigen Ausschnitten im Schaft. Mann, war das schick – und bequem, denn sie waren flach, und man spürte sie nicht. Der Spanier Paco Rabanne, der »Klempner« unter den Modeschöpfern, präsentierte seine ersten Kollektionen mit den berühmten »Kettenhemden«, die aus unzähligen Ringen, Scheiben und anderen kleinen Metallobjekten bestanden, beim Gehen leise klimperten und ein futuristisches Glitzern auf den Laufsteg zauberten. Ich ergatterte so ein westenartiges goldfarbenes Teil für fünfzig Mark im Ausverkauf und trug es später bei dem rauschenden Fest, das Henri Nannen 1969 nachträglich zum zwanzigjährigen Bestehen des *Stern* gab. Nannen hatte immer schon ein Faible für das Besondere und mietete das komplette, damals kurz vor der offiziellen Eröffnung stehende Maritim Seehotel Timmendorfer Strand. Er lud alle ein, die ihm lieb und teuer waren. Dazu gehörten selbstverständlich die gesamten Redaktionen von *Stern* und *Zeit* sowie internationale Künstler, von denen einige dort auftraten, wie zum Beispiel die unglaubliche Ella Fitzgerald, die ein einstündiges Programm ablieferte. Theo nahm mich mit, und ich erlebte eines der hinreißendsten Feste meines Lebens. Zufällig präsentierte Paco Rabanne dort seine Multimedia-Modenschau mit ganz viel glänzendem Metall an den Models, und ich hatte mit meinem Outfit ins Schwarze getroffen.

Am Nachmittag vor dem Fest war ich in der Lobby des Hotels bei einer lockeren, entspannten Unterhaltung zwischen Theo, Sebastian Haffner und Egon Vacek, damals berühmtester Reporter des *Stern*, dabei. Es ging um den 1963 entbrannten Wettkampf um das beste Kennedy-Interview zwischen *Stern* und der konkurrierenden Illustrierten *Quick*, die sich gegenseitig den Rang als Zeitschrift mit dem besten Draht zum US-Präsidenten abliefen. Mit ihren Berichten aus dem Weißen Haus übertrumpften sie einander schon ab 1962, als nämlich der Termin für Kennedys Berlinbesuch am 26. Juni 1963 bekanntgegeben wurde, bei dem er dann den berühmten Satz »Ich bin ein Beerliner« ausrief. Es ging bei dem Wettkampf der Zeitschriften unter anderem um die Anzahl der Minuten, die den jeweiligen Reportern und Fotografen für Interviews bewilligt wurden. In einem *Spiegel*-Artikel vom 15. Mai 1963 hieß es: »Deutschlands Bilderblätter haben John Fitzgerald Kennedy entdeckt: In der letzten Woche rauften sich die auflagenstärksten Illustrierten, der Hamburger ›Stern‹ und die Münchner ›Quick‹, um den gescheitelten Skalp von Mr. President. Das Hamburger Journal brachte in 2,7 Zentimeter hohen Buchstaben seine Schlagzeile ›Stern bei den Kennedys‹; die Münchner Konkurrenz inserierte in der ›Süddeutschen Zeitung‹ mit 4,2 Zentimeter hohen Lettern: ›Quick bei Kennedy‹. [...] Ende Januar hatte der ›Stern‹ seinen Redakteur Vacek ausgesandt. Er sollte möglichst je acht Tage bei Bob, Ted und anderen Mitgliedern des Kennedy-Clans verleben, die er vom Präsidentschaftswahlkampf her kannte. Am 12. März wurde er durch Pressesekretär Pierre Salinger verständigt: ›The President wants to see you.‹ Fast 45 Minuten durfte Vacek bei John F. Kennedy zubringen. [...] Der Präsident verabschiedete sich mit den Worten: ›Look me up again.‹ Auch ›Stern‹-

Photograph Max Scheler durfte dableiben. Eine Stunde lang stand ihm der Präsident für Aufnahmen in seinem Arbeitszimmer zur Verfügung ...« Tempi passati. Egon Vacek, sehr gepflegt, immer mit teurer goldener Uhr und einem goldenen Siegelring an manikürter Hand, hatte seine amerikanische Ehefrau nach Timmendorf mitgebracht und erzählte die irrsinnig komische Geschichte, wie er als Frischverliebter bei ihrem Vater um ihre Hand angehalten hatte. Er wusste noch nicht ganz genau, wen er sich da geangelt hatte, brachte aber vorsichtshalber alle möglichen Zertifikate, einige schöne Arbeitsproben und vor allen Dingen seine letzte Steuererklärung und Bankauszüge mit, um dem Schwiegervater in spe zu imponieren und zu beweisen, dass er gut für dessen Tochter würde sorgen können. Schock für Egon Vacek: Seine Braut war eine Eastman-Kodak-Erbin, und die Einkommensnachweise eines der bestverdienenden Journalisten jener Zeit zerfielen zu Makulatur.

Die Einladung zu dem Fest im Maritim erstreckte sich über das gesamte Wochenende und hielt alle Gäste frei – also wirklich frei, man konnte verzehren, bestellen, was man wollte, in Champagner baden, von Kaviar und Hummer leben, selbst die Rechnungen aus den Hotelboutiquen wurden bezahlt. Das sprach sich unter den Gästen rasch herum, die meisten schüttelten nur den Kopf, aber andere fuhren nach der rauschenden Ballnacht noch mit den vor dem Haus in langer Reihe bereitstehenden Taxis bis nach Hamburg zur Reeperbahn, ließen die Wagen dort warten, um damit nach Besuchen einiger Etablissements wieder zurückzufahren. Henri Nannen war ein veritabler Großzügigkeitstyrann, dem alles umso mehr Spaß machte, je mehr Leute er glücklich machen konnte. Er konnte einfach nicht anders: ganz oder gar nicht.

Die größte und folgenreichste Erfindung jener Zeit kam Mitte der Sechzigerjahre auf den Markt: die Pille. Jahrelang noch viel zu hoch dosiert, brachte sie neben ihrer segensreichen Wirkung auch Krankheit und Tod: Viele Frauen, besonders Raucherinnen, starben an Krebs oder Thrombose und Lungenembolie. Ich selbst brauchte die Pille nicht, ich kannte meinen Körper so gut, hatte ein so gutes Gespür für die physiologischen Abläufe im Organismus, dass ich ohne Abtreibung davongekommen bin. Lediglich einmal habe ich sie ausprobiert – mit ernüchternder Wirkung. Doch davon später mehr. »Mein Bauch gehört mir« war natürlich ein großartiger Slogan, der viel zur Selbstbestimmung der Frauen beigetragen hat, die ohne hormonelle Empfängnisverhütung so nicht möglich gewesen wäre.

Auf der einen Seite also Riesenfortschritte, auf der anderen Seite aber immer noch Verbohrtheit, Diskriminierung und Phobie. So erlitt zum Beispiel Hans Gresmann einen Nervenzusammenbruch, als er bei der Zulassung seines neuen Cadillacs vom Verkehrsamt ein Hamburger Autokennzeichen mit der Ziffer 175 zugeteilt bekam. Damals waren Wunschkennzeichen noch nicht üblich und auch hintenrum nicht zu bekommen. Der Schock, die Zahl 175 im Kennzeichen zu führen, machte es ihm beinahe unmöglich, den Wagen überhaupt zu fahren. Und warum? Der Homosexuellen-Paragraph 175 des deutschen Strafgesetzbuches war noch in Kraft und wurde erst 1994 abgeschafft. Niemand wollte ein »175er« sein oder mit dem »Feiertag der Schwulen«, dem 17. 5., in Verbindung gebracht werden.

Ende einer Affäre – Affäre ohne Ende

Ab 1965 war es für westdeutsche Staatsbürger bis zum Alter von achtundzwanzig Jahren zum ersten Mal nach dem Krieg möglich, mit »Deutsche Jugendreisen« in die Sowjetunion zu fahren. Ich war wie elektrisiert und verwendete meinen Urlaub bei der *Zeit* für eine zehntägige Reise in dieses für Normalsterbliche bislang wenig zugängliche Land. Ich war auf Abenteuer aus und versprach mir faszinierende Eindrücke und Einsichten, gerade wegen der politischen Situation im Kalten Krieg. Eine gewisse Spannung lag in der Luft. Treffpunkt war Berlin, dann ging es nach Leningrad und Moskau, auf dem Rückweg noch Warschau, das »Paris des Ostens«, alles selbstverständlich mit der Bahn, das Zeitalter der Billigflugreisen hatte noch nicht begonnen. Ich knipste einhundertfünfzig Dias, die ich nach meiner Rückkehr den neugierigen Redakteuren vorführte, die alle noch nie dort gewesen waren. Nur Theo Sommer war bei der Dia-Show nicht dabei, vermutlich war er auf einer Dienstreise, wie so oft. Selbst die Gräfin nahm sich Zeit und stellte Fragen zu dem riesigen Piskarjowskoje-Gedenkfriedhof für die über 450 000 Opfer der dreijährigen Belagerung Leningrads durch Nazi-Deutschland im Zweiten Weltkrieg. Ich hatte damals zum ersten Mal von dieser Blockade gehört und einen halben Tag auf dem Gelände verbracht, um die Atmosphäre tief in mich aufzunehmen und dem massenhaften Leid nachzuspüren – es war ein stiller Tag, dessen Bedrückung durch die weitläufige und gepflegte Anlage ein wenig abgemildert wurde. Ganz besonders hatten es mir die bäuerlichen Weiblein mit wollenem Kopftuch und Strickjacke angetan, die in ihren kleinen Kiosk-Häuschen mit dem Verkauf von Andenken und Postkarten beschäftigt und wohl ganz dankbar für den Besuch der westlichen jungen Leute waren.

Man staunt, wenn man sich die Bilder aus Moskau und Leningrad heute anschaut: kaum ein Auto auf den breiten Straßen, nur wenige Menschen, aber natürlich schon die fantastischen, aus kostbarem Marmor gebauten U-Bahnhöfe, viele fröhliche, urlaubende Uniformierte an den primitiven Ständen oder Karren mit Eiscreme und dem entfernt nach Malzbier schmeckenden Brottrunk »Kwass«. Und die russische Seele im Café.

Unsere Reisegruppe absolvierte das übliche Besichtigungsprogramm, wohnte typisch sozialistischen Trauungen mehrerer Paare gleichzeitig im bürokratisch anmutenden »Hochzeitspalast« bei, hatte aber auch die Freiheit, ohne Dolmetscher, sprich: Aufpasser, auf eigene Faust Moskau zu erkunden. Dabei passierte es mir dann, dass ich meine Gruppe völlig aus den Augen verlor und mich auf einem der riesigen Plätze umsah und die Ohren spitzte. Doch, hier hörte ich Deutsch sprechende Stimmen und näherte mich einem der Busse, dessen Fahrer gerade die Türen schließen und abfahren wollte. Ich steckte rasch den Kopf hinein und fragte: Wohnt ihr auch im Hotel Tourist? Das war nicht ganz abwegig, denn der hässliche rote Backsteinkasten beherbergte fünftausend Gäste und schien das einzige internationale Hotel für junge Leute zu sein. Dort gab es noch die primitiven Empfangstische auf jeder Etage, Tag und Nacht besetzt mit ebensolchen Bauersfrauen wie in den Kiosken der Gedenkstätte. Die Antwort lautete ja, und sie wollten mich auch gerne mitnehmen. Auf der Fahrt zum Hotel kam ich mit einigen ins Gespräch, man tauschte sich aus, woher und wohin, und siehe da, meine Retter waren einige meiner Brüder und Schwestern aus der DDR. Sie stammten aus Ostberlin und waren genauso erstaunt wie ich über unser unverhofftes Zusammentreffen. Ich war glücklich über dieses geschenkte Zusatzerlebnis, eine Begegnung der zweiten Art, die im Reiseplan nicht vorgesehen war. Menschen zu treffen war und ist für mich der tiefere Sinn des Reisens.

Als ich später einmal im Gespräch mit Theo diese Reise erwähnte, meinte er in seiner unnachahmlich selbstgewissen Art: Wann soll *das* denn gewesen sein – 1965? *Vor mir?* Das kann ja gar nicht sein ... Und meinte, ich könne doch unmöglich in die Sowjetunion gereist sein, ehe er dort gewesen sei, und das war erst Jahre später der Fall. Theo, der Eisbrecher mit dem großen Herzen und seinem unwiderstehlichen Charme.

Doch so schön und harmonisch, wie das jetzt hier klingt, blieb es für Theo und mich leider nicht. Ich erwähnte schon das Telegramm, das ich irgendwann mittels eines am Fernschreiber produzierten Lochstreifens an Theo geschickt hatte, als er auf Dienstreise in Tokio war. Dieses in der Manteltasche vergessene und von seiner Ehefrau entdeckte Telegramm läutete eine dramatische Wende und eigentlich das – vorläufige! – Ende ein. Ich sollte Hamburg verlassen, und wir sollten und wollten die nun schon drei Jahre währende Affäre beenden.

Dass es mehr als eine Affäre, nämlich Liebe war, die wir nicht so einfach abstellen konnten, zeigten die kommenden Jahre. Zunächst beratschlagten wir, was ich machen, wohin ich gehen, wo ich arbeiten könnte, und kamen auf London, wo ich beim Institute for Strategic Studies (damals noch ohne »International« im Namen) anfangen konnte, dessen Mitglied Theo war. Es fiel mir unglaublich schwer und war ein großer Schritt für mich, meine geliebte Arbeit zu kündigen, mein Zimmer in der Alsterchaussee aufzugeben und ganz allein in eine ungewisse Zukunft aufzubrechen. Ich packte meine Sachen zusammen, verkaufte meine hübschen kleinen Möbel, schaffte das, was ich nicht mitnehmen konnte, aufs Lager und hatte nun keine Adresse mehr, war in jeglicher Hinsicht, auch geistig, heimatlos. Theo brachte mich Anfang Juli 1966 zum Flughafen. Solche Tränen hat vor ihm kein Mann geweint. Ich versuchte, tapfer zu bleiben, und heulte erst im Flugzeug, aber dafür während des gesamten Fluges. Wir waren beide bis ins Mark erschüttert und verstört.

Die Arbeit am Londoner Institut wäre eine tolle Chance für mich gewesen, wenn ich nicht so rasend unglücklich gewesen wäre. Ich mietete für die ersten Tage und Wochen ein »Bed & Breakfast« ohne Breakfast in einem dieser typischen hohen, ganz mit Teppich ausgelegten Häuser, das Bettzeug verdreckt und voller angetrocknetem Sperma, die Gemeinschaftsduschen verstopft und nie geputzt – und ich einsam und eigentlich ohne Geld. Es war der blanke Horror. Abends nach der Arbeit fuhr ich mit Bahn und Bus zu teilweise weit draußen gelegenen Adressen, um mir vernünftige Mitwohngelegenheiten anzusehen: Share-a-Flat-Anzeigen gab es reichlich, bei den Besichtigungen fielen die meisten durch. Die Mädels lebten dort sauber und puppig, hatten ihre Betten alle nebeneinander in den Raum gestellt, ich kam mir vor wie im Schlafsaal von Hanni & Nanni oder im Internat von Ilse, dem Trotzköpfchen. Nein, so nicht! Immer hoffte ich doch auf einen Besuch von Theo, der sonst häufig für ein, zwei Tage nach London geflogen war, aber während der ganzen drei Monate, die ich dort blieb, nicht erschien.

Endlich fand ich ein schönes Zimmer in einer hübschen Wohnung, die Norvela Forster, einer angehenden Patentanwältin, gehörte und unweit der Themse in der Regency Street lag. Das war okay, aber die Einsamkeit blieb. Im Institut gab es diesen wunderbaren Portier, der den ganzen Tag die Messingklinken, Knäufe und Türbeschläge polierte und Punkt

Viertel vor zehn mit einer Tasse Tee am Arbeitsplatz aufwartete – ganz nach Wunsch: zuerst die Milch und dann den Tee oder umgekehrt, viel oder wenig oder gar keinen Zucker, ein himmlischer Lichtblick, auch fürs Herz. So eine englische Tasse Tee, die kann was.

Ich kannte die Leute vom Institut per Telefon aus Hamburg von meiner Arbeit bei Theo und wusste ungefähr, was mich erwartete, nämlich die Vorbereitung und Durchführung der jährlichen Mitgliederkonferenz im September, diesmal in Wien. Auf diese neue Erfahrung freute ich mich, und in Wien würde ich auch Theo wiedersehen – endlich. Aber vorher gab es noch das berühmt-berüchtigte Londoner Endspiel der damaligen Fußball-Weltmeisterschaft, bei dem sich England und die Bundesrepublik am 30. Juli 1966 im Wembley-Stadion gegenüberstanden und um den Titel kämpften. Dieses vermaledeite Tor oder Nicht-Tor! Bis heute wird ja immer noch gestritten, ob der Ball nun drin war oder nicht. Ich war zwar nicht im Stadion, aber gemeinsam mit einer weiteren Kollegin vom Institut, Charlotte Honarchian, zum milchig-schwarzweißen Fernsehgucken eingeladen, zu Hause bei Bettine, der würdevollen, sehr englisch-korrekt und gouvernantenhaft aussehenden, flachbrüstigen, hochgewachsenen Assistentin des Institutsleiters, The Honourable Alastair Buchan, der als Journalist für den *Observer* Artikel über Militär- und Verteidigungspolitik geschrieben hatte und 1958 zum Direktor des Instituts berufen worden war. Ich fand es immer interessant, in Londoner Privatwohnungen eingeladen zu sein, und überlegte, was ich wohl als kleines Gastgeschenk mitbringen könnte. Eine schöne, vorgekühlte Flasche Schampus schien mir angemessen, denn die Engländerinnen oder ich, eine der beiden Nationen würde auf jeden Fall Grund zum Feiern haben. Aber wie heißt es so schön: Gut gemeint ist nicht unbedingt gut gemacht, und ich fiel ganz fürchterlich auf die

Schnauze. Bettine interpretierte das köstliche Feiergetränk als überheblichen Vorgriff auf einen deutschen Sieg und war von meiner feinsinnigen Logik nicht zu überzeugen. Pech gehabt, und ich bildete mir ein, in einem amerikanischen Umfeld wäre ich so nicht missverstanden worden. Erste kleine Wermutströpfchen sickerten in meine Seele, und ich fürchtete, in London nicht recht warm zu werden.

Aber die Jahreskonferenz zu organisieren und dort Conference Girl zu sein, war an- und aufregend. Alle Papiere in namentlich zugeordnete, individuell zusammengestellte Mappen einsortieren, große Überseekoffer mit sämtlichen Unterlagen der Spedition übergeben und selbst mit nach Wien fliegen, das lag mir und machte Spaß. Die zweihundert Politiker und Wissenschaftler sowie ausgewählte Journalisten aus aller Welt, darunter auch Theo Sommer, mussten empfangen, registriert, im Konferenzbüro eingecheckt, mit Namensschildern und Unterlagen versorgt werden. Ferner waren die Hotelreservierungen zu überprüfen und die Herrschaften auf die Arbeitsgruppen zu verteilen, für die sie sich angemeldet hatten. Und alles ohne Bildschirm, ohne Excel-Tabellen, sondern händisch in großen Listen auf Papier. Die Teilnehmer waren natürlich ein hochgeistiges Plenum, die Themen der verschiedenen Arbeitsgruppen umfassten die wichtigsten Konflikte der Welt, in jenem Jahr mit Schwerpunkt UdSSR, wozu ein besonderer Referent aus Moskau eingeladen war, der namhafte Historiker Professor Vladimir Mikhailovich Khvostov. Der Auftritt eines sowjetrussischen Akademikers war damals noch eine Seltenheit.

Bei dieser Konferenz erlebte ich zum ersten Mal große, mit internationalen Koryphäen besetzte Panels, die Rituale von These, Antithese und Diskussion und ein Beispiel ganz persönlicher menschlicher Größe, als der Vorsitzende Alastair Buchan, ein notorischer Stotterer, sich bei seiner Eröffnungsrede hoffnungslos verhedderte, sich unterbrach und ganz ruhig und souverän sagte: »Sorry for my stutter«, und noch einmal von vorne anfing. Ich erlebte mit, wie neue internationale, weltumspannende Konzepte entstehen, auf welchen Wegen neue Gedanken und Ideen entwickelt und an die Öffentlichkeit getragen werden, auf die Schreibtische und in die Köpfe handelnder Politiker gelangen – oder eben nur vertraulich diskutiert werden und vertraulich bleiben. Solche Konferenzen sind die eigentlichen Politikentwickler und viel wichtiger als die Gipfeltreffen mit den Großkopferten, auf denen schöne Fotos gemacht werden und häufig nur vorgetragen wird, was vorher schon vereinbart wurde. Der geistige Austausch, die freie Meinungsäußerung in vertraulicher Atmosphäre mit geladenen Vertretern anderer geistiger Disziplinen und Milieus – das war Inspiration und Zukunft, die Keimzelle neuer Politik, und faszinierte mich.

Natürlich konnten Theo und ich nicht wirklich voneinander lassen. Wir genossen die Zeit in Wien, wenn auch für Privates nicht viel Zeit blieb; aber es war schön, überhaupt mal wieder die Nähe des anderen zu spüren, ganz abgesehen von dem beflügelnden Gefühl, das mir die organisatorischen Aufgaben auf der Konferenz bescherten. Es war eine Mischung aus himmelhoch jauchzend, zu Tode betrübt, doch eine weitere Gelegenheit, uns wiederzusehen, sollte sich bereits wenige Wochen nach der Wiener Konferenz im Oktober 1966 ergeben, als ich noch in London war und Theo, zehn Jahre nach Beginn des ungarischen Volksaufstands vom Oktober 1956, von der Redaktion losgeschickt wurde, um in Budapest die Stimmung zu erforschen, Gespräche zu führen und politische Bilanz zu ziehen. Wir trafen uns in Hamburg. Theo hatte sein Auto dabei, aber kein Visum. Der Kalte Krieg war eisig, und die einzige Möglichkeit, nach Ungarn einzureisen, war für ihn, vor Ort, an der österreichisch-ungarischen Grenze, um ein Visum nachzusuchen. Ich hingegen hatte ein reguläres Visum in meinem Reisepass, ausgestellt von der ungarischen Botschaft in London.

Nun, wir wollten uns auch ein bisschen erholen, stiegen im weithin sichtbaren Grandhotel Panhans am Semmering ab, gelegen auf halber Strecke zwischen Wien und Graz, und fuhren am nächsten Morgen neugierig zur Grenze, in der Hoffnung, dort auch für Theo ein Visum zu bekommen. Wir durften sogar ohne Visum nach Ungarn hinein, doch nur etwa tausend Meter bis zum nächsten Posten, dann war Schluss. Umkehren und am nächsten Tag wiederkommen, hieß es. Eine Woche lang spielten wir das Spiel mit, von Tag zu Tag wurden die Versprechungen, die Zusicherungen größer, aber letztlich nicht erfüllt. Nach einer Woche gaben wir auf – ganz offenbar waren westliche Journalisten zum 10. Jahrestag des Aufstands nicht erwünscht. Wir fuhren, wieder schmerzlich, gemeinsam nach Hamburg zurück, von wo ich nach London weiterflog.

Doch London war nicht meins. Obwohl ich einiges auch genoss und mir »gönnte«, wie zum Beispiel einen Twiggy-Haarschnitt von Vidal Sassoon persönlich, dem ein Adlatus seine goldene Schere auf einem dunkelblauen Samtkissen mit goldener Litze und Zierquasten an allen vier Ecken servierte. Es hätten auch die Kronjuwelen sein können ... Sassoon setzte die Schere dreimal an, das war's, aber – ich muss es zugeben – es war ziemlich genial, denn er brachte meinen Kopf tatsächlich in eine tolle Form, ehe mich ein anderer Adlatus nach dem übertueren Schnippschnapp schleunigst zur Kasse bat und hinauskomplimentierte. Ich war halt kein Star, fühlte mich aber doch irgendwie geadelt, als ich erhobenen Hauptes zur U-Bahn ging.

Ich war enttäuscht, dass Theo mich in London nicht besuchte, und fand so recht keinen Anschluss. Oder kam ich, die amerikanisch Konditionierte, mit der Mentalität der Engländer, dem englischen Humor nicht zurecht? Ich weiß es nicht.

Jedenfalls war ich zu unglücklich, um nicht an Abbruch und Aufbruch zu denken. Der Kontakt zur *Zeit*-Redaktion war erhalten geblieben, und eines Tages schickte mir die Feuilleton-Redakteurin Petra Kipphoff eine Stellenanzeige aus der *FAZ*: Carl Zuckmayer suchte eine Sekretärin in Saas-Fee, seinem Wohnort im Oberwallis in der Schweiz. Und sie legte bei dem berühmten Schriftsteller, den sie gut kannte, auch noch ein gutes Wort für mich ein.

Bei Carl Zuckmayer in Saas-Fee

Im Oktober 1966 packte ich in London meine Siebensachen, gab wieder das nicht Benötigte aufs Lager in Hamburg und stellte mich während der Frankfurter Buchmesse bei Carl Zuckmayer vor, der mit seiner Frau Alice Herdan und seiner Tochter Maria Winnetou im Hessischen Hof residierte. Schmales schwarzes Kostüm, elegante Pumps, die Mode war noch immer diktiert von Jackie Kennedy. Ich wurde sofort engagiert, aber Winnetou machte sich so ihre Gedanken: Was will *die* denn in Saas-Fee, soll sie zu ihren Eltern gesagt haben. Aber ich sollte, so die Absprache, nach Hamburg fahren, alles regeln (wo ja nichts zu regeln war, außer meine Wintersachen vom Lager zu holen) und nach Ende der Buchmesse an den Tegernsee kommen, wo Zuckmayer ohne seine Frau eine Erholungskur machen wollte. Madame besuchte derweil ihre Tochter in Österreich, wo diese mit Töchterchen Katharina und ihrem Ehemann, dem Dichter Michael Guttenbrunner, lebte. Die Familie kam öfter nach Saas-Fee zu Besuch, und Katharina, damals etwa zehn Jahre alt, litt unter grauenvollen Albträumen von Schlangen in Feuergruben und schrie nächtelang das ganze Haus zusammen. Sie wurde auf Diät gesetzt und durfte abends außer einem quadratischen Gervais-Käse und einem Apfel nichts mehr essen.

Michael Guttenbrunner war ein Original: Gerechtigkeitsfanatiker, Weltverbesserer, Antifaschist, Freimaurer. Ein Hüne an Gestalt, war er mit seinem üppigen Haarschopf und dem breiten Bauernschädel schon rein körperlich von enormer Präsenz, eindrucksvoll und stark. In Wien, so erzählte man mir, hatte er sich dereinst vom Autoverkehr so genervt gefühlt, dass er, mit Wanderschuhen und Spazierstock bewaffnet, aus Protest querfeldein durch die Straßen marschierte, und zwar über Stock und Stein, was hier bedeutete: laut schimpfend über an Ampeln haltende Autos stieg und über Omnibusdächer trampelte, die er mit Leichtigkeit erklomm. Nicht ohne Protest der Öffentlichkeit und Einsatz der Polizei.

Doch zurück zu Zuckmayer, vorerst noch am Tegernsee. Im Alpensanatorium Dr. Ansorge Bad Wiessee bekam auch ich ein kleines Zimmer mit einer kleinen Reiseschreibmaschine und speiste jeden Mittag mit ihm zusammen, denn er wollte mich näher kennenlernen. Aber ich sollte auch schon kleine Briefe für ihn tippen. Auf der Buchmesse hatte er seine zum bald folgenden 70. Geburtstag erschienene Autobiografie vorgestellt. Sie trägt den Titel »Als wär's ein Stück von mir«, eine Zeile aus dem berühmten Gedicht »Der gute Kamerad« von Ludwig Uhland, geschrieben 1809 und 1825 von Friedrich Silcher zum Lied »Ich hatt' einen Kameraden« vertont. Dieses Lied hat in seiner wechselvollen Geschichte die Zeitläufte von den Befreiungskriegen gegen Napoleon über die Weltkriege I und II bis zu einem Kassiber der RAF und dem Zeremoniell des Bundestages zum Volkstrauertag durch- und überlebt. Es war oft umstritten, wurde missbraucht und verballhornt, aber in zweihundert Jahren ist kein neues Lied mit einer derartigen Wirkung entstanden. Ohne kriegsverherrlichende Hintergedanken wird es auch heute noch bei Trauerfeiern der Bundeswehr von einem Solobläser intoniert und als Lob der Kameradschaft unter Soldaten im Feld verstanden.

Zuckmayers Buch ist das beste Geschichts- und Geschichtenbuch, das ich kenne. Alle Aspekte deutscher Emigration und deutscher Mentalität werden darin meisterlich beleuchtet, die handelnden Personen, wie bei einem Dramatiker zu erwarten, zum Leben erweckt. Sehr empfehlenswert gerade heute für Jüngere, die sich für ihr eigenes Land, ihre eigene Geschichte erwärmen mögen und sich einen sehr persönlichen Lesestoff ohne erhobenen Zeigefinger wünschen.

Unsere frugalen Mittagessen im Sanatorium verliefen einsilbig, aber Zuckmayers Bemerkung: »Bei Ihnen kann ich wohl keinen Dienstbotengeist voraussetzen ...«, zeigte mir, dass er versuchte, mich zu erfassen, zu ergründen, wes Geistes Kind ich war. Nun, da wusste ich noch nicht, wonach er die Dinge auch beurteilte und dass er mich später in Saas-Fee, als in Westdeutschland die 1964 gegründete NPD unter Adolf von Thadden nach und nach in einige Landtage einzog, mit ebendieser Tatsache vorwurfsvoll konfrontieren würde und sogar noch weiter ging: Weil ich zu jener Zeit immer noch Liebeskummer hatte und keinen Alkohol vertrug, folglich bei den abendlichen Weingelagen nicht mithalten konnte, zog er das Aufkommen der NPD heran und genierte sich nicht, mich mit Adolf Hitler zu vergleichen: »Der trank auch keinen Alkohol.« Das war nicht »... ein Stück von mir«, sondern ein Stück aus dem Tollhaus, das mich einigermaßen schockierte und ratlos machte. Ich kannte ihn ja noch nicht gut genug und fragte mich, ob sich das noch ändern, ob er sich mir je öffnen würde.

Ich weiß, viele waren vor mir bei Zuckmayer, eine Ehemalige, Jutta Münchenhagen, schrieb mir neulich erst. Jedes Mädchen, jede junge Frau bringt ja ihr eigenes Schicksal mit auf die Höhe, in diese 1800 Meter hoch gelegene entrückte Bergwelt kurz unterhalb der Baumgrenze, umgeben von einem Panorama von Drei- und Viertausendern, die so schön und so beeindruckend sind, dass man sich nicht sattsehen kann. Im Sommer lässt die hohe Sonne die gleißenden Gletscher erstrahlen, im Winter steigt sie über die Bergkämme nicht hinaus, sondern zieht ungesehen hinter den Gipfeln ihre Bahn und verschattet das kalte Tal. Die letzten, schon etwas mickrigen

Lärchen umstanden das Dorf, in dem die meisten Chalets aus rotem Lärchenholz gezimmert waren und richtig große Betonklötze auch heute noch fehlen. Die einheimischen Familien trugen und tragen wahrscheinlich immer noch Namen wie Andermatten, Kalbermatten, Burgener, Imseng, Zurbriggen – sehr gewöhnungsbedürftig und fremdartig, aber charaktervoll wie der Name von Zuckmayers liebstem Bergführer Alfred Supersaxo, ohne den er keine Hochtouren unternahm. Wie modern und abgefahren dieser Name doch klingt! Da denkt man gleich an Superman, aber weit gefehlt. Es handelt sich tatsächlich um das Phänomen eines traditionsreichen Schweizer Familiennamens, eines Wohnstättennamens, zusammengesetzt aus dem lateinischen »super«, also über, darüber, und »saxum«, Fels, Felsblock oder auch »Fluh«. »Uff der Fluo« oder »Supersaxo« sind also Teile einer weitverzweigten Familie, die ursprünglich mal hoch oben im Gebirge lebte. Die Vornamen der Region bewegten sich zwischen Romeo, Carmen und den christlichen Namen Pia und Pius, Daniel, Johann, Maria und Josef.

Im Alpensanatorium bekam ich schließlich meine Anweisungen sowie einen Schlüssel zum Haus und sollte mich so bald wie möglich – es war inzwischen Anfang November – auf die Reise nach Saas-Fee begeben. Die Zuckmayers würden nicht dort sein können, um mich zu empfangen, mich einzuweisen oder mir alles zu erklären, denn an Buchmesse und Sanatorium schloss sich eine ausgedehnte Lesereise an. Irgendwann kamen sie dann, blieben aber nur kurz, denn im November ging es Carl Zuckmayer überhaupt nicht gut. Zum ersten Mal in seinem Leben musste er sich einer längeren und sehr unangenehmen Zahnbehandlung unterziehen. An sich war der körperlich starke Mann bis auf seinen Blutdruck, über den noch zu sprechen sein wird, kerngesund, ein Natursche mit einem vom Pfeifenrauchen gelblichbraunen Gebiss mit großen, starken Zähnen, das nun plötzlich am Ver- beziehungsweise Ausfallen war. Immerhin ertrug er die Behandlungswochen, während derer er mit seiner Frau in einem Hotel im Rhônetal Quartier bezog, gut.

Ich machte mich also Anfang November mit rasch aus Hamburg geholten warmen Sachen im Gepäck auf den Weg. Im Liegewagen die ganze lange Nacht von Hamburg über Basel nach Brig am Fuße des Simplonpasses, von dort dann vormittags mit dem Bus an diesem eingemauerten, kanalisierten Fluss entlang, der winterlichen Rhône, die im Kanton Wallis am Rhônegletscher entspringt, bis zu ihrem Eintritt in den Genfer See auf Deutsch »der Rotten« heißt und weiß schäumendes, milchig-grünes Gletscherwasser führte, bis hinauf nach Saas-Grund, wo Autos mit Verbrennungsmotor noch fahren durften, und von dort noch ein bisschen höher hinauf bis an den Ortseingang von Saas-Fee, damals schon ein autofreier Ort. An der Bushaltestelle wartete das Elektrocar, nahm das gesamte Gepäck der wenigen Reisenden auf und stellte die Koffer und Taschen später zu.

Und ich? Mutterseelenallein, im Herzen unglücklich und mein Sinn vernebelter als die undurchsichtige Nebelsuppe im Ort, so stand ich da, fühlte mich ziemlich verloren und wartete auf – Anni, sechzehn Jahre alt, Bauerntochter, des Hochdeutschen nicht mächtig, des Lesens und Schreibens kaum, die mich eigentlich abholen sollte.

Anni ließ auf sich warten. Mir war kalt, der Nachmittag trübe. Ich schaute mich um und bekam es mit der Angst: Dunkle Wolken rollten durch das Dorf. Dahinter dichter Nebel, von der Landschaft nichts zu sehen. Der Untergrund ein einziger Matsch aus Schnee und Eis und knietiefem Schmelzwasser, kaum begehbar. Keine Menschenseele. Was, wenn Anni nun nicht käme? Aber sie kam. Schweigend führte sie mich zum Haus, ein ziemlich weiter Weg mit Hindernissen.

Ich rutschte mehrfach aus, kannte ja die vom Schnee bedeckten Wege nicht, stolperte und versank gelegentlich bis zum Bauchnabel in einem tiefen Loch. Das konnte ja heiter werden.

Das Haus lag am Hang eines großen Berges, breit und behäbig, das Untergeschoss aus Granit gemauert, die oberen Stockwerke und die Giebel und überhaupt alles innen und außen aus Lärchenholz. Wunderschön, aber spartanisch. Ganz unten Keller und Wirtschaftsräume, seitlich am Haus die Stiege zur Etage mit der praktischen großen Gemeinschaftsküche für Hausgäste und den Gastzimmern. Eines davon, gleich das erste links, war meins. Fußboden, Decke und Wände aus rohem Lärchenholz, ein ganz einfaches Bett, in der Ecke ein roh gezimmerter »Kasten«, wie der schmale Schrank im Hause Zuckmayer aufgrund der österreichischen Herkunft von Frau Alice hieß, ferner ein kleiner Tisch, ein Stuhl – Jugendherberge.

Anni zog zwei Zimmerchen neben mir ein, denn sie sollte tatsächlich eine Woche bleiben und mir alles zeigen. Sie war nicht besonders kommunikativ und vergrub sich hinter mitgebrachten Lore-Romanen. Ich war ihr eine lästige Pflicht. Immerhin führte sie mich einmal durchs Haus, zeigte mir das ebenfalls unten gelegene klitzekleine Bürostübchen mit der altertümlichen, schwergängigen mechanischen Monster-Schreibmaschine und einer Unmenge von Holzregalen mit überfüllten Ordnern für die Korrespondenz, dann weiter über die Wendeltreppe nach oben in den großen Kaminsaal mit dem langen Tisch und Sitzgruppen und Platz für viele Gäste. Während meiner ganzen Zeit wurde dieser Raum nicht ein einziges Mal genutzt, geschweige denn geheizt. Außerdem lagen auf dieser mittleren Etage die kleine private Küche, das winzige Speisezimmer der Familie mit Ausgang zu einer weiteren Stiege am Haus sowie ein Bad und – der zentrale Raum – das Schlafzimmer von Frau Alice.

Überhaupt Alice! Sie führte, als Zuckmayers dann irgendwann kamen, das Regiment im Haus und war von beiden die weitaus schillerndere Persönlichkeit. Angetan mit mehreren Schichten wallender Nachtgewänder und Spitzenhäubchen thronte – oder wohnte? – sie nachts in einem riesigen Himmelbett, das tatsächlich aus alter Anhänglichkeit und in Erinnerung an die Jahre des Exils in Vermont beim berühmten Versandhaus Sears, Roebuck & Co. in den USA bestellt und von dort in Einzelteilen ins Oberwallis geliefert worden war. Vier hohe schwarze Pfosten, die den »Himmel« hielten, lange, weiße Batistvorhänge, eine dicke, breite Matratze, viele gewaltige weiche Kissen, im österreichisch geprägten Haushalt nur »Polster« genannt, in denen man versinken konnte. Ein dickes Plumeau wie von Wilhelm Busch gezeichnet – und vom Bettrahmen abwärts ringsum eine Art Gardine, die bis zum Fußboden reichte. Ein Traum. Oder ein Albtraum. Oder eine Bühnenkulisse für Frau Alice, die ehemalige Schauspielerin, die sich in der Rolle einer Madame Pompadour offenbar sehr gefiel.

Das Lustigste an diesem Himmelbett aber war der Entlebucher Sennenhund, mit dem der »Zuck«, wie Alice ihn nannte, täglich seine langen Spaziergänge machte. Wann immer Frau Alice im Bette lag, lag darunter auch der Hund. Er wich nicht von ihrer Seite, hatte dort seine Höhle, durch die Bettumrandung abgeschottet von der Außenwelt. Er hatte eine Technik entwickelt, die Gardine mit der Nase hochzustupsen und dann blitzschnell unter das Bett zu robben – erstaunlich schlau, verblüffend effektiv und wahnsinnig komisch. Aber noch viel komischer und für mich ein Riesenschreck war es, als ich zum ersten Mal sah, wie dieser Hund zu Beginn eines winterlichen Spaziergangs mit seinem Herrchen, bei Sonnenschein und geschlossener Schneedecke, vor lauter Übermut und Lebensfreude einfach erst einmal abtauchte. Der Hund vom Zuck machte einen gestreckten Kopfsprung in das abschüssige Schneefeld vor dem Haus und ward nicht mehr gesehen. Unter dem Schnee roch der zerklüftete Berghang vermutlich nach vielen kleinen Tieren, Mäuschen und Käfern, die dort in ihren Höhlen überwinterten. Nun, dachte ich, der kommt bestimmt gleich wieder raus. Aber falsch gedacht. Der Hund blieb verschwunden. Fünf Minuten, zehn Minuten, eine Viertelstunde. Ich machte mir Sorgen, stellte mir vor, er sei vielleicht erstickt, wollte schon aufgeregt zum Zuck laufen, der sich pfeiferauchend mit einem Nachbarn unterhielt und keineswegs beunruhigt war. Und siehe da: Zweihundert Meter weiter, ganz am Ende des Schneefeldes, brach plötzlich ein fröhlich bellender, glücklich mit den Ohren schlackernder Entlebucher Sennenhund von unten durch die Schneedecke, wie die Gorbatschow-Wodkaflasche in der Werbung durch die Eisdecke stößt, und kehrte in Riesensätzen, wie ein Schneepflug dampfend, zu seinem Herrchen zurück. Er hatte unter dem Schnee gejagt, getobt, wer weiß was gerochen und in seiner Nasenerlebniswelt offenbar viel Spaß gehabt.

Wie wichtig dieser Hund, der übrigens Axel hieß, für das Ehepaar Zuckmayer war, geht aus den handschriftlichen Anweisungen hervor, die mir Frau Alice hinterließ, als die beiden nach einem kurzen Aufenthalt in Saas-Fee im Januar 1967 wieder wochenlang auf Lesereise gingen. Ich habe noch das Original.

11:50 Uhr, 3. Februar
Futteranweisungen für den Hund Axel
Haferflocken, Birchermüsli
500 gr. Fleisch in 2 Tagen, immer warm. Da das Fleisch immer sehr kalt ist, bitte durch heißes Wasser immer <u>warm</u> machen
1.)   Vom alten Metzger, der weiß es, <u>nicht</u> fett

2.) 1–2 x in der Woche vom neuen Metzger: 500 gr. SCHAFSVORESSEN [Schafsfleisch, aus dem man im Kanton Bern eine Art Vorsuppe kocht, Anm. d. A.]

Aber auch ich wurde bedacht: »Entrecôtes für Sie sind erfahrungsgemäß vom alten Metzger am besten, bestätigt durch Winnetou. Achtung: Gemüse beim kleinen und großen Usego [Supermarkt] ansehen.«
Und dann die Hundeärzte:

1.) Dr. H. BORTER Brig 31412 ist sehr gut, kann aber nicht nach Saas-Fee kommen (gehört nicht in seinen Bezirk), man muss zu ihm fahren.
2.) Dr. SUMMERMATTER, Visp. Steht auf Telephonverzeichnis über meinem Schreibtisch – kommt nach Saas-Fee. Seine Nummer ist viel besetzt, man kann aber in Notfällen bei seiner Frau privat anrufen, sie ist sehr freundlich und kann gut Auskunft geben, was zunächst zu tun ist. Extra Schachtel mit Hausapotheke ist bei den Gästen – mit Anweisungen.

Dann folgten die Reisedaten mit Anweisungen, was für Haus und Hof im Winter zu beachten sei: »Ist genug Heizöl da? Wäsche mit Leintuch zudecken, Mäusefallen aufstellen, Blumen gießen, eher zu wenig als zu viel, Vogelfutter bestellen: Bei Kälte: abends viel Futter, vormittags nochmals reichlich. Bei Sturm Futter in Holzhaus legen, das auf dem Tisch oder einem Stuhl steht, das Haus muss mit der geschlossenen Holzwand nach *außen* stehen und mit dem offenen Teil zur Balkonmauerwand bzw. Tür, damit die Körner nicht wegfliegen.«

Als ich Theo bei einem unserer Treffen in jenem Jahr, in dem wir uns eigentlich trennen wollten, diese Zettel zeigte, zückte er seinen Füllfederhalter und schrieb in seiner markanten Handschrift darunter: »Futter für die Vögel nachbestellen. Vögel zum Futtern bestellen. Futter zum Vögeln bestellen.« Schon immer hatte er eine Vorliebe für frivole Witze und Wortspielchen, was mir großes Vergnügen bereitete. Wir haben viel gelacht!

Bei Zuckmayer blieb ich tatsächlich fast ein Jahr. Während dieser Zeit fuhr ich gelegentlich nach Hamburg, wohnte in einer billigen Pension und hatte im Gepäck eine große, mit einfachem Korken verschlossene dunkelgrüne Flasche ohne Etikett mit besonders hochprozentigem, von den Einheimischen schwarz gebranntem Absinth, »le Véritable« oder auch »Absinthe Suisse« genannt, wobei »Suisse« weniger ein Hinweis auf das Herkunftsland als auf den exorbitant hohen Alkoholgehalt des ölig fließenden, grünlichgelben Wermutgetränks war. Sie versteckten und lagerten ihn an einem geheimen Ort unten im Gletscher und gaben ihn nur an vertrauenswürdige Eingeweihte ab. Es hieß, er mache blind und unfruchtbar, er war aber die Sensation, wenn ich in Hamburg Besuche auf der Redaktion machte und so ein tolles Geschenk dabeihatte.

Von Zuckmayers Haus wurde das Gepäck im autofreien Saas-Fee mit dem Elektrocar zur Busstation gebracht, dann ging's mit dem Bus hinunter ins Tal nach Brig, dort umsteigen in die Bahn, ab Basel dann Liegewagen für die lange Nachtstrecke, sechs schnorchelnde Fremde, Männlein und Weiblein zusammen in einem Abteil, jeweils drei übereinander, und das Gepäck. Beim Grenzübertritt wurde man mit Stentorstimme unsanft aufgeweckt: Fahrkarten- und Zollkontrolle. Machen Sie mal den Koffer auf! Aber ich hatte immer Glück, nie haben sie die verbotene Flasche gefunden.

Auch die Gräfin war interessiert, etwas über mein Leben

bei Zuckmayer zu erfahren. Das war ja das Großartige an dieser Redaktion: Auch die niederen Chargen hatten Zugang zu den Großen der Zunft, wir Sekretärinnen gehörten dazu, wurden nicht nur geduldet, sondern wahrgenommen, was der Entwicklung eines Selbstwertgefühls und Selbstbewusstseins sehr zuträglich war. Als sie ihrerseits in die Schweiz reiste und in Basel, wo sie 1935 bei Edgar Salin promoviert hatte, Station machte, um ihren 1962 emeritierten Doktorvater zu besuchen, und ich zur gleichen Zeit auf dem Weg nach Hamburg in Basel umsteigen musste, verabredeten wir uns auf dem Bahnsteig und tranken im Wartesaal einen Kaffee miteinander. Sie war einerseits die berühmte Journalistin und Intellektuelle, andererseits immer noch geprägt vom Leben und von den Pflichten auf dem heimatlichen Gut Schloss Friedrichstein in Ostpreußen. Dass sie sich für uns alle interessierte und gerne auch mal Geschichten aus dem richtigen Leben hörte, zeigte die Art, wie sie »Gesindepflege« betrieb, wie Sommer und Gresmann ihre Zuwendung liebevoll scherzhaft nannten. Aus Erfahrung vertrat sie die These, dass es in einer großen Familie immer alles gab: den Nobelpreisträger und den Schwerverbrecher, den erfolgreichen Geschäftsmann und den psychisch Kranken – nichts Menschliches war ihr fremd. Und diese, von ihren »Buben« auf der Redaktion wohl kaum als Frau, sondern eher als Neutrum wahrgenommene Gräfin Dönhoff sorgte für süffisante Heiterkeit, wenn ihr von Auslandsreisen mit ihrem Lieblingsneffen Hermann Hatzfeldt, zum Beispiel aus dem damals noch friedlichen Jemen, vom Hotel ein vergessener Regenschirm oder gar ein Büstenhalter (dass sie so etwas überhaupt trug!) oder andere sehr private Dinge in die Redaktion nachgeschickt wurden.

Und nun saß ich ihr in Basel gegenüber und war sehr befangen, fand es enorm, dass mir diese respektvoll verehrte Frau ihre kostbare Zeit schenkte, und fing an zu erzählen, obwohl ich eigentlich nicht wusste, was ich sagen sollte. Sie zeigte sich fasziniert davon, dass sich in jenem eisig kalten Winter, bei minus 25 Grad und extremer Lufttrockenheit, meine Gesichtshaut wie bei einer Schlangenhäutung abpellte und ich diesen Prozess durch nichts und wieder nichts aufhalten konnte, bis mein Gesicht wie nach einer kosmetischen Schönheitsbehandlung in neuem Glanz erstrahlte. Auch fand sie es sehr lustig, dass bei Zuckmayers morgens im Bad etliche dicke fette Mäuse auf den Bleirohren saßen und sich mit dem Nass vom tropfenden Wasserhahn benetzten, im Waschbecken putzten und bei meinem Eintreten keineswegs sofort weghuschten, sondern mich erst einmal mit ihren schwarzen Knopfaugen gründlich musterten, ehe sie ganz gemächlich in den Ritzen zwischen den Lärchenholz-Brettern in der Wand verschwanden. Denen ging es gut.

Und wie ging es Theo und mir? Er ließ mich nicht aus. Täglich rief er mich im Zuckmayer-Haus an – unten, wo meine Kammer lag, gab es einen gesonderten Telefonanschluss für Mitglieder des Haushalts und Hausgäste. So konnte aus der beabsichtigten Trennung nichts werden. Und da wir allmählich begriffen, dass wir uns nicht trennen konnten, trafen wir uns gelegentlich zu kurzen Auszeiten, ich meinerseits versehen mit guten Wünschen und etwas Taschengeld von Zuckmayer. Er meinte wohl, mein Verdienst bei ihm sei zu schmal, und damit hatte er natürlich recht. Ich fühlte mich bei ihm ohnehin eher als Haustochter denn als Profi-Sekretärin und habe letztlich sein Herz mittels einer Himbeerquarkspeise gewonnen.

Im ebenfalls Zuckmayer gehörenden Holzstadel nebenan gab es übrigens noch Monika, eine junge, hübsche Intellektuelle aus Eindhoven, die an ihrer Doktorarbeit über Musils »Mann ohne Eigenschaften« schrieb und nach Saas-Fee gekommen war, weil sie angeblich von Frau Alice das Kochen lernen wollte. Frau Alice kochte zu besonderen Gelegenheiten phänomenal und deftig, abwechselnd »Virginia Ham« und »Gigot« – Betonung auf der ersten Silbe, wie man in der deutschen Schweiz das französische Wort für Lammkeule ausspricht. Der große, eckige, mit der Post gelieferte gekochte Schinken für das Virginia Ham wurde leicht gesalzen und gepfeffert, mit Nelken besteckt und mit Ahornsirup eingerieben, ehe er für Stunden im Backofen verschwand. Dazu gab es gebackene Kartoffeln und geschmorte Maiskörner mit feinen Röstaromen – ein Rezept, das sie von ihrer »Farm in den grünen Bergen«, ihrer Exilzeit in Vermont, mitgebracht hatte. Die Lammkeule, beim befreundeten Bauern zum Termin bestellt, wurde vor der Zubereitung zwei Tage und Nächte in Rotwein eingelegt, dem während dieser Zeit Zwiebeln, Knoblauch, Lorbeer, Nelken, Pfefferkörner, Kümmel, Zitronenschale und Apfelstückchen zugegeben wurden. Im Ofen wurde dann fein gewürfeltes Suppengrün mit angeschmort und das Fleisch von Zeit zu Zeit mit dem Sud übergossen, der später die Grundlage für die Soße bildete.

Aber Monika war unfähig und wohl auch ein bisschen desinteressiert. Ich vermute, sie wollte fern der Heimat und weit weg von ihrem anspruchsvollen Ehemann, der sie »pushte«, ihre Ruhe haben, um in der klaren Bergwelt klare Gedanken zu Papier zu bringen. Jedenfalls machte es mir deutlich mehr Freude als ihr, auch mal den Küchendienst zu übernehmen, im Dorf den Topfen für die Quarkspeise zu besorgen und diese dann mit tiefgefrorenen Früchten und Schlagsahne zuzubereiten. Alice Herdan-Zuckmayer war vor ihrer Ehe mit Carl Zuckmayer, von ihr gern auch Buebl genannt, Schauspielerin gewesen und erlaubte sich gelegentlich den Spaß, ihren Kopf durch die winzig kleine Durchreiche von der Küche zum Esszimmerchen zu stecken, den großen, abgenagten Knochen von der Lammkeule quer im Mund wie ein Hund, und mit weit aufgerissenen, rollenden Augen und entsprechender Mimik ein Wiener Waschweib zu geben, und solch eine Vorstellung war nicht von schlechten Eltern. Wenn sie ihren Putzfimmel bekam, gingen wir ihr lieber aus dem Weg, denn vor ihrem Stock und Staubwedel, mit denen sie in den Schränken »stöberte«, um Mottenbefall vorzubeugen, war niemand sicher.

Kleiner Exkurs:
Bei Henri Nannen in Positano

Theo und ich trafen uns während meiner Zuckmayer-Zeit einmal in Paris, ein anderes Mal in Neapel, um von dort weiter nach Positano zu reisen und eine Woche Urlaub zu machen. Es war im schönen Monat Mai, und als wir am Morgen nach unserer späten Ankunft aus der »Villa Margherita« traten, um uns auf der von oben in den Ort führenden Landstraße auf den Weg zum Strand zu machen, sagte ich ganz lapidar zu Theo: »Wahrscheinlich treffen wir als Erstes auf Henri Nannen!« Dieser verbrachte, das war bekannt, jedes Jahr den ganzen Monat Mai in seinem Haus in Positano, das rosa und schön auf halber Höhe an den steilen Klippen klebte. Man lebte dort vertikal auf fünf Etagen, betrat das Haus von der Straße aus auf der Rückseite im obersten Stockwerk und arbeitete sich über viele steile Treppen nach unten voran in die große Küche, die Gesellschaftsräume mit dem sagenhaften Blick über den Ort und das Mittelmeer, bis hinunter zu den Schlafzimmern.

Wir betraten die »Bocca di Bacco«, die »Maul des Bacchus« genannte größte Bar am Strand, und trauten unseren Augen nicht: Tatsächlich saß dort in einer Ecke etwas verloren Henri Nannen mit drei Frauen: seiner ersten Ehefrau Martha, seiner Sekretärin und seiner Geliebten, beides Kolleginnen beim *Stern*. Die Sekretärin hatte ihr linkes Bein vom Knöchel bis zum Schritt in Gips und hochgelegt auf einen Stuhl, die anderen wirkten mürrisch, unfroh und angespannt. Mit versteinerten Gesichtern saßen sie vor ihren Drinks, köstlichen Pimm's No. 1 Cups mit Eiswürfeln, Früchten, Strohhalm und einem

Zweiglein Minze obendrauf, und schwiegen sich an. Oha, da war ja was gefällig. Die Stimmung war offenbar auf dem Nullpunkt und völlig festgefahren. Wir spürten das sofort, konnten aber nicht mehr entkommen. Sie stürzten sich auf uns, das Hallo war groß, und von Stund an ließ Sir Henri uns nicht mehr aus seinen Fängen. Wir waren der Katalysator, den sie so dringend brauchten, um aus ihrer Erstarrung zu erwachen, wieder lebendig zu werden und miteinander in Kontakt zu kommen.

Natürlich wurden wir vereinnahmt, eingeladen, verdonnert, alles mitzumachen, was Sir Henri zu bieten hatte. Dazu gehörten Fahrten mit seinem schnellen Motorboot in entlegene Badebuchten, ein exquisites Picknick selbstverständlich mit an Bord. Unterricht in Wasserski mit Anweisung zum vorherigen Pinkeln: Die Ski schon an den Füßen, das Schleppseil in der Hand, mit angezogenen Knien im Wasser hockend, so sollten wir die Blase entleeren, um beim Start entspannter zu sein. Und ein Ausflug quer über die felsige Landzunge oberhalb der Amalfiküste, auf staubigen Feldwegen, durch enge Kurven und dichtes Buschwerk, und alles mit seinem viel zu großen Cadillac-Cabriolet, das er dort unterhielt, bis zu einem ganz besonderen ländlichen Restaurant, einem Geheimtipp für Eingeweihte, wo wir schon erwartet wurden. Nach Hans Gresmann mit dem schrecklichen 175er-Kennzeichen war Henri Nannen der zweite Mensch, den ich kannte, der einen Cadillac besaß; später kam dann noch Rudolf Augstein dazu. Es war abenteuerlich, wie Nannen sein Schlachtschiff mit offenem Verdeck durch Macchia und Schlaglöcher lenkte, es schaukelte heftig, und wir jubelten laut.

Bei Tisch wurde alles aufgefahren, was die italienische Küche an ländlich-karger Raffinesse zu bieten hatte, und plötzlich stützte Nannen seinen rechten Ellenbogen auf den Tisch und hielt seine nach oben geöffnete Hand in Richtung

Marthas Gesicht. Er forderte von ihr die »Ergebenheitsgeste«, bei der sie ihr Kinn in seine Hand legen sollte wie ein Hund. Nie zuvor hatte ich so etwas gesehen und traute meinen Augen nicht, als Martha dieser Bitte wie selbstverständlich nachkam. Was war das hier? Wo war ich? Was hatte das zu bedeuten? Das sollte wohl ein Scherz sein? Aber niemand lachte, alle schauten peinlich berührt zur Seite, obwohl das Ganze routiniert und sicherlich nicht zum ersten Mal so ablief.

Als es für Theo und mich Zeit wurde, uns zu verabschieden und die Rückreise anzutreten, ließ Sir Henri es sich nicht nehmen, uns mit dem Motorboot quer über den Golf von Neapel zum Flughafen zu bringen. Wir schafften es nicht, ihm das auszureden. Er befahl uns, die Klamotten abzulegen, damit sie nicht allzu nass würden, lieh Theo seine Badehose, als dessen Unterhose doch Wasser gezogen hatte, und ließ sein aufgeknöpftes weißes Oberhemd knatternd flattern durch die Lüfte. Ach ja, es war schön, es war witzig, es festigte unsere Freundschaft, aber es war halt ganz anders, als Theo und ich uns unser Tête-à-Tête in Positano vorgestellt hatten.

In Neapel legte Nannen irgendwo bei einem urigen Lokal im Hafen an und spendierte für alle einen Abschiedsdrink. Auf altem Gemäuer, umgeben von herrlich schäbigen Häusern, die stark an Vittorio De Sicas Filme mit Sophia Loren und Marcello Mastroianni erinnerten und voll des prallen Lebens waren, gab es ein paar einfache Tische und Stühle an abschüssiger Straße über ölverschmutztem Brackwasser, das müde dümpelnd an die grün vermooste Mauer klatschte, darüber zwei, drei mickrige Sonnenschirme. Ich hatte Kopfschmerzen, und Nannen wusste sofort, was da zu tun sei. Er bestellte einen Espresso doppio und den Saft einer Zitrone und zwang mich, die bittere Mischung auf Ex zu trinken. Ich quälte mich dabei und verzog das Gesicht, und ein Kellner raunte dem anderen zu: Fa un aborto! Das war ja was für Nannen. So hatte ihn noch keiner von uns lachen sehen. Es war ein krönender Abschluss.

Die Wendeltreppe, der 70. Geburtstag und ein kostbarer Ring

Nach diesem Ausflug in die umwerfend herzliche Nannen-Welt tauchten Theo und ich wieder in unsere eigenen Welten ein, er bei seiner Familie und der Zeitung, ich im Hause Zuckmayer, wo ich die Abläufe und Gepflogenheiten inzwischen ganz gut kannte.

Leider schrieb Zuckmayer während meines Aufenthalts keine neuen literarischen Texte, sein Erinnerungsbuch war ja gerade erst erschienen und er noch ausgelaugt und erschöpft, auch von dem Trubel drum herum. Stattdessen musste er Bücher signieren. Viele, viele Exemplare seines neuen, sehr erfolgreichen Buches wurden von Bekannten, Freunden und begeisterten Lesern ins Haus geschickt, und der arme »Poschtler« musste sie alle in dem eigens dafür bereitgestellten Zuckmayer-Karren durch den dicken Schnee auf die Höhe ziehen. Er hasste das, war dementsprechend maulig und immer sehr froh, wenn Schwiegersohn Michael Guttenbrunner längere Zeit in Saas-Fee zu Besuch war und mit seiner überbordenden physischen Kraft die vielen Pakete und Päckchen vom Postamt abholte. Die Bücher auszupacken, das Rückporto oder die internationalen Antwortscheine den jeweiligen Absendern zuzuordnen und sie dann an einem speziellen Ort oben auf der Wendeltreppe, die zu Zuckmayers eigenem Reich im Dachgeschoss führte, zu deponieren, die fertig signierten Bücher wieder zu verpacken und durch den hohen Schnee zurück zum Postamt zu schleppen, das war eine meiner wichtigsten und gewichtigsten Aufgaben, die meinen Aufenthalt wie ein Generalbass begleitete.

Ach ja – die Wendeltreppe! Die führte vom Untergeschoss über die Büroetage und die Alice-Etage bis hinauf ins Allerheiligste, wo der Zuck ein komplett eingerichtetes kleines Apartment mit Bad und WC und einem wunderschönen geräumigen, spitzgiebeligen, hohen, holzgetäfelten Arbeitszimmer besaß: der Schreibtisch mitten im Raum, der berühmte Füllfederhalter und ein uraltes Struwwelpeter-Tintenfass obendrauf, niedrige Bücherregale unter den Schrägen, der weite Blick durchs Fenster direkt auf das herrliche Alpenpanorama, das er so liebte. In diesem Zimmer standen auch gleich neben der Tür der Kleiderschrank und sein Bett, denn das Ehepaar schlief getrennt. Im Vorraum ein kleiner Kühlschrank, darauf eine elektrische Kochplatte mit einem Wasserkessel und ein großer Blecheimer mit Bergblütenhonig, der ihm von einem über die Jahre zum Freund gewordenen Imker geliefert wurde. Rechtwinklig zum Kühlschrank eine offen im Vorraum stehende Badewanne, in und über der »der Zuck« seine Waschungen vornahm, daneben die Tür zum WC.

Zuckmayer teilte sich seinen Tag in zwei Tage, schuf sich – wie er sagte – einen zweiten Morgen, indem er nach dem Mittagsschlaf eiskaltes Wasser über sein Haupt rinnen ließ, bis er wieder richtig frisch war. Er schwor darauf, wogegen Frau Alice meinte, der Ausfall seines Haupthaars käme von diesen vielen eiskalten Wassergüssen. Er bereitete sich dort oben sein Frühstück selber zu. Die herrlichen großen runden Brötchen, innen weich und weiß, außen goldgelb und knusprig, auf Schweizerisch »Ballen« genannt, wurden ihm frühmorgens frisch auf die Treppe gelegt, Butter war im Kühlschrank. Ebenso hielt er es mit seinem Nachmittagstee – ein Zeremoniell, bei dem er nicht gestört werden wollte. Alle Verrichtungen wirkten und waren wohl auch ritualisiert, und auch mit dem Honig hatte es so seine Bewandtnis: Der durfte nicht zu fest, aber auch nicht zu flüssig sein und niemals zu stark erhitzt werden. Also verbrachte er viel Zeit damit, ihn in dem großen Eimer löffelweise abzustechen, in einem Tiegel auf kleiner Flamme ganz langsam lauwarm und weich werden zu lassen und dann gebrauchsfertig in kleine Gläser abzufüllen. Über diese meditative Tätigkeit konnte er stundenlang philosophieren, und aus seinen kleinen Ritualen schöpfte er, so kam es mir vor, viel Kraft und zufriedene Glücksgefühle.

Und noch einmal: die Wendeltreppe. Sie war schon ein geschichts- und geschichtenträchtiges Gebilde! Über sie konnte der Zuck im Haus unbemerkt überallhin gelangen, und manchmal passte er mich ab, lauerte mir dort wie zufällig auf, war lieb und ein wenig »antatschig«, wie wir es damals auf der Redaktion genannt hatten, wenn einer mal wieder seine Hände nicht bei sich behalten konnte. Aber alles in Ehren und kein Vergleich zu Harvey Weinstein und vielen anderen, die mit ihrer Macht und unersättlichen Gier junge, von ihnen abhängige Damen bedrängen und erpressen. Wir fühlten uns damals nicht gedemütigt, sondern durch die Aufmerksamkeit guter, bedeutender oder gar berühmter Männer, in deren Glanz wir uns sonnten, eher geschmeichelt. Aber diese Männer wussten sich auch zu benehmen.

Mein Nein auf der Wendeltreppe wurde respektiert. Der Zuck setzte sich manchmal mit mir auf die Stufen, und dort war es auch, dass er dann doch Vertrauen fasste und mir sein Herz öffnete. Gern erzählte er ganz melancholisch von seiner großen und lange Jahre währenden Liebschaft mit der schwedischen Schauspielerin Ulla Jacobsson, die er – und das lässt tief blicken – in seinem Erinnerungsbuch nicht erwähnt. Die blutjunge, bildhübsche Hauptdarstellerin aus dem Film »Sie tanzte nur einen Sommer« von Regisseur Arne Mattsson hatte einen Sensationserfolg, weil sie darin nackt zu sehen war, was 1952, als der Film in die deutschen Kinos kam, großes Aufsehen erregte. Man erinnere sich an den vorausgegangenen

Skandal um den 1951 veröffentlichten Film »Die Sünderin« von Willi Forst, in dem Hildegard Knef nur für Sekunden unbekleidet, sehr diskret im Bildhintergrund auf einer Decke unter einem Sonnenschirm im Garten liegend, als Modell eines Malers auf der Leinwand erscheint. Körperliche Freizügigkeit und Themen wie Prostitution, Selbstmord und Tötung auf Verlangen führten im Falle von »Die Sünderin« zu heftigen Kontroversen und zum Rücktritt der evangelischen und katholischen Kirchenvertreter aus der FSK, der Freiwilligen Selbstkontrolle der Filmwirtschaft, beförderten jedoch letztlich den großen Kassenerfolg des Films, denn alle wollten das natürlich sehen.

Der Film »Sie tanzte nur einen Sommer« gewann auf der Berlinale 1952 den Goldenen Bären. Ulla Jacobsson spielte später auch unter der Regie von Ingmar Bergman in »Das Lächeln einer Sommernacht« (1955), zog aber mit achtundzwanzig Jahren nach Wien, wo sie ein Engagement am Theater in der Josefstadt erhielt und noch weitere Filme drehte. Und dort wird Zuckmayer, der ja viel am Theater arbeitete, sie vermutlich kennengelernt haben.

Carl Zuckmayer führte, so möchte ich es ausdrücken, damals ein einsames Eigenleben. Frau Alice stöberte in ihren Schränken, sortierte Briefe und Fotos und verließ kaum das Haus. Er hingegen machte lange Spaziergänge mit seinem Hund, zu jeder Jahreszeit, bei jedem Wetter. Ein Naturbursche eben. Er traf Wanderer, hielt hie und da ein Schwätzchen mit Nachbarn, die ihm auch gefällig waren und Hilfen anboten, wenn er sie brauchte, und das sollte schon mal vorkommen in jener einsamen, wenig luxuriösen, kargen Bergwelt. Das ganze Leben, die Versorgung, alles musste gut durchdacht, gut organisiert sein, aber das hatte er ja in Vermont, wo die Winter noch heftiger, die Schneemassen noch gewaltiger und sehr gefährlich waren, schon gelernt. Außer seinen Zähnen, deren Behandlung ihn und seine Frau in jenem Winter mehrfach wochenlang von zu Hause fernhielt, hatte er nur ein deutliches, immer wiederkehrendes gesundheitliches Problem, und das war sein Blutdruck. Der musste täglich von Frau Alice gemessen werden, und zwar auf Klingelzeichen. Sobald die Zugklingel laut und schrill durchs Haus schellte, machte sich Alice, bewaffnet mit dem damals noch klobigen Messgerät, in ihrem wallenden Morgengewand über die Wendeltreppe zu ihm auf, stellte seine Werte fest und bestimmte, wie der Tag zu verlaufen habe. War der Blutdruck normal, wurde normal gefrühstückt, spazieren gegangen, des Abends gut und reichlich dem duftenden Braten oder einem »Schdück'sche kalde Hammelbrade« und den beiden Walliser Weinsorten Dôle (rot) und Fendant (weiß) zugesprochen. Die Pfeife mit dem wohlduftenden Tabak nicht zu vergessen.

War der Blutdruck hingegen nicht normal, sondern bedenklich hoch, der systolische Wert an die 200 – auweia, dann konnte man den Tag und die folgenden gleich in die Tonne treten. Dann legte sich Grabesstille übers Haus, wurde der Zuck auf Apfelreis und Tee gesetzt. Frau Alice zog sich in ihr Himmelbett zurück und nutzte die Zeit zum Briefeschreiben und Fasten, um bei der Gelegenheit etwas abzunehmen, und auch wir Haustöchter bekamen nichts zwischen die Zähne. Die Küche blieb kalt und war tabu, da tat sich an solchen Tagen gar nichts. War der Blutdruck dann erfolgreich heruntergeknüppelt, war der Zuck so klapprig, dass es wiederum ein, zwei Tage dauerte, bis er sein normales Leben wieder aufnehmen konnte – essen, trinken, rauchen, spazieren gehen. Die Nähe der Lärchenbäume war ihm dabei besonders lieb und wichtig. Zwar waren sie nicht zu vergleichen mit der üppigen Pracht in Vermont, wo im Herbst die feurigen Gelb- und Rottöne die Berge zum Glühen bringen und im Frühling das zarteste Grün aus den Zweigen sprießt, aber er trug die lebendige Erinnerung daran im Herzen.

Doch bald tat sich etwas, und große Ereignisse warfen ihre Schatten voraus. Kurz vor Weihnachten brachen wir alle zusammen auf nach Luzern und Zürich, im Januar dann weiter nach Berlin, denn der große runde Geburtstag am 27. Dezember sollte nun dreimal gebührend gefeiert werden: an den Theatern von Zürich und Luzern und am 15. Januar in der Akademie der Künste in Berlin. In Zürich kaufte ich mir in der Bahnhofstraße ein langes Abendkleid aus schwarzer Rohseide, das ich bei den Feiern in den Theatern tragen wollte. Weihnachten zum ersten Mal nicht bei Eltern und Brüdern – das fühlte sich komisch an, und Tränen schnürten mir beim »Telefonieren nach Haus« die Kehle zu. Ich war mit den Zuckmayers im Hotel, ich konnte, sofern sie mich nicht brauchten, alles machen, die Stadt ansehen, essen, trinken, bestellen, was ich wollte, aber ich war halt allein, und das war hart für mich. Wieder mal einsam.

Doch ich wurde reich belohnt durch die großen Feten, die tollen Reden, Rezitationen und Darbietungen während der Abende in den bis auf den letzten Platz besetzten Theatern. Ein untereinander vertrautes Schauspieler- und Künstlervolk, Verleger, Autoren, das gesamte europäische Feuilleton feierte den großen Schriftsteller, der sein bewegtes Leben soeben in einen Bestseller gegossen hatte. Im *Spiegel* vom 2. Januar 1967 wurde unter der Überschrift »Prost Jobs« die Luzerner Feier anschaulich beschrieben, inklusive exklusiver Gästeliste, angeführt von mehreren deutschen und österreichischen Kanzlern, Ministern, Geistesgrößen, geistlichen und militärischen Würdenträgern, Botschaftern, Theaterintendanten, die gemeinsam mit dem Jubilar »Freundschaft, Liebe und Glück« feierten. Der Zuck widmete seiner Alice, die er nach einer Bildergeschichte von Wilhelm Busch über einen in allen Lebenslagen konsequent scheiternden Versager gerne »Jobs« nannte, ehrliche Worte. Sie sei »keine tapfere, brave Dichterfrau, sondern ein durchaus eigensinniges Geschöpf, oft ein störrischer Maulesel. ... Sie ist mir heute noch tausendmal lieber als am ersten Tag ... sie hat mich gelehrt, dass es noch, dass es auch in dieser Welt den Wandel von der irdischen zur himmlischen Liebe gibt – prost, mein lieber Jobs!‹«

Am eindrücklichsten aber ist mir in Erinnerung der Ring, den Zuckmayers Freund, der Verleger Henry Goverts, am 27. Dezember 1966 im Theater Luzern vor aller Augen Frau Alice zum runden Geburtstag ihres Mannes schenkte. Diese Geste begründete Goverts in einer launigen Rede damit, dass der Zuck ohnehin alles habe, was er brauche, und dass er, Goverts, der treusorgenden Gattin, die in den langen Jahren ihrer Ehe auch die schweren Zeiten, besonders die Zeit der Emigration, mit ihm durchgestanden, so viel mit ihm erlebt und dadurch so großen Anteil an der Entstehung seiner Werke habe, zum Geburtstag ihres Mannes einfach eine Freude machen wolle. Und diese Freude war ein fetter Ring aus Weißgold oder Platin mit einer drei Zentimeter hohen Pyramide aus tief dunkelblauen, oval-rundlichen Saphiren, die, wie eine Traube angeordnet, sich aus einem breiten Kranz aus edelsten Brillanten erhoben. Wow! Dieser Ring war teuer und schwer und kam in Saas-Fee sofort in den Tresor. Er konnte nicht unter, sondern nur über einem Abendhandschuh getragen werden und war durchaus als Schlagring zu gebrauchen. Ich hätte mich mit so einem Schmuckstück geschämt, kam aber nie in die Verlegenheit.

Was war es, das Carl Zuckmayer so an Saas-Fee gefiel, was war es, das ihn, den im rheinhessischen Nackenheim Geborenen, und seine Frau, die waschechte Wienerin, dorthin verschlagen, dorthin gezogen hatte? Einige sehr berührende Antworten gibt sein Erinnerungsbuch »Als wär's ein Stück von mir«, das im Untertitel »Horen der Freundschaft« heißt. Es spricht von der Suche nach Heimat, Dazugehören und Frieden. Er, der Naturliebhaber und Naturversteher, beschreibt, wie ihn und seine Frau im Juli 1938 bei ihrem ersten Aufstieg von Saas-Grund nach Saas-Fee die große Empfindung überkam, »heimzukommen«, angekommen zu sein, bleiben zu wollen: »Und an die seitlich aufragende Wand geschmiegt, fast in sie eingebaut, stand jene Wallfahrtskirche, die man ›Maria zur Hohen Stiege‹ nennt, mit gewölbter Tür, über der die Jahreszahl 1661 eingegraben ist, von einem zierlichen Glockentürmchen aus ockerfarbenem Tuffstein gekrönt. Über ihr zweifach geschachteltes Dach weg und durch die von der Luft leicht bewegten Kronen der Lärchenbäume hindurch blickte man in einen ungeheuren Glanz, ein überweltliches Strahlen, vor dem man fast die Augen schließen musste. Es war das Abendleuchten von den Gipfeln der Viertausender. Wir standen geblendet und im Herzen aufgerührt über die ernsthafte Stille, die Umschlossenheit, die anspruchslose Würde dieser letzten Station vor dem letzten Anstieg nach Saas-Fee. [...] Wir konnten, nach dem ersten heiligen Schreck, mit dem uns dieser Anblick durchfuhr, noch lange nicht sprechen, nur tief atmen. Die Luft war von Heu durchsüßt und von einer prickelnden, eisgeborenen Reinheit. ›Hier‹, sagte dann einer von uns – ›wenn man hier bleiben könnte!‹« Das alles war nach der Vertreibung aus Österreich und vor der Auswanderung nach Amerika.

Zwanzig Jahre nach diesem Erlebnis, so schreibt Zuckmayer weiter, »im Juli 1958, bezogen wir hier unser Haus, das schönste und – wenn es uns vergönnt ist – letzte Haus unseres Lebens.« Es war ihnen vergönnt, und er schreibt viel über das Haus, wenig über Land und Leute im Oberwallis – dazu »müsste ein neuer Jeremias Gotthelf geboren werden, der von Kind auf die Sprache dieses Volkes spricht und in seinen Bräuchen aufgewachsen ist«. Für ihn jedoch, den 1946 als amerikanischer Staatsbürger aus dem Exil nach Europa

Zurückgekehrten, war die Ansiedelung in Saas-Fee auch die Rückkehr ins deutsche Sprachgebiet – für einen Schriftsteller, Dichter und Dramatiker, einen Mann des Geistes und der Sprache von existenzieller Bedeutung. Auch für Kurt Tucholsky, der die politische Entwicklung in Deutschland schon lange vor der Machtergreifung Hitlers am 30. Januar 1933 »witterte«, wie Fritz J. Raddatz es immer ausdrückte, war das Leben im Ausland, fern des deutschen Sprachgebiets, die größte Folter. Tucholsky hatte ja bereits seit 1924 im europäischen Ausland, vornehmlich in Frankreich gelebt und nie mehr eine Adresse in Deutschland besessen. Erst als er sich 1929 in Schweden niederließ, sprach er überhaupt von »Exil« und »Emigration« und schrieb am 11. April 1933 an Walter Hasenclever: »Daß unsere Welt in Deutschland zu existieren aufgehört hat, brauche ich Ihnen wohl nicht zu sagen. Und daher: Werde ich erst amal das Maul halten. Gegen einen Ozean pfeift man nicht an.« Und nannte sich fortan einen »aufgehörten Deutschen«, einen »aufgehörten Dichter«, ehe er am 21. Dezember 1935 in einem Krankenhaus in Göteborg an einer versehentlich oder absichtlich – darüber streiten sich immer noch die Geister – eingenommenen Überdosis an Medikamenten starb.

»Wo ist man daheim?«, lauten die ersten Worte in Zuckmayers 570 Seiten starkem Buch. Es endet mit einem Zitat aus dem »Bürgerbrief«, mit dem die Gemeinde Saas-Fee ihm 1966 anlässlich seines 70. Geburtstages das Gemeindebürgerrecht und damit die schweizerische Staatsbürgerschaft verlieh: »Ewige Rechte und ewige Freundschaft soll man bestätigen und befestigen mit Schrift, weil im Laufe der Zeit vergangener und vergänglicher Dinge bald vergessen wird.« Er kommentiert dieses Zitat mit der allerletzten Zeile seines Buches: »In diesem Satz liegt der Sinn meiner Erzählung.«

Rückkehr nach Hamburg

Im Sommer 1967 beendete ich meinen Aufenthalt bei Zuckmayer, kehrte der Schweiz den Rücken und nach Hamburg zurück. Theo und ich hatten uns nicht getrennt, wir standen zu unserer Beziehung und wollten sie aufrechterhalten. Nun brauchte ich eine neue Arbeit und eine neue Wohnung in der Stadt. Damals war es im Verhältnis zu heute genau umgekehrt: Wohnung relativ einfach, Arbeit schon schwieriger, denn die Vorboten der ersten Rezession nach den Boomjahren des sogenannten Wirtschaftswunders machten sich bemerkbar: Das Bruttosozialprodukt fiel von 4,7 Prozent 1962 auf minus 0,3 Prozent 1967, die Arbeitslosenquote und die Inflationsrate stiegen.

Ich versuchte, wieder bei der *Zeit* unterzukommen, und meldete mich mit dem verabredeten Brief beim damaligen Verlagsdirektor Oskar Bezold, der mir so reizend zurückschrieb, dass mir die Absage fast nichts mehr ausmachte: »Liebe Heide, Dank für Ihren Schreibmaschinenbrief und für Ihren Handschreibebrief. Den Schreibmaschinenbrief habe ich an Frau von Rechenberg weitergegeben. Wir haben Ihre Probleme kräftig besprochen. Vielleicht finden wir eine für Sie brauchbare Lösung. Ich würde Sie persönlich sehr gerne in meiner Nähe – rein arbeitsmäßig natürlich – wissen, aber da ist zur Zeit alles besetzt. Mit dem Magazin ist es noch nicht so weit. Aber wie geschrieben, wir bleiben für Sie am Ball. Ich würde mich freuen, Sie bei uns zu sehen, von anderen Mannsbildern in unserem Hause ganz zu schweigen. Vor allen Dingen möchte ich Ihren milden Pflegerinnenton genießen (so lange er vorhält). Bevor ich es vergesse: ein schönes Osterfest mit vielen großen Eiern, einen herrlichen Frühling, einen strahlenden Sommer und eine triumphale Einkehr in die Stadt Hamburg, wo Ihnen alle Männer zu Füßen liegen, in einer der vordersten Reihen, Ihr alter O. B.«

Dankbar griff ich zu, als man mich immerhin in die Chefredaktion von *Schöner Wohnen* steckte, der damals führenden westdeutschen Monatszeitschrift für Wohnen und Einrichten. So lernte ich den für mich sehr verwirrenden Langzeitrhythmus einer Hochglanz-Monatszeitschrift kennen, mit einem dreimonatigen Vorlauf für die einzelnen Ausgaben. Ich war es gewohnt, jede Woche klar Schiff zu machen, die »alte« Zeitung (»Nothing is as dead as yesterday's newspaper«) abzuhaken und mich frisch der neuen Nummer zuzuwenden, sehr angenehm. Hier aber wurden drei Ausgaben gleichzeitig geplant und in verschiedenen Stadien produziert – mit jeweils weit über hundert Seiten und jeder Menge Themen und Service-Rubriken. Die Umbruchseiten mit umfangreichen Reportagen über Villen, elegante Wohnungen und deren Besitzer, Einrichtungen und Gärten wurden an langen Schnüren entlang der Wände aufgereiht, sodass jede Sekretärin, jeder Redakteur und die Chefredakteurin Ursula Sudeck ständig alles im Blick haben konnten, ähnlich wie Hollywood-Regisseure früher die Skizzen für einzelne Filmszenen chronologisch auf die Leine hängten und während der Dreharbeiten jederzeit umhängen konnten, wie Orson Welles es in seinen Erinnerungen so hübsch beschreibt. Heute findet das alles auf dem Bildschirm statt – aber komischerweise ging es früher auch.

Ich hatte Schwierigkeiten, mir zu merken, welche Fotoserie für welches Heft eingeplant war, tat mich schwer mit der Organisation meiner persönlichen Arbeitsabläufe, fand aber viel Hilfe bei meiner wunderbaren Kollegin Ilse Schulze, die ich später zu Fritz J. Raddatz vermittelte und über die noch zu sprechen sein wird, da sie dann fünfundzwanzig Jahre lang seine berufliche »Traumfrau« war, mit fünfundsechzig ein Jahr ihres Ruhestands drangab und ihm noch bis Ende 2000, ein Jahr vor seinem 70. Geburtstag, die Treue hielt. Dann mochte sie wirklich nicht mehr, und Raddatz hätte in seinem letzten Jahr bei der *Zeit* niemanden gehabt oder sich mit einer Neuen abfinden müssen. Da hatten die beiden die kühne Idee, mich zu fragen, ob ich Lust hätte einzuspringen, und tatsächlich kehrte ich 2001 nach fünfunddreißig Jahren noch einmal zur *Zeit* zurück, das erste und einzige Mal in meinem Leben, dass ich so einen Schritt tat.

Die Atmosphäre bei *Schöner Wohnen* war locker und künstlerisch geprägt durch die vielen erstklassigen Fotografen und Innenarchitekten, die dort arbeiteten oder von außen ihre Fotoserien vorstellten. Peter Maly und Peter Preller, zwei weltberühmte Möbel- und Industriedesigner, waren damals die Protagonisten einer neuen Design-Ära. Sie dominierten mit ihren Entwürfen das Heft und begründeten eine faszinierende neue Wohnkultur in Westdeutschland. Noch heute steht der Prototyp eines von Peter Maly für Theo und mich entwickelten, atemberaubend schlichten großen Esstisches in Theos Haus, und mit Peter Preller hatte ich später noch in seinem eigenen Studio beruflich zu tun.

Gelegentlich griff die Redaktion für ein bestimmtes Umgestaltungsthema auf die Wohnungen ihrer Mitarbeiter zurück. So wurde ich zum Beispiel gefragt, ob man meine Altbauküche herausreißen, alles renovieren und mit neuen Schränken und Geräten ausstatten dürfe, denn die kleine Küche zum dunklen Innenhof eines hohen Eppendorfer Miethauses war genau das, was sie suchten. Wer würde da nicht Ja gesagt haben! Keine Kosten, ein hervorragendes Design vom Innenarchitekten – allerdings viel Lärm und Dreck, aber das nahm ich gern in Kauf. Auch im Heft machte sich die Reportage mit Foto der

Bewohnerin dann ausgesprochen gut. Trotzdem war ich schon wieder auf neue Abenteuer aus und froh, als mich nach einem Jahr ein Ruf des ebenso umtriebigen wie erfolgreichen Filmproduzenten Gyula Trebitsch erreichte, dessen langjährige Assistentin Marlies Schmidt heiraten und ihren Arbeitsplatz in der Geschäftsleitung von Studio Hamburg aufgeben wollte.

Wir kannten uns ja alle, waren bei vielen kleinen und großen Festen oder Teestunden zusammengekommen und pflegten einen freundschaftlichen Umgang miteinander. Wie lustig und vergnügt war es doch immer in »Ernas Küche« gewesen, wo wir jungen Menschen oft mit Gyulas Ehefrau, der Kostümbildnerin Erna Sander, gemütlich zusammensaßen, pikant und natürlich auch alkoholisch bewirtet wurden. Gyula Trebitsch gehört für mich zu den wenigen gefühlvollen Männern, die sowohl beim Lachen als auch bei tiefer Gemütsbewegung Tränen in den Augen hatten. Seine typische Haltung war im Sessel sitzend, die Arme weit geöffnet auf die Lehnen gestützt, das Gesicht ein einziges breites Grinsen. »Ja wie geeeht es denn? Was maachen Sie?«, waren immer seine Begrüßungsworte in seinem lang gezogenen österreichisch-ungarischen K.-u.-k.-Dialekt. Er hatte dieses verschmitzte, charmante Strahlen, mit dem er Frauen anblitzte, bezirzte und seine weiblichen Stars hofierte. Denn so viel wusste er von der weiblichen Seele, dass alles leichter ging und besser wurde, wenn er die Damen auf Händen trug und wie eine Königin behandelte – zum Beispiel die anspruchsvolle und ausgesprochen schwierige Inge Meysel, der er allerdings auch viel verdankte.

Wir schreiben inzwischen das Jahr 1969, und ich fand die Aussicht, mal ganz etwas anderes zu machen, beim Film reinzuschnuppern und in der Geschäftsleitung mitzuarbeiten, sehr reizvoll, zumal Theo, mit dem ich immer noch zusammen war, für die nächsten Monate in Bonn sein würde. Er hatte ein Sabbatical genommen, um für Verteidigungsminister Helmut

Schmidt auf der Hardthöhe als Leiter des Planungsstabs das »Weißbuch 1970« zur Lage der Bundeswehr zu erarbeiten. Ich fuhr jedes Wochenende mit der Bahn nach Bonn, um ihm seinen kleinen Haushalt zu richten und seine Hemden zu bügeln – nein, das konnte er nicht selber schaffen. Schmidt arbeitete zwanzig Stunden am Tag, Theo mindestens achtzehn, da habe ich ihn gern ein wenig unterstützt, fand das eigentlich selbstverständlich, denn Emanzipation muss ja nicht unfreundlich sein. Außerdem wollten wir zusammen sein, Liebe und Sehnsucht waren immer noch groß.

Ich fühlte mich durch Trebitsch geehrt und herausgefordert, wollte das Neue ausprobieren und nahm zu seiner großen Freude das Jobangebot an. Er hielt große Stücke auf mich, war von meinem Auftreten, meiner Ausstrahlung beeindruckt. Dass ich in der Welt des Films nicht heimisch werden konnte, haben wir beide nicht geahnt. Aber eigentlich war das ganz logisch, denn ich war doch geprägt von der Presse, und Fernsehserien wie zum Beispiel die von Trebitsch produzierte Reihe »Die Journalistin« mit Marianne Koch waren für mich völlig uninteressant, erhielten nicht die besten Kritiken und kamen bei der *Zeit* überhaupt nicht vor. Nun sollte ich selbstständig Briefe verfassen und diese und andere mir fremde Serien ins Ausland verkaufen. Die Geschäftsbeziehungen zwischen Studio Hamburg und den ausländischen Verleihfirmen waren über Jahre gewachsen, der Ton der Korrespondenz festgelegt, es gab keinen Raum für Experimente. Aber noch heute denke ich oft: Hätte er mich mal machen lassen! Bisher hatte ich mich mit meiner Art noch immer durchgesetzt, sofern man mir vertraute, mir meinen eigenen Stil erlaubte. Stets habe ich mir die Interessen des Unternehmens, für das ich arbeitete, zu eigen gemacht, mich absolut loyal verhalten und konnte zu Menschen und Dingen am besten durchdringen, wenn ich meiner Eingebung folgen durfte. Meine Intuition hat mich immer richtig geführt, ich musste nur lernen, auf sie zu hören, mich auf sie zu verlassen.

So charmant Trebitsch auch war, das Geschäft war ernst und uncharmant. Kleine Witze oder Extempores waren nicht erwünscht, es ging um viel Geld, und ich arbeitete nun nicht mehr bei der unabhängigen Presse, sondern für einen gewieften Kaufmann, der seine Schauspieler und Schauspielerinnen zu nehmen und durch Komplimente, Aufmerksamkeiten und Galanterien zu manipulieren wusste. Marlies Schmidt, auch dem Golfsport verfallen wie Trebitsch, hatte da gut vorgelegt. Immer wieder wurden meine Briefentwürfe als ungenügend zurückgewiesen, sie waren nicht diplomatisch genug, zu direkt. Selbst redigieren konnte Trebitsch sie nicht, weshalb er ja eine sprachgewandte Assistentin brauchte. Aber wir kamen nicht zusammen. Die Atmosphäre im Produktionsbetrieb Studio Hamburg war wunderbar gewerblich, gewerkschaftlich, sozialdemokratisch, herzlich, die Kantine der Ort vieler Sitzungen und Feiern mit Regisseuren, Produzenten und Bühnenbauern. Das war alles prima, ich war dabei, mir eine neue Branche zu erschließen, lernte wieder viel, aber glücklich war ich nicht.

Und da war ich nicht die Einzige! Denn Marlies Schmidt war auch nicht glücklich, löste ihre Verlobung und wollte nur allzu gerne auf ihren alten Arbeitsplatz zurück. Das passte uns allen dreien gut: Trebitsch, seiner erfahrenen Assistentin und mir! Schnell waren wir uns einig, und das Revirement ging unauffällig, glatt, hanseatisch elegant und ohne großes Brimborium vonstatten.

Beim *Spiegel*

Aber wie weiter? Ein glücklicher Zufall zur rechten Zeit: Nach einem Besuch auf der *Zeit*-Redaktion lief ich unten auf dem breiten Gehweg vor dem Pressehaus Joachim C. Fest in die Arme, den ich wiederum aus der Journalistenszene, in der Theo und ich uns bewegten, kannte. Fest kam gerade vom *Spiegel*, der damals noch im Pressehaus das 6. und 7. Stockwerk bewohnte. Dort hatte er mit Rudolf Augstein persönlich verhandelt und die Gründung einer neuen Redaktion vereinbart, die in loser Folge in einer Art Thinktank große Essays zu bestimmten Themen erarbeiten sollte. Diese Essays wurden dann auf gelbem, etwas kleinerem Papier als die *Spiegel*-Seiten gedruckt und in der Mitte des Heftes so eingefügt, dass man sie leicht als Ganzes herauslösen konnte. Und natürlich brauchte diese neue Redaktion eine Sekretärin!

Bis auf diese hatte Fest seinen Stab schon beisammen: Er selbst hatte sich vom NDR, wo er als Nachfolger von Eugen Kogon Hauptabteilungsleiter für Zeitgeschehen und Moderator des TV-Magazins Panorama war, beurlauben lassen, um sein Opus magnum zu schreiben, seine Hitler-Biografie, die 1973 im Propyläen Verlag erschien und ein internationaler Erfolg wurde. Mit Fest zog auch Winfried Scharlau, NDR-Redakteur und Südostasien-Korrespondent für die ARD, in die frisch angemieteten kleinen Räume im 4. Stock des Pressehauses ein, wie auch Josef Westhof, den er ebenfalls vom Sender mitbrachte. Westhof und Scharlau gingen nach dem Ende ihres *Spiegel*-Intermezzos zum NDR zurück, Fest blieb freier Schriftsteller, schrieb später eine Albert-Speer-Biografie und produzierte mit Christian Herrendoerfer den dokumentarischen Kinofilm »Hitler – Eine Karriere«, der auf der Berlinale 1977 uraufgeführt wurde.

Den Job in der Essay-Redaktion bekam ich sofort, praktisch noch auf der Straße vor dem Pressehaus. Nun fehlte noch eine wissenschaftliche Assistentin, und es meldete sich eine frisch mit summa cum laude examinierte Politologin aus Marburg, Fräulein Christa-Maria Pahl, später verheiratete und geschiedene Lambrecht, die sofort genommen wurde, als sie sich vorstellte. Wir beide hatten gleich einen Draht zueinander und sind bis heute gegenseitig »beste Freundinnen«.

Das erste Thema für einen *Spiegel*-Essay unter der Ägide von Joachim Fest betraf die Weimarer Republik. Fräulein Pahl wurde in die Staatsbibliothek geschickt, um Originalquellen zu bestimmten Aspekten jener politischen Phase zu besorgen. Dann wurden Stellen angestrichen, und ich durfte die Exzerpte abtippen, die dann von Fest und seinen Mannen in dem Essay verarbeitet wurden. Fest war damals dankbar für diesen *Spiegel*-Job, konnte er doch die meiste Zeit an der Hitler-Biografie arbeiten, und so war das von den Beteiligten wohl auch gedacht. Außerdem war er krank, ernstlich krank, denn er aß ein Jahr lang nur Knäckebrot und Magerquark, um seine geschädigte Leber auszuheilen. Das gelang gut, und er rührte sein Leben lang keinen Tropfen Alkohol mehr an. Das alles ist nicht geheim, höchstens in Vergessenheit geraten, aber mir prägen sich solche menschlichen Konditionen unvergesslich ein. Genau wie das Lachen von Winfried Scharlau. Der schon früh weißhaarige, gepflegte, große, schlaksige Sonnyboy mit dem leichten Ruhrpott-Zungenschlag (er stammte aus Duisburg) konnte lachen, dass einem Hören und Sehen verging. Alle, die den 2004 mit siebzig Jahren Verstorbenen kannten, wissen, wovon ich rede.

Joachim Fest war im Privatleben Kunstsammler. In seiner

Wohnung in der Holztwiete lagerte er stapelweise Lithografien unterm Bett, darunter viele Blätter von Horst Janssen. Gern erzählte er von seiner Freundschaft mit dem Künstler, den er gelegentlich zu einer Soiree mit gesetztem Essen zu sich nach Hause einlud und entsprechend vornehme und kunstsinnige Gäste dazu bat. Janssen war bekannt für sein unflätiges Benehmen, und so ein Abend war jedes Mal ein gewagtes Unterfangen. Man wusste nie: Kommt er oder kommt er nicht, und wenn er kommt: *Wie* kommt er, in welcher Verfassung? So wartete denn eines Abends eine ganze Tischgesellschaft ungeduldig auf sein Erscheinen, man konnte den Beginn des Essens nicht länger hinauszögern, jede Küche hat irgendwo ihre Grenzen. Und genau in dem Moment, da alle Platz genommen hatten, klingelte es. Janssen stürmte herein, beschwerte sich laut polternd, dass man ohne ihn angefangen habe, lüftete den Deckel der Terrine auf dem Tisch, streifte die Asche seiner brennenden Zigarre in die Suppe, machte auf dem Absatz kehrt und stürmte wieder hinaus. Diese Geschichte machte rasch die Runde.

Fest hörte von der Küchenrenovierung, die *Schöner Wohnen* bei mir vorgenommen hatte, war neugierig und wollte sich überhaupt mal ansehen, wie ich so lebte, auch weil ich in der großen Eppendorfer Wohnung, in die Theo eigentlich mit hatte einziehen wollen, diese orangefarbenen Sitzelemente des dänischen Designers Verner Panton stehen hatte, der damals gerade den (heute alten) *Spiegel*-Neubau, in den der gesamte Verlag bald umziehen sollte, in seinen Regenbogenfarben ausstattete. Kein Problem, kommen Sie doch mal vorbei, ich mache auch keine großen Umstände, sagte ich und dachte, das findet er gut. Ich komme gern, antwortete er, aber bitte, machen Sie Umstände!

Der Umzug des *Spiegel*-Verlags in den Neubau an der Ost-West-Straße stand unmittelbar bevor. Jede Etage leuchtete auch nachts in einer anderen Farbe und war entsprechend ausgestattet. Die Haustechnik war auf dem modernsten Stand und umfasste riesige IBM-Lochkartenmaschinen in klimatisierten Räumen zu ebener Erde, elektrische IBM-Kugelkopf-Schreibmaschinen mit eingebauter Korrekturtaste für die vielen Sekretärinnen, neben dem Telefon eine Gegensprechanlage auf jedem Schreibtisch und eine Rohrpostanlage, die transparente zylindrische, ziemlich harte und etwa fünfzig Zentimeter lange Kunststoffbüchsen, von uns »Bomben« genannt, unter Zischen und Poltern mittels Druckluft durch das ganze Haus zu den einzelnen Stationen transportierte. An zwei drehbaren Ringen konnte man eine Kombination aus Ziffern und Buchstaben als Empfängeradresse einstellen und die Bombe dann wie einen Torpedo im System versenken. Der Transport ging blitzschnell, entlastete die Boten der Hauspost, die dennoch mit großen Wagen von Tür zu Tür gingen, die Ausgangskörbchen leerten und die Eingangskörbchen mit neuem Futter füllten. Man konnte sich auch mal ein Radiergummi, ein paar Stifte oder eine Handvoll Büroklammern per Rohrpost aus der Materialverwaltung kommen lassen, wenn man diese ganz plötzlich und ganz dringend benötigte.

Die kleine Essay-Redaktion gab es in ihrer ursprünglichen Form nicht viel länger als ein Jahr. Sie zog nicht mit in das neue Verlagsgebäude um, sondern residierte bald als »*Spiegel*-Institut für Projektstudien« in einer Villa in der Hamburger Sierichstraße, die Augstein eigens dafür anmietete. Das Personal wurde ausgetauscht, statt der NDR-Leute übernahm der soeben bei Rowohlt rausgeflogene Fritz J. Raddatz die Leitung, der sich in Karla Fohrbeck und Andreas Wiesand die passenden Jungwissenschaftler als Mitarbeiter suchte. »Es war Rudolf Augstein, der ihn auffing und ihm sein öffentlich zelebriertes Leben zwischen Marxismus und Lebenskünstlertum in seinem kurzlebigen *Spiegel*-Institut finanzierte«, schrieb

Willi Winkler am 26. Februar 2015 in einem Nachruf zum Freitod von Raddatz.

Richtig bekannt geworden ist das Institut eigentlich nur durch den dort erarbeiteten »Autorenreport«, der die empirische Basis für den Aufbau einer Altersversorgung für selbstständige Künstler und freischaffende Publizisten bilden sowie der Förderung einer den Beruf des Schriftstellers unterstützenden Politik dienen sollte. Diese freischwebenden kreativen Berufe waren sozial nicht abgesichert, und bis zum Künstlersozialversicherungsgesetz als rechtliche Grundlage für eine entsprechende Pflichtversicherung dauerte es noch bis zum 1. Januar 1983.

Warum aber war das intellektuelle *Spiegel*-Institut so wenig erfolgreich und so kurzlebig, denn auch in der eigenen Villa existierte es nicht lange. Ob es vielleicht daran lag, dass Rudolf Augstein die Lust daran verlor und sich eine andere Spielwiese, andere »Fluchten weg vom *Spiegel*« suchte, wie Günter Gaus es nannte? Augstein zog es zu jener Zeit wieder einmal in die Politik, er wollte sich für die Freien Demokraten, deren Mitglied er seit Mitte der Fünfzigerjahre war, in den Bundestag wählen lassen. Um das unbelastet durch seine Herausgeberschaft tun zu können, ließ er diese ruhen und holte sich 1969 Günter Gaus als neuen Chefredakteur, der als Nachfolger von Claus Jacobi neben Johannes K. Engel die journalistischen Geschicke des Hauses lenken sollte.

Und ich wurde gefragt, ob ich von der kleinen Essay-Redaktion, die ja nun im *Spiegel*-Institut für Projektstudien aufging, in die Chefredaktion zu dem Neuankömmling Günter Gaus wechseln wolle. Was für eine Frage: Natürlich wollte ich! Aber es war nicht leicht. Die beiden langjährigen Sekretärinnen in der Chefredaktion hatten ihre Schreibtische nebeneinander so aufgestellt, dass sie im 11. Stock breitseitig am großen Fenster saßen und einen uneingeschränkten, großartig weiten

Blick über die Speicherstadt hatten. Mein Schreibtisch war der Katzentisch, wurde mittig und mitten im Raum aufgestellt, sodass ich überhaupt keinen Blick – außer über die Damen hinweg – und auch kein Tageslicht an meinem Arbeitsplatz hatte. Direkt hinter meinem Rücken mussten alle vorbei, die in eins der Chefredakteurszimmer wollten. Es gab Rivalitäten, ich glaube, die beiden Kolleginnen fanden eine dritte Kraft überflüssig und hätten das Geschäft gern ohne mich gemacht, aber Gaus, der selber einen schweren Stand hatte, wollte mich unbedingt behalten, und das war auch gut so. Denn nun hatte er eine Mitarbeiterin, die nur ihm zugeteilt war, die ihm nicht vorschrieb, wann er im täglichen Ablauf was zu tun hätte, sondern ihm so viel Freiraum wie möglich zu schaffen versuchte. Er konnte sich, wie alle meine Chefs, meiner absoluten Loyalität sicher sein.

Gaus nannte mich Grenz'chen (ich war ja noch nicht verheiratet), lächelte mich durch seine dicken Brillengläser freundlich, aber unsicher grinsend an, war befangen und misstrauisch und hatte große Angst, ob ich ihn und seine Wünsche richtig verstehen würde und ob er sich innerhalb des *Spiegel* würde durchsetzen können. Ihm war das Printmedium zwar nicht neu, er war zuvor schon politischer Redakteur bei der *Süddeutschen Zeitung* gewesen, doch er vermisste den Erfolg von außen, das Publikum, das er als Programmdirektor für Hörfunk und Fernsehen beim Südwestfunk und ab 1966 auch als Leiter des politischen TV-Magazins Report Baden-Baden gehabt hatte. Er war stolz auf die von »seinem« Sender produzierte und erfolgreich angelaufene Fernsehserie »Salto Mortale«, eine Familiengeschichte aus dem Zirkusmilieu mit allem, was Rang und Namen hatte: Gustav Knuth, Hans Söhnker, Hellmut Lange, Hans-Jürgen Bäumler, Horst Janson und dem großen Joseph Offenbach sowie den Damen Sabine Eggerth, Margot Hielscher und Kai Fischer. Die Massen gut zu unterhalten, das war für ihn ein Qualitätsmerkmal und bedeutete ihm viel, wie er mir anvertraute.

Nun hatte er als Einzelkämpfer beim *Spiegel* die Verantwortung für die intellektuelle Qualität des Nachrichtenmagazins, denn Augstein hatte ihn ganz bewusst geholt, um sich allmählich als Herausgeber und auch journalistisch zurückzuziehen, immer öfter in Bonn sein und mit seiner Partei Gespräche über seinen zukünftigen Wahlkreis und die Gestaltung seines Wahlkampfes führen zu können.

Gaus und Augstein waren einander intellektuell ebenbürtig. Gaus hatte nicht immer die gleiche Meinung, aber die gleiche denkerische Schärfe wie Augstein damals noch. Seine Fernsehinterviews »Zur Person« und später »Zu Protokoll« waren Pflicht, einige davon, das mit Hannah Arendt und das mit Rudi Dutschke, beispielgebend und preisgekrönt. Er schuf damit eine ganz neue Interviewkultur.

Seine Artikel schrieb er wie Augstein mit der Hand, und er tat das, wie dieser, in der alten deutschen Sütterlin-Schrift. Da unlesbar, weil ein Spiegel seiner Verklemmtheit, musste er mir seine Texte nach der Niederschrift noch ins Stenogramm diktieren. Wie Jahre zuvor mit Theo entstand auch hier in der physischen Intimität der Diktatsituation diese leicht erotische Spannung, die wir nicht ernst nahmen, die uns aber ein Flirtlächeln ins Gesicht zauberte und den Arbeitseifer enorm ankurbelte. Gaus wanderte beim Diktieren wie ein Tiger im Zimmer auf und ab, immer wieder die gleichen Schritte um die Sitzgruppe aus Leder herum. Ich saß niedrig im Besuchersessel, die Beine übereinandergeschlagen, den Kopf Richtung Block geneigt.

Ab und zu, ganz selten, wenn er beim Umherwandern an mir vorbeikam, strich er mir sacht mit der Hand über den Nacken und beobachtete interessiert die Wirkung, die das auf mich hatte. Und es hatte eine Wirkung, das war für ihn deutlich zu erkennen, doch lag das eher an meinem sensiblen Nacken als an ihm. Wir machten nichts draus, es blieb bei der leeren, verspielten Geste, einem Hauch von Nichts. Ich fühlte mich weder bedrängt noch beleidigt und spürte, dass er, der enorm Eitle, stets Unsichere, nach Lob und Bestätigung Lechzende, das nur machte, um seine eigene innere Anspannung, den Druck, ob der Artikel gelingen würde, abzubauen. Die kurzen Berührungen waren seine Blitzableiter, die Blicke eher fragend, Zustimmung erheischend. Ich hingegen war überfordert, konnte, was den Inhalt des Diktats anging, weder Zustimmung noch Kritik äußern. Meine Konzentration war ganz vordergründig auf das Stenogramm gerichtet und dass ich es bitte, bitte würde entziffern und abtippen können, denn es waren mitunter schwierige Texte ohne Punkt und Komma, mit eigenwilliger Syntax und ungewohnten, selten stenografierten Namen und Fremdwörtern. Frühestens nach dem Abtippen des Stenogramms und dem Lesen des Manuskripts konnte ich zaghaft Stellung nehmen, riss mich aber nicht darum, denn zum politischen Debattieren fühlte ich mich damals nicht berufen, ich hörte lieber zu. Gaus suchte Bestätigung und Nähe, aber ich war ja geschützt durch meine Beziehung mit Theo; alle wussten, dass wir inzwischen zusammenlebten.

Nicht nur, wer zu Gaus ins Büro wollte, musste hinter mir durch das Sekretariat, auch Gaus selber ging hinter mir vorbei, wenn er sein Zimmer verließ, um zum Beispiel den Chef vom Dienst oder die Waschräume aufzusuchen. Und jedes Mal, wirklich jedes Mal, wenn er Richtung Waschräume ging, tat er denselben Ausspruch, laut und deutlich, langsam und für aller Ohren verständlich: »Ich gehe jetzt mein Wasser abschlagen, wie es bei Anna Seghers heißt ...« Bis heute weiß ich nicht, wo und wann Anna Seghers das geschrieben hat. Es war reine Peinlichkeitsbewältigung, lieber wäre er nicht offen durchs Sekretariat gegangen, wo jeder wusste, wohin er unterwegs war.

Das war ihm, dem Ästheten, so unangenehm, dass er vorpreschte und uns mit seinem Anna-Seghers-Spruch den Wind aus den Hintergedanken nahm. Aber es war doch seltsam, oder nicht? Hatte er das nötig? War es Verlegenheit wie später bei Raddatz, der sich in unseren Anfangsjahren jedes Mal, wenn er mich sah, mit dieser Michael-Jackson-Geste kräftig in den Schritt fasste und sein Gemächt hochhievte, als wolle er auf seine Männlichkeit aufmerksam machen? Bei Raddatz legte sich das nach einer Weile. Bei Gaus war ich nicht lange genug, um zu beurteilen, ob er irgendwann sein Wasser abschlagen ging, ohne es literarisch begründet anzukündigen.

Die Jahre zwischen 1966 und 1969, also die Zeit vor und während der 68er-Studentenrevolution, habe ich in geistiger und körperlicher Distanz zu den Ereignissen erlebt, die Geschehnisse lediglich im Dunstkreis der mich umgebenden Journalisten in mich aufgesogen. Selber bin ich nicht aktiv gewesen, bei keiner Demonstration mitmarschiert, habe keine Steine gegen Springer geschmissen. Ich war zwar mit Theo Sommer zusammen, der übrigens auch nicht demonstrieren ging, aber seine Artikel schrieb, viele Vorträge hielt und zu relevanten Podiumsdiskussionen eingeladen wurde. Ich arbeitete bei *Schöner Wohnen* und dann bei Trebitsch und war beruflich mit völlig anderen, unpolitischen Themen beschäftigt. Erst als ich 1969 zum *Spiegel* kam, rückte ich auch beruflich wieder in die Nähe politisch denkender Journalisten und nahm die Ereignisse gefiltert durch die Köpfe der Männer wahr, deren Artikel ich täglich tippte. Rudi Dutschke habe ich persönlich nicht kennengelernt, seine Frau Gretchen erst 1995, als sie mit ihrem nach Rudis Tod geborenen Sohn Marek eine Zeit lang in Hamburg lebte und, unterstützt von Jan Philipp Reemtsma mit einem Stipendium des Hamburger Instituts für Sozialforschung und später durch das Arbeitsamt, ihr erstes

Buch, die Dutschke-Biografie »Wir hatten ein barbarisches, schönes Leben« schrieb, das 1996 bei Kiepenheuer & Witsch erschien.

Aber am 24. November 1967 im Audimax der Hamburger Universität, bei der berühmtesten aller Podiumsdiskussionen, da war ich dabei. Das war fünf Monate nach dem Tod des in Westberlin am 2. Juni 1967 erschossenen Studenten Benno Ohnesorg und nur viereinhalb Monate vor dem Attentat auf Rudi Dutschke am 11. April 1968, ebenfalls in Westberlin, und ich saß im Publikum zwischen vielen guten Bekannten, Kollegen und Kolleginnen. Auf Fotos von der Veranstaltung sind zu erkennen Dieter E. Zimmer von der *Zeit*, Henri Nannen und Uschi Hintz vom *Stern*, Gyula Trebitsch, Joachim Fest, Winfried Scharlau – auch meine Wenigkeit ist unschwer auszumachen. Auf dem Podium diskutierten unter der Leitung von Hans Gresmann neben Rudi Dutschke Ralf Dahrendorf, Rudolf Augstein, Harry Ristock und Daniel Cohn-Bendit. Die gesamte Hamburger Intelligenzija war da. Theo war auch im Publikum, saß aber getrennt von mir. Er wollte und musste sich auf Dahrendorf und Dutschke konzentrieren und die Diskussion aus der ersten Reihe verfolgen, um eventuell das Wort zu ergreifen und seinem Kollegen und Freund Hans Gresmann zu sekundieren, falls es zu Tumulten kommen sollte, was nicht ganz auszuschließen war.

Der notorische schwarz-grün gestreifte, handgestrickte Pullover von Dutschke leuchtete revolutionär in der Sakko- und Krawattenwelt der Journalisten. Vorher schon, bei der feierlichen Rektoratsübergabe am 9. November 1967, hatten sich Detlev Albers und mein späterer guter SPD-Freund und Stadtteil-Nachbar Gert Hinnerk Behlmer, zwei mit Schlips und Kragen ebenfalls seriös aussehende studentische Jungmänner, beim Einzug ins Audimax vor die Honoratioren geschmuggelt und das berühmt-berüchtigte schwarze Banner mit den aufgeklebten weißen Lettern »Unter den Talaren Muff von 1000 Jahren« die Stufen hinuntergetragen. Eine ungeheuerliche Provokation, die ahnen ließ, was noch kommen würde, denn die Zahl »1000« war nicht zufällig gewählt, sie spielte auf die in Politik, Legislative, Judikative und überhaupt allen Bereichen der Gesellschaft vorhandenen Relikte, sprich: Personen aus dem »Tausendjährigen Reich« an, die gut zwanzig Jahre nach Kriegsende immer noch in Amt und Würden waren – Zustände, die von den erwachenden Studenten nun angeprangert und bekämpft wurden.

Es geschahen aufregende Dinge in der damaligen Politik. Am 20. Oktober 1969 nahm der 6. Deutsche Bundestag in Bonn seine Arbeit auf. Kanzler der ersten sozialliberalen Koalition aus SPD und FDP war Willy Brandt, unser aller Glück war unbeschreiblich. Von ganzem Herzen war ich mit dieser Koalition einverstanden und setzte große Hoffnung in die Zukunft, da die neue Regierung mit ihrer hauchdünnen Mehrheit von zwölf Stimmen vernünftiges linksliberales Denken, freies Atmen und Entspannung durch eine neue Ostpolitik anstrebte.

Doch bald zogen dunkle Wolken am Koalitionshimmel auf. Das neue Bündnis war von Anfang an in der FDP umstritten und fing an zu bröckeln, als einige FDPler, darunter der in Oberschlesien geborene frühere Parteivorsitzende Erich Mende, den ostpolitischen Kurs der Regierung Brandt/Scheel nicht mittragen wollten und zur CDU/CSU-Bundestagsfraktion überliefen. Das führte im Laufe der Legislaturperiode zum Verlust der Mehrheit der sozialliberalen Koalition. Ein konstruktives Misstrauensvotum gegen Brandt scheiterte im April 1972 zum Glück, wenn auch ganz knapp, es fehlten nur zwei Stimmen. Im Falle eines Erfolges hätte CDU-Parteichef Rainer Barzel zum Bundeskanzler gewählt werden sollen. Die folgende vorgezogene Bundestagswahl am 19. November 1972 endete mit dem größten Wahlerfolg, den die SPD jemals einfahren konnte: Mit 45,8 Prozent wurde sie stärkste Fraktion im Bundestag.

Die Frage muss erlaubt sein: Warum kriegt die SPD, warum kriegen überhaupt die bürgerlichen Parteien das heute nicht mehr hin? Gehe ich ganz falsch in der Annahme, dass es einfach an guten Leuten, an eindrucksvollen Persönlichkeiten fehlt, die ihre Reden mit Verve und innerem Engagement vortragen und wirklich etwas zu sagen haben, das uns Bürger begeistert und veranlasst, zur Wahl zu gehen? Woran das wohl liegen mag? Haben wir uns mit dem Rauchen auch noch ganz viel anderes abgewöhnt? Unseren Schneid, unsere Fantasie, unsere kreativen kleinen und größeren Laster, ein Stückchen geistvolle Lebensart? Es gibt ein paar köstliche Pressefotos von Herbert Wehner, Helmut Schmidt und Willy Brandt, alle drei starke Raucher und vollkommen eingenebelt vom Pfeifen-, Zigarren- und Zigarettenqualm. Eine ironische Unterzeile zu den Bildern lautete schon mal: »Damals wurde noch anständig Politik gemacht.« Das muss wohl so gewesen sein, auf jeden Fall waren die meisten Politiker früher mit mehr Leidenschaft und Hingabe bei der Sache als unsere heute. Sie hatten noch Visionen und mussten damit keineswegs zum Arzt, wie Helmut Schmidt in seiner salopp-drastischen Art gern witzelte. Sätze, die mit »Wir werden ...« beginnen und von parteipolitisch agitierenden weiblichen wie männlichen Apparatschiks in vorgehaltene Mikrofone und Fernsehkameras abgesondert werden, sind für mich eher auswendig gelernte, technokratische Absichtserklärungen denn große, mitreißende, programmatische Politikentwürfe, wie ich sie schon lange vermisse. Sie können nicht über die Blutleere unserer heutigen Politiker und – leider auch – Politikerinnen hinwegtäuschen. Frauen aller Bundesländer, besinnt euch auf eure kreative Kraft und lasst sie strahlen! Wo bleibt eine neue Regine Hildebrandt?

Bei Augstein

Die spannende Phase des 1972er-Wahlkampfs erlebte ich bereits im Vorzimmer von Rudolf Augstein, also »ganz oben« im *Spiegel*-Verlag, was jetzt das 12. Stockwerk meint, das nach der Fahrstuhlfahrt bis zum elften nur zu Fuß über eine weiße Marmortreppe zu erreichen war. Dorthin hatte mich Augstein bereits 1970 geholt. Mein Platz im Sekretariat der Chefredaktion blieb unbesetzt, Gaus musste sich mit den vorhandenen Kolleginnen arrangieren.

Augsteins direktes Umfeld war eine nette Truppe: seine lang-lang-langjährige Sekretärin Sabine Schappien, sein Fahrer und stabilisierender Intimus Fiete Schleede, der sich oft zuverlässig um Franziska und Jakob kümmerte, sie morgens bei ihrer Mutter Maria abholte, ihnen Frühstück machte und sie anschließend zum Kindergarten oder zur Schule fuhr. Gelegentlich brachte er die beiden auch im Büro beim Vater vorbei, der sie uns im Vorzimmer überließ, bis sein Besuch gegangen oder ein Telefonat beendet war. Wir zeigten ihnen dann die Bilder, die von der ganz neu installierten Überwachungskamera auf unsere postkartengroßen Bildschirme übertragen wurden, und ließen sie Rohrpostbomben mit kleinen Zeichnungen für ihren Papa durchs ganze Haus jagen. Zu schön für kleine Kinder – sie waren damals sechs und drei. So kann ich mit Fug und Recht behaupten, diesen stattlichen, schönen, klugen Mann namens Jakob Augstein als Zwei- oder Dreijährigen öfter mal auf dem Schoß gehabt zu haben. Und das lässt mich plötzlich sehr alt aussehen …

Ferner gehörten zu Augsteins Entourage der bodenständige

1. Als achtjährige Schülerin in Bad Kissingen

2. Als Vierzehnjährige in GI-Uniform zum Wandertag in Hamburg, 1954

3. Mit »Deutsche Jugendreisen« in die Sowjetunion 1965 – vor dem Kirow-Stadion in Leningrad

4. Redaktionskonferenz der *Zeit*, ca. 1964; vorne links Gerd Bucerius, ganz rechts Hans Gresmann, 3. von rechts Theo Sommer

5. Theodor Eschenburg (links) zu Besuch bei Gerd Bucerius (Mitte) in der *Zeit*-Redaktion, ca. 1965

6. Carl Zuckmayer mit Ehefrau Alice 1951 bei der Ankunft aus den USA am Flughafen Berlin-Tempelhof

7. Mit *Spiegel*-Chefredakteur Johannes K. Engel, 1969

8. Mit Bundesaußenminister Walter Scheel und Kollegin Sabine Schappien (rechts) beim *Spiegel*, ca. 1970

9. Mit Kollegin Sabine Schappien und Chefredakteur Günter Gaus beim *Spiegel*, ca. 1970

10. Rudolf Augstein und Günter Gaus am Rande eines Treffens mit Walter Scheel in Salzburg, 1972

11. Mit Rudolf Augstein auf Wahlkampftour, 1972

12. Mit Theo Sommer in Israel, 1971

13. Mit Theo Sommer (vorn) beim Empfang für US-Präsident Jimmy Carter in Bonn, Juli 1978; links von Carter Bundespräsident Walter Scheel, rechts First Lady Rosalynn Carter und Mildred Scheel

14. Helmut und Loki Schmidt 2006 bei der Eröffnung des Loki-Schmidt-Hauses im Botanischen Garten Klein Flottbek

15. Heide Sommer an ihrem 70. Geburtstag mit Gratulant Fritz J. Raddatz

und ihm sehr ergebene *Spiegel*-Fuhrparkleiter Otto Förster, sein Büroleiter Walter Busse und dessen Sekretärin Barbara Wielckens – und nun auch noch ich. Augstein hatte das größte und schönste »Zimmer mit Aussicht« im Verlag, es lag an der westlichen Breitseite des Gebäudes und hatte einen einmaligen Rundumblick: nach Norden über die Stadt mit all ihren markanten Türmen bis zum Stadtpark und Flughafen, nach Westen über die in der Sonne glitzernde Elbe und den Hafen und nach Süden über die Speicherstadt. An drei Seiten war Augsteins Arbeitszimmer von der Decke bis zum weißen Teppichfußboden verglast, lediglich die fünfzig Zentimeter hohe, rundum verlaufende, leise zischende Klimaanlage im zart grauen Metallgehäuse mit schwarzen Lüftungsschlitzen verhinderte, dass man sich schutzlos fühlte und Höhenangst bekam, obwohl ja außenherum ein schmaler Umgang verlief, der allerdings ohne Brüstung und daher nicht zu betreten war.

Augsteins Schreibtisch war, wie der Couchtisch bei der schwarzledernen Sitzgarnitur, aus Glas und wirkte vollkommen losgelöst und sphärisch, nur wenige Papiere und Gegenstände lagen darauf, denn er hortete immer nur das, was er gerade brauchte – so auch nur die Bücher, die er gerade las. Eine Riesenbibliothek? Fehlanzeige, auch zu Hause nicht. Er machte das richtig, nutzte sein Geld und seine Alleinherrschaft, um alles möglichst klein zu halten, außer seinem Schlachtschiff von goldbronzefarbenem Cadillac, der später, als er ihn nicht mehr fuhr, in seiner Garage an der Elbe verrottete. Er konnte sich wegen der Erinnerungen an seine Anfangszeiten mit Gisela Stelly nicht davon trennen.

In seinem traumhaften Büro saß er mit dem Rücken zu einer schwarzen Regalwand aus dunkler Mooreiche, in die ein Tresor, kleine Fächer, die Tür zum Sekretariat und eine Tür zu einem kleinen privaten Trakt eingelassen waren, mit schwarzen Kunststoffbeschlägen der Firma HEWI (damals das Nonplusultra an Design) und Magnetverschluss. Ich höre heute noch das leise Klicken, wenn die Türen zugezogen wurden. Im Privatbereich mit zweitem Ausgang direkt ins Treppenhaus befanden sich ein elegantes Bad und ein kleines Schlafgemach mit Liege, auf der er sich mal lang machen konnte oder vom hauseigenen Masseur Herrn Liedtke, den ich aus der Sierich-Sauna abgeworben und zum *Spiegel* gebracht hatte, massieren ließ – wie übrigens alle Mitarbeiter und Mitarbeiterinnen im offiziellen Massageraum diesen Service und das Schwimmbad mit Sauna kostenlos nutzen konnten. Von anderen Aktivitäten im Privatgemach weiß ich nichts, und da Augstein mir persönlich nicht an die Wäsche ging und ich von derartigen ungalanten Übergriffen nie je etwas hörte, habe ich dankend abgelehnt, als das Büro von Susanne Beyer, Mitglied der *Spiegel*-Chefredaktion, im Frühherbst 2018 bei mir anfragte, ob ich zum Thema Augstein und die Frauen etwas beitragen könne und wolle. Beides nicht.

Es erschien dann am 9. Oktober 2018 der Artikel »#MeToo beim *Spiegel*. Wir müssen über Augstein reden«, in dem ich vergeblich nach brisanten Aussagen betroffener Damen gesucht habe. Susanne Beyer schreibt: »Das Haus schwirrt vor Geschichten und Gerüchten. Das Schwimmbad im alten *Spiegel*-Gebäude an der Brandstwiete, bunt ausgestattet im psychedelischen Stil der Sechzigerjahre, auch die Sauna dort sind so sagenumwoben wie die Feste auf den Fluren: Männer, die Frauen ungefragt umarmten, küssten – aber was davon stimmt?« Dieses »ungefragt« möchte ich ausdrücklich hinterfragen! So ganz gegen ihren ausdrücklichen und ausgedrückten Willen ist das wohl keiner Mitarbeiterin widerfahren. Das glaube ich einfach nicht. Die *Spiegel*-Redaktion ist doch auch heute kein Haufen primitiver Brutalinskis, wobei es einzelne Ausnahmen vielleicht gegeben haben oder geben mag, wie immer und überall.

In anonymisierten Berichten, die sie für ihren Artikel generierte, liest Frau Beyer von »Kolleginnen, die an ihrem Schreibtisch erstarren, wenn sich Männer über sie beugen und dann das tun, was die Kolleginnen An-der-Wange-entlang-Hauchen nennen. Von Frauen, die sich ärgern, weil sie den Eindruck haben, ihnen werde mehr auf die Brüste als in die Augen gesehen. Noch mal: Es sind keine Berichte aus früheren Zeiten, es sind Berichte von heute. Von schweren Übergriffen erfahre ich nichts.« Na also! Ich meinerseits habe die zarten Nackenstreicheleien eines Günter Gaus beim Diktieren seiner Artikel eher als Schmeichelei empfunden, als anerkennende Aufmerksamkeit und Ausdruck seiner Sympathie, als Zeichen seiner eigenen Nervosität beim Diktieren des neuen Artikels, und mir überhaupt nichts dabei gedacht. Jedenfalls nichts Schlimmes. Man muss die Kirche im Dorf lassen und sich dort aufregen, wo es angebracht und notwendig ist.

Susanne Beyer zitiert die langjährige *Spiegel*-Redakteurin und Augstein-Vertraute Ariane Barth: »Ja, er habe ›angefragt ... im Laufe seines Lebens sicherlich bei einigen Hundert Frauen, wenn ihm eine besonders gut gefiel, hat er auch noch gefragt, ob sie ihn heiraten will, gern auch, wenn sie gut verheiratet war.‹ Aber das habe erstens nicht geheißen, dass die Frau nicht habe Nein sagen können, und es habe zweitens nicht geheißen, dass es ihm immer ernst damit gewesen sei. ... Augstein habe Frauen als Gesprächspartnerinnen geschätzt und habe besser verstanden als andere Männer, dass sexuelles Begehren nicht nur eine Sache der Männer ist.« – »Ariane Barth würde Augstein immer verteidigen«, fährt Susanne Beyer fort. »Dass er Leute, ›Frauen ebenso wie Männer‹, im Bademantel empfing, empfindet sie als ›amüsantes Spielen von Häuslichkeit‹. ›Der Bademantel war damals das, was heutzutage die Jogginghose ist. Rock Hudson sieht man in den alten

Filmen mit Doris Day im Bademantel. Das war kein erotisches Kleidungsstück. Das war bequem.‹«

Der Bademantel spielt auch in den Erinnerungen von Augsteins langjähriger Büroleiterin Irma Nelles, der ich nie begegnet bin, eine Rolle. Die vielzitierte Stelle über ihr Einstellungsgespräch in einer Bonner Hotelsuite lautet: »Wortlos ging Augstein in das angrenzende Schlafzimmer, zog dort seinen Morgenmantel und unter Stöhnen und Ächzen auch seine Strümpfe aus. ... Dann fing er schweigend an zu rauchen. Den Geruch kannte ich von Studentenpartys. Haschisch! ... Er sei so entsetzlich einsam, murmelte er und etwas wie, wir sollten jetzt endlich mal fieken. Eine Sekunde lang überlegte ich, warum er wohl fieken statt ficken sagte, und erklärte ihm unmissverständlich, ich hätte einen festen Freund.«

Ein Bademantel durfte auch bei uns im 12. Stock nicht fehlen. Augstein genierte sich nicht, nach der Massage bequem zu bleiben, wir waren schließlich erwachsen und unter uns. Ich weiß noch, wie ich über seine verschieden starken Unterschenkel staunte, wenn er sich barfuß und in Schlappen zeigte: der rechte normal und muskulös ausgeprägt, der linke dünn und anscheinend kraftlos. Ich bin überzeugt davon, dass weibliche Wesen in einer seriös anmutenden Umgebung meistens durch eigenes Verhalten steuern können, wie weit ansonsten niveauvolle Männer sich in ihrer Gegenwart vergessen oder bemitleidenswert miserabel aufführen. Man darf und muss nicht alles mit sich machen lassen.

Augsteins Augenfehler kannten alle, und es war schon komisch, ihm gegenüberzusitzen und nicht zu wissen, mit welchem seiner schönen, samtbraunen Augen er einen nun ansah und in welches seiner Augen man seinen Blick am besten erwidern sollte. So ging es nicht nur mir, sondern allen, die ihm irgendwann einmal gegenübersaßen, und sei es beim Mittagessen im »Sommerpalast«, dem chinesischen Restaurant an der

Ecke Brandstwiete, das er gern aufsuchte und wo er sich immer die besten Brocken vom Teller seines Gastes mopste. Leider trank er auch viel Bier dazu und war davon immer schnell betrunken, einmal so sehr, dass er auf allen vieren über die Ost-West-Straße krabbelte. Das sprach sich wie ein Lauffeuer im ganzen Haus herum, und alle stürzten an die Fenster auf der einen Seite des Gebäudes. Wäre das Verlagshaus ein Schiff gewesen, wir wären gekentert.

Mir tat das leid. Augstein tat mir leid. Dieser verdammte Alkohol, von dem so viele, die ich kannte, nicht lassen konnten. Es war ja auch zu schön und zu verführerisch. Mit der Überwindung des Alkoholismus ist es wie mit anderen einsamen Entschlüssen: Man muss sie selber fassen und umsetzen, anders geht es nicht. Am meisten aber tat mir leid, dass die Mitarbeiter des Verlages, den Augstein im Begriff war, ihnen in Teilen zu schenken, sich nun an den Fenstern die Nase platt drückten und ihn eigentlich verhöhnten. Das gefiel mir nicht, aber was sollte ich machen? So weit ging mein Verantwortungsgefühl dann doch nicht, dass ich meinte, ihn retten zu müssen, weshalb ich auch leise, aber bestimmt Nein sagen konnte, als er mich, wie so viele vor und nach mir, an einem Samstagnachmittag zu Hause anrief und in seiner einsilbigen Art ohne jegliche Einleitung fragte: Heide, willst du mit mir leben? Ich nahm das nicht ernst, wusste, dass er sich einsam und unglücklich fühlte und wohl in vernünftiger Stimmung auch nicht von mir erwartete, dass ich Theo sausen lassen und mich ihm zuwenden würde. Dass ich Jahre später Theo sausen ließ, ohne mich einem anderen Mann zuzuwenden, das steht auf einem ganz anderen Blatt. Augstein war erwachsen, ob vernünftig, sei dahingestellt, aber er war zu großen Einsichten fähig, ein denkender Kopf mit jeder Menge Frauen, Anwälten, Ärzten, sonstigen Beratern und klugen Sekretärinnen um sich herum. Da konnte ich ganz bestimmt nichts ausrichten und hatte auch nicht den Ehrgeiz dazu.

Augstein hatte dieses Trauma: sein vieles Geld und seine exponierte Stellung als *Spiegel*-Herausgeber. Es ging ihm wie den Prinzen und Königen in so vielen Märchen, er wusste nie, ob er um seiner selbst willen oder um seines Geldes, seiner »Macht« willen oder überhaupt geliebt wurde, und war deshalb in meinen Augen ein tief verunsicherter Mensch ohne Ur- und Selbstvertrauen. Fritz J. Raddatz beschreibt das in seinen Tagebüchern und zieht Augsteins Reichtum und Alkoholismus als Erklärung für dessen Verfall im Alter heran: »1. April 2000: Sonntagsnach-Frühstück-Spaziergang, den Leinpfad entlang. Dort sitzt auf einer Bank eine einsame alte Frau in schäbiger Jacke und Pudelmütze, mit einem Stock im Boden stochernd, erloschenes Gesicht; genau gegenüber von Augsteins Führerbunker-Villa. Es WAR Rudolf Augstein. Ein Bild des Jammers, fast hätte ich 'ne Mark hingelegt. Sic transit ...« In seinen Erinnerungen »Unruhestifter« notierte Raddatz 2003 die anrührende Einschätzung, dass es »für neue junge Mitarbeiter, die ihn als Mythos kennen, ein wahrer Schock ist«, wenn Augstein die Konferenzen mit übelsten Macho-Witzen belästigt, und man froh sei, wenn er nicht erscheine: »In gewisser verquerer Weise spricht es *für* ihn: Er hat Erfolg und Ruhm nicht verkraftet, ist nicht windschnittig genug, es hat ihn ruiniert.«

Aber noch stand Augstein in Saft und Kraft und genoss, wie wir alle, das schöne neue, übrigens gemietete Gebäude des Architekturbüros Werner Kallmorgen, in das der Verlag mit allen Redaktionen Anfang 1969 einzog. Das war schon ein gewaltiger Unterschied zu den drei Stockwerken im »alten« Pressehaus und einigen externen Räumen in Nachbargebäuden. Außer auf das faszinierende Panorama, das ihn umgab, schaute Augstein gelegentlich in seinen auf einem schlanken Fuß frei stehenden weißen Fernsehapparat mit Fernbedienung und drei unten eingelassenen Monitoren, damals eine absolute Neuheit, um besonders bei politischen Sendungen und Wahlberichterstattungen mehrere Programme gleichzeitig verfolgen zu können und das jeweils aktuellere, das mit den neuesten Hochrechnungen zum Beispiel, auf den großen – im Vergleich zu heute doch so kleinen – Bildschirm zu holen. An solchen Wahlabenden übertrug sich die Spannung bis ins Vorzimmer, ich vibrierte und fieberte mit. Diese langen Nächte, an deren Ende dann noch ein Artikel geboren wurde, zeigten mir, warum ich diesen Beruf so liebte. Ich wurde nie müde, konnte mich konzentrieren ohne Ende, war an vorderster Front mitten im Geschehen, einfach herrlich.

Der Schmuckstücke im Büro Augstein gab es vier: einen zauberhaften, goldglänzenden, beweglichen Gliederfisch von der Größe einer Forelle, der gebogen auf dem Besucherglastisch lag und zum Streicheln verlockte; ein wunderschönes Aquarell auf einer Staffelei; eine fast mannshohe afrikanische Holzskulptur in Form eines braunen Vogels mit weißlich gepunkteter Brust, der einen mit seinem Blick aus den geschnitzten Augen überallhin verfolgte; und, das Beste, auf einer Art stabilem Dirigentenpult liegend, ein Originalexemplar des 1970, nur ein Jahr nach dem Umzug ins neue Bürohaus, in zweitausend überdimensional großen DIN-A3-Exemplaren erschienenen Monumentalwerks »Zettel's Traum« von Arno Schmidt. Alle Kollegen und Besucher schauten sich das lange an, wenn sie oben bei Augstein waren. Man bekam es ja sonst kaum zu sehen.

Das Sekretariat lag zur Ost-West-Straße hin und hatte eine Panorama-Verglasung wie das gesamte Haus. Außer einer fantastischen Komplettschrankwand aus Mooreiche für Garderobe und Akten gab es noch eine kleine Pantry und einen Fotokopierraum. Die Schreibtische waren so gestellt, dass Sabine Schappien und ich uns ansehen konnten, und das war sehr hilfreich, weil wir uns mit Blicken verständigen und bei gewissen Anrufen Zeichen machen konnten: Spinner, abwimmeln; oh – vergessen, war wichtig; ja, durchstellen oder später noch mal versuchen. Oben am Gebäude waren ja außen in rot leuchtenden großen Lettern die Worte DER SPIEGEL angebracht, und genau unter dem »L« stand mein Schreibtisch. Dorthin blickte Theo Sommer oft sehnsüchtig von seinem Schreibtisch bei der *Zeit* im Pressehaus, besonders wenn wir mal Knatsch hatten.

Der Blick nach Norden Richtung Petrikirche und über die ganze Stadt war auch für uns im Vorzimmer zum Träumen und sich Verlieren. Wir beobachteten die Wolkenbildung, den Vogelzug, Gewitterfronten, Regenbögen und den Flugverkehr am Hamburger Flughafen. Am 6. September 1971 gegen halb sieben Uhr abends sagte ich zu Sabine Schappien: »Ach wie komisch, schauen Sie doch mal. Das sieht ja so aus, als ob das Flugzeug brennt.« Da sahen wir eine Maschine auf mittlerer Höhe in der Luft, wie sie nach Westen abdriftet und eine große schwarze Rauchwolke hinter sich herzieht. Und tatsächlich war es der Beginn eines Dramas, bei dem der Flugkapitän mit der zweistrahligen Passagiermaschine und explodierten Triebwerken auf der A7 bei Hasloh eine Notlandung versuchte. Er steuerte die Autobahn an, die Autofahrer wussten nicht, wie ihnen geschah, als ihnen der havarierte Riesenvogel entgegenkam, sie versuchten auszuweichen, doch leider stand dem Flieger eine Autobahnbrücke im Weg. Die Maschine war mit ihren Tragflächen zu breit, prallte gegen die Brückenpfeiler und geriet sofort in Brand. Schon kurz danach brachte der Norddeutsche Rundfunk die erschütternde Nachricht: »Notlandung auf Autobahn 7 misslingt. 22 Tote, doch 99 Menschen überleben, davon 45 zum Teil schwer verletzt.« Das wirkte bei uns lange nach.

Insgesamt war es eine wahrlich privilegierte und interessante Zeit. Privilegiert deshalb, weil es eben doch einen Unterschied machte, für »ihn« zu arbeiten. Wir beiden Kolleginnen sprangen gegenseitig füreinander ein, wenn Urlaubszeit oder Not an der Frau war, aber es gab auch eine gewisse Arbeitsteilung: Ich war mehr für Augstein, den Journalisten und Schriftsteller zuständig, nahm seine Briefe, Artikel und später sein ganzes Jesus-Buch ins Stenogramm, legte aber auch die von Michael Nesselhauf, seinem Vermögensverwalter im Hause, abgezeichneten Bankauszüge seiner diversen Konten ab und hütete die Unterlagen seiner Kunstsammlung. Sabine Schappien verwaltete neben Augstein, dem Herausgeber, auch Augstein, den Privatmann, arbeitete dem Steuerberater zu und bereitete die monatlichen Gehaltszahlungen für das private Personal vor. Sie führte eine private Handkasse, war Augsteins Sprachrohr zum Büroleiter Busse und zum Verlagsdirektor Hans Detlev Becker, der eine Etage unter uns residierte.

Becker war ein mir undurchsichtiger Mann mit englischem Oberlippenbärtchen, durchdringendem Blick, perfekt manikürten und farblos lackierten Fingernägeln, von dem man so gut wie nichts wusste und auf den ich mir keinen Reim machen konnte. Für mich war er eine graue Eminenz. Ich wusste nicht einmal, ob er mich überhaupt kannte, bis er mich einmal im Fahrstuhl ansprach, als ich mir einen Eisbecher mit Sauerkirschen und Sahne aus der Snack-Bar nach oben an den Arbeitsplatz holte. »Warum machen Sie das, Fräulein Grenz«, sagte er, »ich nehme den ganzen Tag nur halb so viele Kalorien zu mir, wie in Ihrem Eisbecher enthalten sind.« Ein asketischer Perfektionist vom Scheitel bis zur Sohle, ein nörglerischer Besserwisser mit einigen Marotten, mir unangenehm. Aber ein treu ergebener Augstein-Unterhändler, besonders in den vielen, vielen Monaten der vertraglichen Vorbereitung der Mitarbeiterbeteiligung. Was gab es da nicht für Schriftsätze, ganze Unterschriftsmappen voll mit Vertragsentwürfen, die viele Male modifiziert wurden, bis alle Paragraphen stimmten.

Sabine Schappien und Otto Förster kümmerten sich um die privaten Autos von Rudolf Augstein, außerdem gemeinsam mit Fiete Schleede um seine diversen Immobilien und um seine Frauen und Kinder. Katharina Augstein, die kinderlose zweite Ehefrau, arbeitete wohl eher pro forma als *Spiegel*-Korrespondentin in Paris. Sie kam oft vorbei und stahl uns im Vorzimmer unsere Zeit. Sie war groß und sportlich, sprach mit einem piepsigen Stimmchen, das überhaupt nicht zu ihr passte, machte auf hilfsbedürftig und war ansonsten sehr nett. Das 1949 geborene älteste »Kind« von Rudolf Augstein, Maria Sabine, lernte ich noch als erstgeborenen Sohn Stefan kennen, der 1977 seine Geschlechtsumwandlung zur Frau mit einer doch noch vom Vater finanzierten Operation vollendete, sich fortan als Rechtsanwältin für die Rechte Transsexueller einsetzte und mehrfach für dieses Engagement, zuletzt mit dem Bundesverdienstkreuz, ausgezeichnet wurde. Maria Sabine Augstein sah und sieht ihrem Vater von allen Kindern am ähnlichsten, besonders die sichelförmig leicht nach innen gebogene Handstellung ist der ihres Vaters zum Verwechseln ähnlich. Auf Fotos könnte ich diese Hände nicht unterscheiden, und da wird mir ganz weh ums Herz. Mir ist dann, als sei das alles erst gestern gewesen, und ich hätte es gerne heute noch. Schließlich war das Verhältnis von Chef und Sekretärin von jeher ein besonderes, und ich kann von mir behaupten, dass mein Lebensgefühl durch meinen Job bei Rudolf Augstein in einer Weise gesteigert wurde, die mich schweben ließ – durch unsere schönen Räume, durch das ganze Haus, die Kantine, die Snack-Bar, morgens und abends am Tag und Nacht besetzten Empfang vorbei, durch mein Leben. Im Rückblick überwiegt bei mir das Gefühl von Gemeinschaft und Geborgenheit, ein wenig Luxus und nicht zuletzt Dankbarkeit, denn ich lernte und erlebte in jenen Jahren vieles, das ich sonst nie gelernt und erlebt hätte.

Allein schon die Feste, die Augstein oben in seinen Räumen gab! Das schönste und für mich eindrucksvollste war die Soirée zu Ehren des Malers Giorgio de Chirico mit vielen Gästen und einer Luxusbewirtung aus Häppchen und Champagner. Es war im Jahre 1970, als Wieland Schmied, berühmter Kunsthistoriker und von 1963 bis 1973 Direktor der Kestner-Gesellschaft, eine erstmals gezeigte Retrospektive des Malers aus Mailand nach Hannover holte, diese aber wegen ihres großen Umfangs in die Herrenhäuser Orangerie verlegen musste und den damals zweiundachtzigjährigen Künstler nach Deutschland einlud. Dass de Chirico und seine Frau, die beide Deutsch sprachen, tatsächlich kamen, war Anlass genug, sie herumzureichen. In einem Gespräch mit Walter Flemmer im Bayerischen Rundfunk erzählt Schmied von zwei Empfängen in der Bundesrepublik, die zusätzlich zur Hannoveraner Ausstellungseröffnung veranstaltet wurden: von Axel Springer in Berlin und von Rudolf Augstein in Hamburg. Durch Augstein sei verbürgt, schreibt Henning Albrecht in seiner Horst-Janssen-Biografie, dass der »Bürgerschreck« Janssen in der Kantine des *Spiegel* versuchte, »dem alternden Giorgio de Chirico eine Pfanne heißer Bratkartoffeln über den Kopf zu schütten, nachdem er in alkoholisiertem Zustand dem Maler, aber auch seiner Frau, die gemeinsam zuvor vom Bürgermeister [Herbert Weichmann, Anm. d. A.] empfangen worden waren, sowie allen Umstehenden laut zu verstehen gegeben hatte, als Künstler sei er eine erlauchte Null und seit Jahrzehnten mausetot«.

Es war köstlich und gruselig zugleich, bei derartigen Empfängen dabei zu sein, nicht nur wegen der teils diffusen, teils brisanten, offen ausgetragenen oder unterschwelligen Animositäten unter den Geladenen, sondern auch, weil es eben besondere, nicht alltägliche Menschen waren, in deren Nähe ich mich tummelte. Ich zog Nektar aus solchen Begegnungen und fand es völlig normal und mir angemessen, in einem derartigen Umfeld meine – allseits geschätzte – Arbeit zu verrichten. Ich hatte mich assimiliert und fand, ich gehörte genau da hin! Wie es früher in Bad Kissingen mit meinen Künstler-Eltern gewesen war, dieser selbstverständliche Umgang mit Menschen jeglicher Couleur, das lebte hier bei Rudolf Augstein wieder auf und erfuhr später, nach Jahren der privaten Herausforderungen, noch einmal eine Steigerung, als ich meinen Beruf der Sekretärin mit dem Musiktheater verbinden und im Büro des Generalmusikdirektors der Hamburgischen Staatsoper arbeiten konnte.

Mir lag es sehr, bei den Augstein-Festen oben im *Spiegel*-Haus gelegentlich bei den Honneurs einzuspringen und im Hintergrund die Augen offen und die Übersicht zu behalten. Mit leichter Hand die Serviermädchen und Kellner zu dirigieren, praktisch die Rolle der »Hausfrau« zu übernehmen, aber einer exekutiven, nicht der des Heimchens am Herd, das war eins der vielen tollen »Extras«, die meine Arbeit bei Augstein mit sich brachte. Mein Selbstbewusstsein, mein Selbstwertgefühl wuchs, es gab viel Anerkennung, wenn auch spielerisch-oberflächlich. Seit meiner niederschmetternden »Entsorgung« nach London, als Theos Ehefrau verlangt hatte, ich solle wegen unserer Affäre die *Zeit*-Redaktion und Hamburg verlassen, und er darauf einging, hatte ich mich ganz langsam wieder erholt, hatte mich durch mein persönliches Umfeld, aber vor allem durch meine Arbeit stabilisiert und besaß nun die Kraft, nachdem Theo es nicht über sich gebracht hatte, in die große Eppendorfer Wohnung mit einzuziehen, mit ihm gemeinsam in unserer ersten kleinen Mietwohnung in Hamburg-Volksdorf zu leben. Augstein hatte ein feines Gespür für meine Beziehung und den daraus resultierenden Seelenzustand – in der Hinsicht war er vermutlich der Erfahrenere.

Nach einem Urlaub mit Theo am Tegernsee begrüßte mich mein Chef für seine Verhältnisse wortreich und fragte fast überschwänglich und erstaunlicherweise mit einem ganzen Satz, ob ich mich denn auch seelisch erholt hätte, womit er ins Schwarze traf, denn genau das war nicht der Fall. Theo wäre lieber in Griechenland gewesen bei Sonne, Meer und Strand, folgte aber meinem Wunsch, das vegetarische Diätkurhaus zu besuchen, in dem ich mir eine Auszeit verordnet und vor meiner Bewerbung bei der *Zeit* sechs Monate als Haustochter gelernt und gearbeitet hatte. Er wollte mal wieder abnehmen, fand dann aber die vegetarische Küche in dem Kurhaus in Gmund ziemlich »bescheuert«. Ohne Fleisch? Ganz schlecht. Um unbeschwert die Liebe genießen zu können, probierte ich zum ersten und einzigen Mal die Pille aus und war davon frigide geworden – was für eine unglückliche Zeit wir dort verlebten! Die Betten zu kurz und zu laut, die dicken Bauernplumeaus zu unförmig und zu schwer, das Wetter mäßig, das Gras immer nass – oje! Wie immer fand Theo nur das gut, was auf seinem eigenen Mist gewachsen war, und so hatten wir in jenem Urlaub keine Chance, glücklich zu sein.

Mit Theo in Israel

Ein anderer Urlaub mit Theo hingegen war grandios. Genau genommen war die Reise nach Israel gar kein Urlaub, sondern harte Arbeit für Theo und für mich als seine Begleitung sehr aufregend und anstrengend, voller überwältigender Eindrücke und ein Privileg, für das ich sehr gerne vierzehn Urlaubstage »opferte«. Eingeladen hatte uns Kay Hoff, deutscher Lyriker und Romancier, der von 1970 bis 1973 das Kulturzentrum der Deutschen Botschaft in Tel Aviv leitete. Wie alle es machen, wenn sie Veranstaltungen planen und Redner brauchen, suchte auch Kay Hoff in seinem Bekanntenkreis nach geeigneten Persönlichkeiten, die er für Vorträge und Diskussionen nach Israel einladen konnte. Die Gelder dafür waren schließlich im Kulturbudget der Botschaft vorhanden. Er erinnerte sich seines Freundes Theo Sommer – die beiden hatten sich im Sommer 1960 bei Henry Kissingers International Seminar, einer Art »Summer School«, an der Harvard University kennengelernt – und organisierte für ihn mehrere außenpolitische Vorträge an Universitäten und kulturellen Einrichtungen in dem nach dem Sechstagekrieg plötzlich um die riesigen besetzten Gebiete erweiterten und noch im Ausnahmezustand befindlichen Land.

Während des sechstägigen Feldzugs hatten wir 1967, als ich noch in Saas-Fee bei Carl Zuckmayer war, die Nachrichten atemlos verfolgt und konnten kaum glauben, was sich in jenem Teil der Welt in diesem rasanten Tempo abspielte: Am 5. Juni, dem ersten Tag der Offensive, der Schlag der israelischen Streitkräfte gegen sämtliche ägyptischen Luftwaffenbasen mit dem Erfolg, dass die ägyptischen Truppen am Ende des Tages schon am Rande der Niederlage standen. Vom 6. bis zum 8. Juni eroberte Israel die riesige Sinai-Halbinsel, das Westjordanland und den arabischen Teil von Jerusalem, am 9. und 10. Juni noch die Golanhöhen dazu. Es war unfassbar: So ein kleines Land mit einer so starken Armee, so einer Durchschlagskraft und so einem konsequenten Sturm auf die Nachbarregionen, um sich Ruhe vor den ewigen Scharmützeln und ein Lebensrecht zu verschaffen.

Weil Theo mich in seinem Spesenbudget mit unterbringen wollte, wohnten wir in einem bescheidenen Hotel für Einheimische, zwar auch an der prächtigen HaYarkon Street, aber in zweiter Reihe, gegenüber dem großen, direkt am Meer gelegenen Tel Aviv Hilton. Unser Hotel war anspruchslos und servierte wie in Israel üblich auch zum Frühstück schon Kohlsuppe und Rohkost entsprechend den jüdisch-orthodoxen Ernährungsvorschriften. Wir mussten morgens sehr früh raus, wurden oft schon um sieben Uhr von unserem staatlich bestallten Fremdenführer Abraham Bauer mit dem Auto abgeholt und zu Theos Einsatzort gebracht. Gelegentlich murrte ich ob des frühen Aufstehens, schließlich hatte ich doch Urlaub, aber kaum aus den Federn, war alle Müdigkeit verflogen, und ich freute mich auf die neuen Abenteuer. Und abenteuerlich war es in der Tat.

Israel ist so klein, dass man innerhalb eines Tages mit dem Auto von Tel Aviv bis zu jedem Teil der Landesgrenze und wieder zurückfahren kann. So machten wir jeden Tag eine andere Exkursion: nach Jerusalem, das gerade erst das Ende der Teilung erlebt hatte und sich in dem wiedervereinigten Zustand noch zurechtfinden musste; nach Jaffa, dem südlichsten Teil von Tel Aviv; entlang der Mittelmeerküste nach Haifa, wo Theo an der Universität vor einem überfüllten Auditorium begeisterter Studenten sprach; nach Hebron und Jericho, wo es die üppigsten dunkellila Bougainvilleen gab, die ich je über Steinmauern und Felsen habe wuchern sehen; und natürlich zur Allenby-Brücke mit dem täglichen kleinen Grenzverkehr der Palästinenser, die – im Gegensatz zu den Israelis – an diesem Übergang vom Westjordanland in das Königreich Jordanien passieren durften. Die alte Holzbrücke, 1918 errichtet, war nach ihrem Erbauer, dem britischen General Edmund Allenby benannt, dessen Namen man im Zusammenhang mit Lawrence von Arabien kennt. Längst gibt es dort die neue König-Hussein-Brücke aus Beton; das Gerippe der alten Brücke steht noch da, verfällt aber zusehends, denn niemand ist mehr an dem historischen Bauwerk interessiert.

Wir besuchten auch die Golanhöhen mit der von Israel im Sechstagekrieg besetzten syrischen Stadt Quneitra, ferner Tiberias am See Genezareth, Masada, die alte jüdische Festung am Toten Meer, und – besonders aufregend, da so kurz nach dem Krieg noch gefährlich – den Gazastreifen. Bei diesem Ausflug lag eine besondere Spannung in der Luft, aber nie im Leben habe ich mich irgendwo sicherer gefühlt als dort. Das lag an den schwer bewaffneten Soldaten, die uns in einer Kolonne von insgesamt drei offenen Jeeps begleiteten: Vier in einem Jeep vorneweg, dann wir beide mit einem Soldaten am Steuer und unserem Fremdenführer Abraham Bauer im mittleren Fahrzeug, und im Jeep hinter uns wiederum vier Soldaten, das Gewehr im Anschlag und allerlei Funkgerät am Leib – so etwas hatte ich noch nicht erlebt. Bei gleißender Sonne fuhren wir langsam in den Gazastreifen ein. Die Stadt Gaza gab es in heutiger Form noch nicht, die Reise ist ja bald fünfzig Jahre her. Wir besuchten ein Flüchtlingslager, rechteckige flache Lehmhütten ohne Fenster, ohne Strom, aber das war üblich in der Region, billig und schnell zu errichten, dunkel und kühl gegen die große Hitze und Sichtschutz vor neugierigen Blicken, besonders auf Frauen. Wir gingen die einzige breite Lehmstraße entlang, blickten über die mittelhohen Mauern, sahen keine Menschen, spürten aber, dass wir beobachtet wurden. Gelegentlich blieben wir einen Augenblick stehen, hörten von weither den Muezzin und dann ein Rascheln von Füßen und das Niederwerfen zum Gebet. Aber wir sahen nichts, nur hellgelben Lehm und ab und zu ein paar schwarz gekleidete, trotz des heißen, harten Sandes barfüßige, lockige, dunkelhäutige Kinder, die um die Ecken huschten und uns ebenso neugierig beäugten wie wir sie. Es war bedrückend und totenstill, fast wie im Film »Spiel mir das Lied vom Tod«. Selbst die sehr jungen Soldaten waren sichtlich beeindruckt, passten aber gut auf uns auf.

Nach der Rückkehr von unseren Wüstenfahrten durch felsige Berge und steinige Wadis kehrten wir immer im Hilton-Hotel ein, wo wir oben in der Bar den überwältigenden Ausblick und die schönsten und größten Gin Tonics unseres Lebens mit den saftigsten Oliven genossen, die unseren Salzhaushalt nach den schweißtreibenden Wüstentagen wieder ins Lot brachten. Das konnte unser bescheidenes Hotel nicht bieten, aber nach vollbrachtem Tagwerk erholten wir uns gern europäisch gepflegt und klimatisiert und erlebten, dass selbst in einem internationalen Hotel zum Brot keine Butter serviert wurde, weil nach den jüdischen Speisegesetzen »Fleischiges« und »Milchiges« nicht innerhalb einer Mahlzeit zusammen verzehrt werden darf.

Gaza war der stärkste Eindruck der Reise, nur übertroffen von dem Besuch bei General Ariel Scharon zu Hause, neben Mosche Dajan einer der Helden des Sechstagekrieges. Nach dem Krieg war Scharon 1969 Chef des »Südkommandos« der israelischen Streitkräfte geworden. Sein Regiment war in Be'er Scheva stationiert, die jungen Soldaten liebten und verehrten ihn, denn er gerierte sich wie einer von ihnen, schonte sich nicht und war ihnen ein Vorbild an Disziplin, Können und

Mut. Gelegentlich schnappte er sich kleine Elite-Trupps, ging nachts mit ihnen über die neue Grenze und übte grausame Vergeltung für jeden einzelnen israelischen Siedler, der von ägyptischen Freischärlern im Grenzgebiet ermordet worden war.

Scharon war damals dreiundvierzig Jahre alt und ein mächtiger Mann, sowohl in seiner Funktion als auch in seiner physischen Präsenz: ein großer, massiger Oberkörper, Bauch und Schenkel reinste Muskelpakete, Schulterbreite fünfzig Zentimeter, Stiefel, Koppel und überhaupt alles an ihm überdimensioniert. Ich würde ihn auf zwei bis drei Zentner schätzen, und wenn er sich mit schweren Schritten näherte, wackelte die Wand. Er nahm sich Zeit für Theo, versprach sich möglicherweise einen israelfreundlichen Artikel in der *Zeit* und lud uns zum Tee in sein Haus ein. In zweiter Ehe war er, wie es dort Brauch ist, mit der jüngeren Schwester seiner verstorbenen ersten Frau verheiratet und hatte zwei kleine Söhne mit ihr. Sie wurde Lily genannt, aber sie selbst und Scharon witzelten über ihren richtigen Namen Lilith, dem ja viele Bedeutungen zugeschrieben werden. Sogar über Liliths Rolle als Großmutter des Teufels in Grimms Märchen wussten sie Bescheid und amüsierten sich mit uns darüber.

Scharon fand Gefallen an Theo, die beiden Männer verstanden sich auf Anhieb, auch weil Theo als außenpolitischer Journalist ein kompetenter Gesprächspartner in militärischen Fragen war. Blitzartig organisierte Scharon für uns Flüge nach Eilat, der am südlichsten Zipfel Israels gelegenen, strategisch wichtigen Stadt am Golf von Akaba, die 1967 zum wiederholten Male durch Ägypten von den internationalen Seewegen abgeschnitten und damit zu einem der Auslöser des Sechstagekrieges geworden war, sowie nach Scharm El-Scheich an der südlichsten Spitze der riesigen Sinai-Halbinsel, die seit dem Krieg komplett unter israelischer Verwaltung stand.

Ich weiß nicht, ob es außer der Einöde, die wir als Scharm El-Scheich präsentiert bekamen, dort unten noch etwas mit diesem Namen gab. Wir jedenfalls landeten buchstäblich im Nirgendwo, wo es mitten in der Steinwüste außer einer Badestelle und einer mit Generatorstrom aufgepusteten und klimatisierten Tennisblase, bestückt mit langen Bierzelttischen, Bänken und einigen Kisten mit Getränken, nur ein paar Pärchen und Familien gab, die sich die Zeit mit Ballspielen vertrieben, ehe sie zum Schwimmen oder Tauchen ins Rote Meer stiegen. Das war seltsam und für mich schwer einzuordnen, aber der Stolz über die Eroberung des Sinai war wohl der eigentliche Grund, weshalb wir uns die gottverlassene Gegend dort unten überhaupt ansehen sollten.

Am Abend des nächsten Tages waren wir dann Scharons persönliche Gäste bei einem Truppenfest seiner Soldaten in Be'er Scheva, der sogenannten »Hauptstadt der Wüste Negev«, die damals überwiegend von französisch sprechenden marokkanischen Juden, zumeist dem Schneiderhandwerk entstammend, besiedelt war. Wir waren Ehrengäste bei einem bunten Abend in einem großen Saal mit Bühne und Vorhang und folgten staunend dem Programm, das die jungen Soldaten und Soldatinnen ganz allein erarbeitet und gestaltet hatten. Nach Scharons Tod im Januar 2014 erinnerte sich Theo in einem *Zeit*-Artikel an diese Begegnung: »Nach einem langen Fachgespräch lud er mich zu einem Festabend ein, den seine Truppe für ihn gab. Gesangs- und Tanzdarbietungen standen auf dem Programm, Kabaretteinlagen und fröhliche Sketche. Scharon, der Held von 1956 und 1967, wurde auf Schritt und Tritt bewundert, umjubelt, angehimmelt – nie vorher und nie nachher habe ich dergleichen Anbetung, ja Verzückung erlebt. Zum Schluss tanzte der bullige General wie wild mit seinen Soldatinnen.«

Das ist alles richtig, ich war ja dabei, nur hat Theo Sommer vergessen oder unterschlagen, dass Scharon die ganze Nacht fast nur mit *mir* getanzt hat. Ich trug ein hippiemäßig angehauchtes, zweiteiliges blaues Leinengewand: einen langen Wickelrock mit Patchwork-Volant und ein separates enges Oberteil, das, wie es damals Mode war, die Taille nicht bedeckte, sondern gelegentlich zarte Blicke auf nackte Haut gestattete. Und diese nackte Haut hatte es Scharon angetan. Er hielt mich fest im Arm, drückte mich an sich, dass mir fast die Luft wegblieb, wirbelte mich herum und kniff mir dabei wohlwollend in die Seite, wenn Theo nicht in der Nähe war. Merkwürdig, dass er mir mit seinen schweren Stiefeln nicht auf die Füße trat, aber trotz seines wuchtigen Körpers war er geschmeidig und einfühlsam. So ein Urviech von Mann ist mir seitdem nicht mehr untergekommen. Unter den Darstellern auf der Bühne waren große schauspielerische und musikalische Talente, und am Schluss ertönte aus Hunderten herrlich klingender Kehlen das hebräische Feierlied »Hava Nagila« – Lasset uns glücklich sein – mit seiner melancholischen, mitreißend sich steigernden, in einem wilden Wirbel endenden, ansteckenden Endlosmelodie.

Da in der Region gelegen, schloss sich für uns ein Abstecher nach Zypern an, wo für Theo ebenfalls offizielle Termine und Interviews anberaumt waren. Aber nie, niemals sollte man zuerst nach Israel und dann nach Zypern reisen, denn mit dem spannendsten Land der Welt, das Israel damals zweifellos war, konnte Zypern nicht mithalten. Wir schauten uns immer nur ungläubig an, wenn uns der zypriotische Tourismuschef die Vorzüge und Schönheiten der Insel nahebringen wollte – wir waren erfüllt von Israel, voreingenommen und kaum zu beeindrucken. Wir wohnten im »Ledra Palace« in Nikosia, wo sonst, und der Tourismuschef kam morgens ins Hotel, um uns abzuholen, aber nicht, ohne selber noch mit uns auf Kosten des Regierungsbudgets ausgiebig zu frühstücken, und das ging bei ihm nie ohne gegrillten Halloumi ab. Er schwärmte für diesen Schafskäse, eine zyprische Spezialität, um die man auf der Insel nicht herumkommt. Mitte März lag auf den blühenden Wiesen gelegentlich noch Schnee, die hohen Berge waren weiß und die Temperaturen recht frisch. Beim nächtlichen Anflug auf Nikosia musste der Pilot im Sturzflug zur Landung ansetzen, so eng und kurz war die berüchtigte Landebahn.

Das elegante Hotel, in dem »man« abstieg, wirkte auf der damals noch ungeteilten Insel wie eine britische Enklave. Viele ehemalige Offiziere verlebten dort ihren Ruhestand und sorgten für eine typisch britische, damals schon leicht verstaubte, nostalgische Atmosphäre. Um die verfeindeten Griechen und Türken auseinanderzuhalten, war seit 1964 eine Friedenstruppe der Vereinten Nationen auf Zypern stationiert, und Blauhelme übten an Straßenposten die Kontrolle aus. Bei einer großen Prozession sahen wir noch Präsident Makarios in seinem beeindruckenden Ornat, drei Jahre später wurde er gestürzt.

Wieder in Hamburg, gab es für mich kaum mehr einen Unterschied zwischen Arbeits- und Privatleben. Ich ging in meiner Arbeit auf, fühlte mich in dieser exklusiven Welt von *Spiegel* und *Zeit* wohl, nahm sie ernst und wollte meine »Öberen« nicht enttäuschen. Ich glaube nicht, dass es in der heutigen Arbeitswelt, wo Chefs und Chefinnen ihren eigenen Computer auf dem Schreibtisch haben und vieles selbst erledigen, immer noch so ist, aber in den Sechziger- und Siebzigerjahren waren wir Sekretärinnen, jedenfalls bei der Presse, sehr viel mehr als reine Arbeitskräfte. Wir waren Vertraute, auf die man sich hundertprozentig verlassen konnte, wir dachten und fühlten mit, waren fleißig, umsichtig und voller Empathie, teilten das Wichtigste mit denen, für die wir arbeiteten: ihre wertvolle

Lebenszeit, die Zeit, in der sie aktiv waren und kreativ, ihr Geld und/oder ihren Ruhm verdienten, was ja nicht unbedingt immer das Gleiche ist. Meine Lebenszeit jedenfalls verschmolz mit der Arbeit, ich nahm diese und mich selbst sehr wichtig, empfand keinen Mangel an Privatleben, sondern fühlte mich erfüllt und an Erlebtem reich.

Das Buch, das Rudolf Augstein mir komplett und über Monate ins Stenogramm diktierte, trägt den Titel »Jesus Menschensohn« und erschien im Oktober 1972 zur Frankfurter Buchmesse, mitten im Wahlkampf zur Bundestagswahl. Die im Falle Augstein vollkommen unerotischen Sitzungen mit dem Block auf dem Schoß hatten schon 1971 begonnen, und mir gefiel die erste, unredigierte, mit Schwung von der Handschrift heruntendiktierte Fassung viel besser als das, was dann am Ende publiziert wurde, nachdem das Manuskript die *Spiegel*-Dokumentation durchlaufen hatte und insbesondere von Augsteins Lieblingsdokumentar, dem kleinen Herrn Wüste, vorsichtig, aber akribisch-bestimmt zerpflückt und wieder zusammengesetzt worden war.

Worum ging es Augstein in seinem Jesus-Buch? Eine Biografie ist es nicht. Augstein korrespondierte und sprach damals viel mit dem Schweizer Theologen Hans Küng, einem der bekanntesten und damals umstrittensten Kirchenkritiker. Laut Klappentext wollte Augstein nicht nur die Existenz von Jesus kritisch hinterfragen, sondern untersuchen, »mit welchem Recht sich die christlichen Kirchen auf einen Jesus berufen, den es nicht gibt, auf Lehren, die er nicht gelehrt, auf eine Vollmacht, die er nicht erteilt, und auf eine Gottesbotschaft, die er nicht beansprucht hat«. »Der süßen Heide, Rudolf« schrieb er mir am 27. November 1972, acht Tage, nachdem er tatsächlich in den Bundestag gewählt worden war, mit seiner steilen, aber schönsten Sütterlinschrift, richtig gut lesbar und mit Füller, in mein Exemplar. Irgendwann werde ich es machen wie Raddatz mit seiner Widmungsbibliothek: alles über einen liebevoll engagierten Antiquar verkaufen.

1972 war überhaupt ein dolles Jahr und voller Dramatik, auch für mich. Nicht nur, dass es am 5. September während der Olympischen Spiele in München den tödlichen Angriff der palästinensischen Terrororganisation »Schwarzer September« auf die israelische Olympia-Mannschaft gab, Heinrich Böll den Nobelpreis für Literatur erhielt, am 19. November die vorgezogene Bundestagswahl stattfand, Augstein sich auf einem Listenplatz der FDP im Wahlkreis von Rainer Barzel für den Bundestag bewarb und mitten im Wahlkampf sein Jesus-Buch herauskam – nein, Sabine Schappien und ich waren auch ganz überstürzt seine Trauzeuginnen geworden. Endlich war die Scheidung von Maria Carlsson durch, und Augstein musste schon allein wegen des Wahlkampfes im rabenschwarzen Paderborner Ländle noch rasch das Fräulein Stelly heiraten, das nämlich schwanger war. In Paderborn, dem sicheren Wahlkreis von Barzel, dem Kronprinzen der CDU ein paar Stimmen abzujagen, das war eigentlich – Augstein hatte ja nur einen der hinteren Listenplätze – von vornherein zum Scheitern verurteilt. Und dann auch noch unverheiratet in Sünde zu leben und sich mit seiner ledigen, schwangeren Lebensgefährtin dem Wahlvolk zu präsentieren, das hätte dem Fass den Boden ausgeschlagen.

Also sagte meine Kollegin Sabine eines Morgens, als ich mehr tot als lebendig mit einer dicken Halsentzündung grantig, unleidlich und richtig krank ins Büro kam: »Gar nicht erst den Mantel ausziehen, wir fahren an die Elbe.« Ich hatte keine Ahnung, was los war. Otto Förster, der Fuhrparkleiter, lud uns in seinen privaten Peugeot ein, der im Wahlkampf noch eine wichtige Rolle spielen sollte, und chauffierte uns – nicht zu Augsteins Villa in der Elbhöhe, sondern direkt zum Blankeneser Rathaus, wo wir eine Stunde später alle zusammen in einem dunkel getäfelten Ratsherrenzimmer vor dem Standesbeamten saßen und Sabine und ich für Rudolf Augstein und Gisela Stelly die Trauzeugen machten. Fünf Jahre später, als ich schon Mutter meiner beiden kleinen Söhne war und Theo Sommer und ich endlich heiraten konnten, bat ich dann meinerseits Augstein, mein Trauzeuge zu sein. Das wollte er gerne, warnte mich aber eindringlich: Alle Ehen, die er bezeugt habe, außer der von Horst Ehmke, seien gescheitert. Ich blieb trotzdem bei meiner Wahl und bereute das auch nicht, als ich mich tatsächlich von Theo trennte und wir uns Jahre später scheiden ließen.

Und noch ein außergewöhnliches Erlebnis hielt dieses Jahr 1972 für mich bereit. Warum, weshalb, wieso, ich habe keine Ahnung. Jedenfalls spazierte ich am 7. Juni jenes Jahres, es war ein ganz normaler sommerlich-schöner Mittwoch, in meiner Mittagspause zu Fuß vom Verlag Richtung Jungfernstieg und hielt, wie öfter mal, bei Prange nach Bally-Schuhen und in der Boutique Linette nach Kleidchen Ausschau. In der Boutique war es ruhig und leer, ein schöner Moment, um wieder einmal die Kleiderbügel leise quietschend hin und her zu bewegen. Außer mir war nur eine etwas ungepflegt und verhuscht wirkende, sehr schmale, blasse junge Frau mit verstrubbelten Haaren im Laden, die ihre Wahl wohl schon getroffen hatte und Anstalten machte zu bezahlen. Sie öffnete ihre dürftige, flache Handtasche, und sowohl die Verkäuferin als auch ich sahen darin außer einem schmalen Portemonnaie für einen kurzen Moment eine schwarze Pistole blinken. Da sah ich mir die seltsame Frau noch einmal genauer an und erkannte sie sofort: Es war Gudrun Ensslin.

Die Verkäuferin schöpfte Verdacht und reagierte geistesgegenwärtig. Sie verschwand, angeblich um die Wechselgeldkasse zu holen, hinter einem Vorhang, der den Verkaufsraum von den Anprobe- und Lagerräumen trennte. Dort rief sie mit leiser Stimme die Polizei, während Ensslin, weiterhin in die Mode vertieft, irgendwie abwesend wirkte. Die Situation blieb ganz entspannt, Gudrun Ensslin hatte offenbar nichts bemerkt. Mir wurde indes mulmig, ich spürte plötzlich die Gefahr, empfand sie körperlich, und mein Instinkt sagte mir: raus hier. Und da außer mir und der Verkäuferin, die ich in Sicherheit hoffte, niemand sonst im Laden war, ging ich unauffällig, aber zielsicher hinaus auf den Gehweg und zurück zum *Spiegel*-Haus. Als ich etwa bei der Petrikirche war, hörte ich schon die Sirenen der Peterwagen näherkommen.

Im Büro angekommen, noch etwas außer Atem, bat ich Sabine, doch bitte mal das Radio einzuschalten, und tatsächlich kam die Meldung schon durch: RAF-Terroristin Ensslin in Hamburg am Jungfernstieg gefasst. In einer NDR-Rundfunkreportage von Janine Kühl anlässlich des vierzigsten Jahrestages der Festnahme heißt es dazu: »Über die Gründe für Ensslins ungewöhnliche Unvorsichtigkeit ist viel spekuliert worden. Bis heute gibt es Stimmen, die behaupten, dass die Germanistikstudentin ihre Festnahme provoziert habe. ... Polizist Millhahn ist jedoch der Ansicht, dass die 31-Jährige überrascht wurde. ›Spekulationen, die sagen, dass Frau Ensslin sich absichtlich unvorsichtig verhalten habe, um ihre Festnahme zu provozieren, halte ich für gewagt.‹ Auch eine geheime Botschaft aus der Haft an Ulrike Meinhof spricht für die zufällige Festnahme. Hierin schreibt Ensslin, sie hätte sich erkannt gefühlt und deswegen neue Kleidung kaufen wollen. ›Dann in dem Laden hab' ich nur noch Scheiße im Gehirn gehabt, erregt, verschwitzt ... Ging auch irre schnell, sonst wäre jetzt eine Verkäuferin tot (Geisel), ich und vielleicht zwei Bullen ...‹« Wie leicht hätte die Situation brenzlig werden und eskalieren können! Wieder einmal Glück gehabt – weil ich meinem Instinkt gefolgt bin.

Die RAF hatte inzwischen auch Augstein als eine der einflussreichsten und exponiertesten Persönlichkeiten der Bundesrepublik ins Visier genommen. Das war erwartet worden, kam dann aber doch überraschend. Es war erschreckend, als die *Bild*-Zeitung und nach ihr alle anderen Tageszeitungen mit Riesenschlagzeilen aufmachten: Rudolf Augstein soll entführt und auf einer Müllhalde verbrannt werden. Wochenlang hatte ich Albträume, in denen ich die grausame Tat wie in einem Hollywood-Film vor meinem inneren Auge ablaufen sah. Die Gefahr war akut und konkret, und sofort wurden Vorkehrungen getroffen: Im Foyer des Verlagshauses wurden Sicherheitsbeamte postiert, Besucher mussten sich ausweisen und wurden mit Laufzetteln versehen, auf denen Name, Datum, Uhrzeit und der Name des zu besuchenden Mitarbeiters notiert wurden. Dann wurde dieser angerufen, der Besucher avisiert und im Fahrstuhl nach oben geschickt.

Da man vom Fahrstuhl in der elften Etage über die bereits erwähnte weiße Marmortreppe ohne Absperrung und unbehelligt ins Sekretariat Augstein gelangen und somit auch zu ihm selbst vordringen konnte, wurde im Vorraum eine Wand aus Panzerglas mit Videoüberwachung und einer Sicherheitstür eingebaut. Diese Tür konnten wir per Knopfdruck von unseren Schreibtischen aus öffnen, wenn wir per Bildübertragung sahen, wer Einlass begehrte, und zusätzlich noch Sprechkontakt aufgenommen hatten. Innerhalb unserer Räumlichkeiten aber blieb es angenehm schrankenlos, frei und entspannt.

Ab sofort durfte Augstein seinen stadtbekannten Cadillac nicht mehr benutzen und wurde in verschiedenen Fahrzeugen, meistens aber im Wagen seines Fahrers Fiete Schleede, chauffiert. Nach langen Beratungen wurde entschieden, dass er im Wahlkampf, der inzwischen begonnen hatte, den alten, unauffälligen privaten Peugeot des Fuhrparkleiters Otto Förster benutzen sollte. Der Wagen war weinrot, ich glaube ein

Coupé, also ein ganz alltägliches Gefährt. Darin war Augstein sicher, denn niemand vermutete ihn in so einer bescheidenen Kutsche. Natürlich fuhr er nicht selbst, sondern Otto Förster gehörte nun auch zu unserem Trupp.

Mit Augstein im Wahlkampf

Rudolf Augstein hatte sich mit einer Crew von Mitarbeitern in den Wahlkampf nach Paderborn begeben, darunter auch Karla Fohrbeck und Andreas Wiesand vom *Spiegel*-Institut, die ihn völlig falsch, man könnte sagen: »artfremd«, verkauften. Statt ihn als intellektuelle Verlegerpersönlichkeit herauszustellen, ließ man ihn, wohl auch auf Wunsch der örtlichen FDP-Leute, agitieren, an Ständen auf Marktplätzen unter blau-gelben Sonnenschirmen diskutieren, Flyer an Passanten verteilen, die diese gar nicht haben wollten, laute Reden schwingen – alles, was Augstein nicht gerne tat und auch nicht gut konnte, dazu war er viel zu gehemmt und befangen. Bei Podiumsdiskussionen saß er, der Spitzenkandidat, der immerhin gegen Barzel antrat, abgeschlagen ganz außen, versagte kläglich, weil er die »Freiburger Thesen«, das neue Grundsatzprogramm der FDP, nicht gelesen hatte.

Auch ein Film mit dem Titel »Einige Tage im Leben des Rudolf Augstein« von dem hervorragenden Dokumentarfilmer Wilhelm Bittorf, der zudem ein Herzensfreund von Augstein war, half nicht, das unbeholfene Image zu reparieren, das im schwärzesten aller schwarzen Wahlkreise Westdeutschlands drohte, die ganze Sache zum Scheitern zu bringen. Man wollte ihn aber behalten, weil er viel Geld in seinen Wahlkampf investierte und man sich Einfluss von ihm versprach. Man wollte ihn verbiegen, aus ihm einen volksnahen Selbstdarsteller, eine Art Volkstribun machen, jagte ihn mit schwarz-weiß gekleideten Nonnen zu schwarz-weißen Kühen auf die grüne Wiese, wo er sich unter Stacheldraht hindurchbücken musste – man möge mir verzeihen, wenn ich das hier falsch wiedergebe, aber ich habe diesen Film nur ein einziges Mal, zusammen mit Augstein, Bittorf, Fohrbeck, Wiesand und Kollegen, gesehen und nur noch diese Bilder im Kopf.

Und genau deshalb, weil er sich nämlich falsch präsentiert fühlte, rief Augstein mich eines Samstagnachmittags zu Hause an und riss mich unsanft aus meinem Mittagsschlaf. »Heidäh«, sagte er in seiner gedehnt trockenen Art, die keinen Widerspruch duldete, »ich glaube, du musst jetzt mal drei Wochen verreisen.« Er sagte nicht »mit mir« und sagte auch nichts von Wahlkampf, sondern ging davon aus, dass ich sofort wusste, was er meinte. Und da hatte er ja auch recht, wir verstanden uns ohne viele Worte, manchmal sogar per geistiger Osmose durch die Mooreichenwand im Büro. Stundenlang blieb die Tür zu seinem Zimmer zu, und wenn er dann leise und bescheiden herauskam, wusste ich immer genau, was er wollte. Ich konnte durch die Wand hindurch spüren, welche Probleme er wälzte, woran er dachte. Es wurde viel verlangt, aber es war ein stilles, feines Arbeiten.

Mit »Verreisen« war gemeint, dass ich nun statt Wiesand und Fohrbeck, die er nach Hause schickte, mit ihm auf Wahlkampftour gehen, seinen Tross organisieren und ihm beistehen sollte. Aber wie sollte ich das Theo Sommer beibringen? Der war zwar selber ständig auf Achse, flog in der ganzen Welt herum, blieb oft mehrere Wochen am Stück weg, für ihn das Selbstverständlichste von der Welt. Doch als ich ihm mitteilte, dass ich mit Augstein auf Wahlkampfreise gehen würde, verlor er die Nerven. Eifersucht? Gekränkte Eitelkeit? Auf dem Heimweg im Auto brüllte er los: »Ja und? Wer brät mir dann mein Steak?« Ich dachte nur »Arschloch« und war mir meiner selbstverständlichen Sache ganz sicher: Gleiches Recht für alle. Diese Krise konnten wir noch meistern, aber ein erster großer Schatten war auf unsere Beziehung gefallen, jedenfalls bei mir.

Doch nun auf nach Paderborn! Nie werde ich die zauberhaften Novemberwochen jenes Jahres vergessen, das Wetter war freundlich und sonnig, eher wie Anfang September denn Mitte November. Die Färbung der Blätter an den herbstlichen Bäumen in der lieblichen, hügeligen Landschaft war berückend, die Sonne ließ die Tautropfen an den langen Spinnenfäden wie Diamanten glitzern, es war ein echter, wenn auch später Altweibersommer.

Augstein war in seiner Rolle als Wahlkämpfer hilflos, fühlte sich allein und überfordert, und das war er ja auch: Zum ersten Mal ohne die *Spiegel*-Dokumentation im Hintergrund, ohne seine »Hiwis«, die ihm für seine Wahlkampfreden die notwendigen Spickzettel zusteckten – so konnte das nichts werden. Da ich mit der Organisation von Terminen, Fahrern, Unterkünften und der Kommunikation zwischen Presse und Parteileuten vor Ort, der Bundespartei und der persönlichen Wahlkampfzentrale im Hamburger *Spiegel*-Haus genug zu tun hatte, schlug ich Augstein vor, doch meinen promovierten Bruder gleich mit zu engagieren, der ihm während der Podiumsdiskussionen, Fragestunden und Interviews zuarbeiten und die nötigen Stichworte liefern sollte. Das klappte prima, und mein Bruder Friedemann Grenz versah nicht nur die »Freiburger Thesen« mit Anmerkungen, sondern sicherheitshalber auch gleich das Godesberger Programm der SPD, auf das man ja bestimmt zu sprechen kommen würde.

Anhand der Manuskripte seiner Reden, die ich in zweierlei handschriftlichen Versionen (Sütterlin und unbeholfener, auch für andere lesbarer Druckschrift) sowie im von mir abgetippten Zustand nunmehr bald fünfzig Jahre von Umzug zu Umzug mit mir herumschleppe und kürzlich wiederfand, kann ich nachvollziehen, was Augstein damals gesagt hat und wo überall er außer in Paderborn aufgetreten ist: in Hannover, Hattingen, Göttingen, Borchen (Kreis Paderborn), Rheda-

Wiedenbrück, Leer in Ostfriesland und sicherlich noch einigen anderen Orten.

In Paderborn war im besten Haus am Platze für das frischvermählte Ehepaar Augstein längst eine Suite reserviert, die sich nun, als ich mit meinem Mietwagen vorausfuhr, um Quartier zu machen, als schlichtes Doppelzimmer entpuppte, immerhin mit Bad. Paderborn war Kreisstadt, hatte damals gut einhunderttausend mehrheitlich katholische Einwohner, das Hotel war entsprechend klein und relativ bescheiden. »Guten Tag, ich gehöre zum Wahlkampftrupp Augstein und wollte mal schauen, ob das Zimmer schon fertig ist«, sagte ich um zwölf Uhr erwartungsvoll am Empfang. »Ach, das dauert noch ein bissel, der Herr Barzel ist ja eben erst abgereist und wir müssen noch die Betten neu beziehen.« Donnerwetter, dachte ich. Das Bett noch warm, die Wanne noch nicht geschrubbt, und da sollte mein kleiner Rudolf mit seiner Gisela nun in die Kissen springen? Makaber.

In Rheda-Wiedenbrück war offenbar Hans-Dietrich Genscher, damals Bundesinnenminister, zu Augsteins Unterstützung in den Wahlkreis gekommen, und Augstein begrüßte ihn auf einer Veranstaltung mit folgenden Worten:

> Lieber Hans-Dietrich Genscher, wir heißen Sie hier in Rheda-Wiedenbrück willkommen. Ihre Begleiter und vielleicht sogar Sie selbst werden unterwegs gemerkt haben, wie dringend Rheda-Wiedenbrück eine Umgehungsstraße benötigt. Dass Sie in der nächsten Bundesregierung nicht Verkehrsminister sein werden, wissen wir, und so wird es Aufgabe der Bundestagsabgeordneten dieser Region sein, die örtlichen Probleme in Bonn und Düsseldorf zur Sprache zu bringen und aktiv voranzutreiben.
>
> Liebe Mitbürger, Sie werden schon bemerkt haben, dass derzeitig ein Wahlkampf des groben Pinsels stattfin-

det. Vor Ihnen werden Schreckensgemälde an die Wand gemalt wie in der Geisterbahn auf dem Schützenfest. Rainer Barzel hat hier bei uns im Wahlkreis behauptet, die CDU/CSU müsse, wenn sie erst die Wahl gewonnen hätte, einen Saustall übernehmen. Nun, wir wollen ihr diese harte Aufgabe ersparen. Barzel und Strauß sorgen sich umsonst, sie müssen gar nicht Kanzler werden, und uns lässt das Rätseln ganz kalt, wer von beiden der Ober-, Unter-, Neben- oder Schattenkanzler sein wird. Unser Schicksal ist bei dieser Bundesregierung, die von Willy Brandt und Walter Scheel geführt wird, und namentlich bei den Ministern der FDP, in besseren Händen. Ich gebe zu, Willy Brandt hätte es leichter, wenn er mehr Minister von der FDP in seinem Kabinett hätte als derzeit. ...

Tja – was soll man dazu sagen? Nett? Naiv? Zu brav? Das Agitieren lag Augstein nicht, aber die Zeiten und Probleme waren auch völlig andere als heute. Außer Genscher kam auch der damalige FDP-Landwirtschaftsminister Josef Ertl nach Paderborn, um dem Kandidaten Augstein unter die Arme zu greifen. Der SPD-Wählerinitiative nachempfunden war eine FDP-Initiative »Blaues Dreieck«, die mit einer Art Pop-Show, moderiert von dem damals höchst angesagten, beliebten NDR- und »Studio B«-Moderator Henning Venske, im Zelt durch die Lande tingelte. Dieses Zelt und sämtliche kleinen und größeren Maschinen auf dem Flugplatz Paderborn wurden eines Morgens von einem Orkan zerstört. Da ging dann erst einmal gar nichts mehr. Augstein war nicht betroffen, und so hatten wir einen Tag Ruhe und Zeit für Interviews, was auch kein Fehler war. Will Tremper, dieser schlitzohrige, als gefährlich und hinterfotzig verschriene Reporter des Axel-Springer-Verlags, hatte uns in Paderborn aufgespürt, war sofort zur Stelle und versuchte sein Glück für die *Bild*-Zeitung, bekam aber Augstein nicht zu Gesicht. Während ich ihn höflich abwimmelte, war ich – schwupps – schon selber in ein Gespräch verwickelt und ärgerte mich hinterher schwarz, dass mir das mit dem Peugeot herausgerutscht war. Prompt machte *Bild* am nächsten Tag mit einer entsprechenden Riesenschlagzeile auf. Obwohl ich in dem Artikel genannt wurde, gab es zum Glück keinen Ärger. Mein Schreck war wohl größer als mein Fauxpas, aber eine Lehre war es mir doch.

Mit Henning Venske, den ich damals in Paderborn kennenlernte, bin ich bis heute unverbrüchlich befreundet. Auch wenn wir uns selten sehen, mögen wir uns sehr und lachen immer noch darüber, wie ich ihn einmal, als Theo verreist war, in unsere Wohnung in Volksdorf einlud. Zwei tolle Pfeffersteaks wollte ich servieren, aber dazu kam es nicht, denn Henning hatte seinen rabenschwarzen zotteligen Hund dabei, den er in Erinnerung an den Wahlkampf »Barzel« genannt hatte. Barzel war, während wir uns unterhielten und gewisse Befangenheiten überwinden mussten, plötzlich ganz still, und als wir nach ihm schauten, hatte er in der Küche heimlich, still und leise die beiden vorbereiteten, dick mit körnigem Pfeffer eingeriebenen Filetsteaks vom Tisch geholt und verschlungen. Uns blieben nur Wein und Knäckebrot und die Erinnerung an ein wahnsinnig komisches Erlebnis, und heute noch wundere ich mich, dass der Hund diesen vielen Pfeffer anstandslos vertrug.

In seiner Heimatstadt Hannover wurde Augstein am 8. November 1972 sogar emotional: »Meine Damen und Herren, liebe Freunde! Kreiden Sie es mir bitte nicht als Sentimentalität an, wenn ich Ihnen sage, dass ich mich freue, in Hannover zu sein, meiner Geburtsstadt, in der Geburtsstadt des *Spiegel*.« Um dann zum Schluss mit ein wenig Selbstironie auf seinen Lieblingsgegner Franz Josef Strauß zu sprechen zu kommen:

Wer von Ihnen regelmäßig die ›Welt am Sonntag‹ liest, weiß, dass ich eine dünne Rabenstimme habe und, im Gegensatz zu dem Vollblutpolitiker Strauß, ein Schreibtischpolitiker bin; nebenbei bemerkt, der Schreibtisch, an dem ich angefangen habe, hier in dieser Stadt, war der des Heidedichters Hermann Löns, der wie ich Lokalredakteur am ›Hannoverschen Anzeiger‹ gewesen ist. Wie Sie wohl ahnen, habe ich zu diesem Franz Josef Strauß immer noch ein zärtlich-inniges Verhältnis. Aber lassen Sie dieses Vollblut, das von jeder Schießerei fast magisch angezogen wird, mal auf die innere Sicherheit los, dann haben Sie nicht mehr, sondern weniger Sicherheit. Machen Sie nur, wie Barzel das vorhat, den Hessen-Dregger, einen Hau-den-Lukas-Sheriff, anstelle unseres liberalen Hans-Dietrich Genscher zum Bundesinnenminister: Dann haben Sie nicht mehr, sondern weniger Sicherheit!

Diese Hannoveraner Rede war schon munterer, agitatorischer, wirkungsvoller als die Reden zuvor – der Kandidat hatte etwas dazugelernt.

Ich selbst habe damals in Hamburg auch eine große Wahlveranstaltung mit Franz Josef Strauß besucht. Das bayerische Urviech einmal brüllend und schweißtriefend in Aktion zu sehen, war mir den Aufwand wert. Zu einem *Spiegel*-Interview mit Strauß im Hamburger Hotel Atlantic hatte Augstein mich zuvor schon mitgenommen, um die Tonbandaufnahmen zu machen. Man frage mich bitte nicht, worum es damals ging – ich war so auf die Technik und das Gelingen der Aufnahme konzentriert, dass ich an den Inhalt des Interviews keinerlei Erinnerung habe.

Nun also Bonn. Nach der erfolgreichen Wahl am 19. November 1972 war Augsteins Hamburger *Spiegel*-Büro leer, er war wild entschlossen, tatsächlich und ernsthaft im Bundestag mitzuarbeiten. Doch nicht als Hinterbänkler im Auswärtigen Ausschuss! Er hatte sich einen besseren, einen Exekutivposten in seiner Partei vorgestellt und wollte Fraktionsvorsitzender werden. Laut Günter Gaus, der bei einem Geheimtreffen zwischen Augstein und dem damaligem FDP-Chef und Außenminister Walter Scheel in dessen Sommerfrische in Salzburg anwesend war, antwortete Scheel diesem willkommenen Kandidaten, »der für seinen Wahlkampf weniger Geld aus der Parteikasse erwartete«, als er mitbrachte, das werde nicht einfach sein: »Dennoch, wir kriegen das hin.« Aber sie kriegten es nicht hin. Augsteins Platz auf der Landesliste der FDP gab das nicht her, weshalb sein Gastspiel auf der Bonner Bühne nur ein kurzes wurde. In der *Zeit* vom 19. Januar 1973 war zu lesen: »Der FDP-Bundestagsabgeordnete und bisher beurlaubte *Spiegel*-Herausgeber Rudolf Augstein ist mit der Parteiführung übereingekommen, sein Mandat niederzulegen. Der 49-jährige Publizist wird stattdessen nach Hamburg zurückkehren und zum 1. April in die Chefredaktion seines Blattes eintreten. Anlass für das überraschend schnelle Ende der angestrebten politischen Karriere ist der Entschluss des *Spiegel*-Chefredakteurs Günter Gaus (43), ein politisches Amt zu übernehmen. Aus Regierungskreisen verlautete, dass seine Ernennung als Bonner Beauftragter bei der DDR geplant sei. Augstein behauptet, mit Rücksicht auf das Nachrichtenmagazin zurückzugehen.«

Mit »Rücksicht« auf das Nachrichtenmagazin – ja, aber auch aus Rücksicht auf sich selbst. Weil er keinen prominenten Platz in seiner Fraktion erhielt, hatte Augstein keine Lust mehr auf den Job und wollte in sein sicheres Nest beim *Spiegel* zurückkehren. Aber was sollte mit Günter Gaus geschehen? Für ihn musste eine neue Aufgabe gesucht werden, und diese fand sich ziemlich rasch und wunschgemäß tatsächlich in der Politik: Ab 1973 war er Staatssekretär im Bundeskanzleramt, ab 1974 erster »Leiter der Ständigen Vertretung der Bundesrepublik Deutschland bei der DDR« – so hieß das Ungetüm – in Ostberlin. »Botschafter« oder »Botschaft« durfte man Position und Einrichtung nicht nennen, denn die Bundesregierung achtete strikt darauf, die DDR als Staat auch verbal nicht anzuerkennen. Doch inoffiziell hatte Gaus den Status eines Botschafters und wurde am 20. Juni 1974 mit militärischen Ehren und westdeutscher Nationalhymne in Ostberlin willkommen geheißen. Er liebte diesen Posten und war von da an sieben Jahre lang unser »beständiger Ständiger Vertreter«, wie liebevoll gewitzelt wurde. Sein DDR-Gegenpart in Bonn war Michael Kohl.

Wie zu allen meinen »Verflossenen« hielt ich auch zu Günter Gaus weiterhin Kontakt und tippte nach seinem Rückzug aus Ostberlin 1981 gelegentlich für ihn Reden, Artikel, Aufsätze direkt in die Maschine. Er kam dann mit dem Auto von Reinbek, wo er wohnte, nach Klein Borstel gefahren und wanderte in meinem Arbeitszimmer genauso auf und ab wie einst beim *Spiegel*-Diktat. Immer wieder gab er zu erkennen, was er in seinem nunmehr freien Journalisten- und Schriftstellerdasein am meisten vermisste: die Logistik, die ein großes Haus wie der *Spiegel* bietet, den Mitarbeiterstab, das Sekretariat mit Terminüberwachung, Telefon und Posterledigung und nicht zuletzt die Verifizierung durch eine Dokumentation. Man bedenke, es war vor dem Zeitalter des Internets und der Suchmaschinen. So verwechselte Hellmuth Karasek – nur als typisches Beispiel – in seinem Bestseller »Mein Kino. Die 100 schönsten Filme« (1994) im Kapitel über »Citizen Kane« von Orson Welles sämtliche Rollennamen mit denen der Schauspieler und verballhornte obendrein die wenigen richtigen Namen durch falsche Schreibweisen. Da ich gerade das Buch mit Gesprächen zwischen Orson Welles und Peter Bogdanovich übersetzt und mir für diese Arbeit den Film »Citizen Kane« in Deutsch und Englisch, damals noch auf VHS, zigmal angesehen hatte, bemerkte ich die Fehler sofort und schrieb Karasek einen Brief dazu. Er hatte die Dokumentation des *Spiegel*, bei dem er damals noch tätig war, privat nicht in Anspruch nehmen können oder wollen und vermisste diesen Rückhalt ebenfalls schmerzlich.

Der Zufall wollte es, dass ich im Jahre 2003 selber noch ein letztes Mal zu Günter Gaus nach Reinbek fuhr, als er schon schwer krebskrank war. Dort gab es einen kleinen Computer, an dem seine Frau gelegentlich für ihn tippte, aber vor allem Computerspiele spielte, in die sie vernarrt war. Aber für diesen Tag überließ sie mir ihren Platz, und Gaus diktierte mir das letzte Kapitel seines – von seiner Tochter Bettina Gaus im Nachwort, da unvollendet geblieben, als Fragment bezeichneten – Erinnerungsbuches. Und siehe da, es behandelte seine Zeit als Chefredakteur des *Spiegel*, also einen Teil der Zeit, die wir gemeinsam dort verbracht hatten. Auch seinen schweren Reitunfall erwähnt er dort, der ihn um ein Haar an den Rollstuhl gefesselt hätte. Ja, sein Pferd und Pferde überhaupt waren seine große Leidenschaft, und als die Krebserkrankung ihm das Reiten unmöglich machte, fuhr er trotzdem noch jeden Samstag zu seinen Reiterfreunden und den Pferden in den Stall.

Günter Gaus starb dann mit vierundsiebzig Jahren am 14. Mai 2004, vier Wochen nach einer schweren Operation. Er hatte die Wahl gehabt, langsam zu vergehen, sprich schmerzfrei zu verhungern, oder doch die Operation zu wagen. Wir sprachen noch darüber, wobei ich dafür plädierte, sich nicht operieren zu lassen. Aber er wählte die Operation, und das entsprach ihm sehr. Er hatte nicht die Nerven, nicht das Vertrauen in Ärzte, Arzneien und nicht zuletzt in sich selbst, die ihm noch verbleibende Zeit durchzustehen. Er starb im Krankenhaus, wie mir seine Frau Erika nach einem abendlichen Besuch bei ihm berichtete, gerade nachdem sich zum ersten Mal ein Silberstreif am Horizont gezeigt habe und sie beide über eine bald möglich erscheinende Entlassung nach Hause gesprochen hätten. Aber wie so oft beim ersten Hoffnungsschimmer, war eine Rückkehr ins Leben nicht mehr gegeben. Als Erika Gaus von ihrem Besuch nach Hause kam, klingelte das Telefon, und das Krankenhaus teilte ihr mit, dass ihr Mann soeben, noch glücklich und erfüllt von ihrem Besuch und in dem Moment völlig unerwartet, entschlafen sei.

Das Schönste, das mir von Günter Gaus geblieben ist, sind ein kleiner, feiner, mir handschriftlich gewidmeter Sonderdruck seines Essays »Zweifel und Erinnerung«, auf den er sehr stolz war, und seine Fernsehinterviews. Aber auch über seine verschämt-flüchtigen Nackenstreicheleien muss ich gelegentlich immer noch schmunzeln, und seine schmale Stimme und den s-pitzen S-tein, über den der gebürtige Braunschweiger beim Sprechen stets viel stärker stolperte als Helmut und Loki Schmidt zusammen, habe ich noch im Ohr.

Nach dem kurzen Ausflug Rudolf Augsteins in die Politik ging in unserem *Spiegel*-Büro alles wieder seinen Gang. Im Sommer 1973 wurde dann Julian Augstein geboren, das »Paderborner Wahlkampfbaby« von Augstein und Stelly. Gisela war so nett, mir ihre wunderschöne Schwangerschaftsgarderobe zu leihen, denn bei mir hatte sich inzwischen auch etwas angekündigt. Theo und ich waren sehr glücklich, lebten in Volksdorf zusammen und freuten uns, immer noch unverheiratet, auf unser erstes Kind.

Bei Augstein im Büro gingen viele Freunde aus und ein, Fotografinnen wie Digne Meller Marcovicz oder die wunderhübsche Sigrid Rothe, die aufregende Fotos von Theo und mir machte, ganz freizügig und mit nacktem Babybauch, damals unerhört und sehr gewagt. Ferner die Journalistin und Buchautorin Monika Sperr, die sich tragisch mit dreiundvierzig Jahren das Leben nahm, und auch Alice Schwarzer kam und antichambrierte bei uns im Vorzimmer, bis Augstein ihr, manchmal nach Stunden, die Tür zu seinem Reich öffnete. Was die beiden wohl damals ausgekungelt haben! Sie lebte als freie politische Korrespondentin in Paris, führte viel beachtete Interviews mit Jean-Paul Sartre und Simone de Beauvoir und fing gerade an, die Frauenbewegung voranzubringen.

In regelmäßigen Abständen schaute auch Hellmuth Karasek vorbei, damals Theaterkritiker bei der *Zeit* und mit Augstein befreundet. Er holte Augstein zum Tennisspielen ab, gewöhnlich einmal in der Woche, die beiden lachten laut und viel. Irgendwann wurden die Besuche häufiger, man saß bei Augstein zusammen und redete lange, dann kamen andere hinzu, auch der Verlagsdirektor Hans Detlev Becker und Michael Nesselhauf, der Personalchef. Irgendetwas lag in der Luft, und bald wusste ich auch, was. Unterschriftsmappen mit langen Schriftstücken zirkulierten zwischen Augstein und Becker, und mir wurde klar, dass da über einen Wechsel Karaseks von der *Zeit* zum *Spiegel* verhandelt wurde. Ich lebte mit Theo zusammen, immerhin Chefredakteur der *Zeit*, und der hatte keine Ahnung.

Nun sag, wie hast du's mit der Loyalität? Das, so kann ich mit Fug und Recht behaupten, war noch nie ein Problem für mich. Wer mich bezahlt, kauft meine Loyalität mit, oder ich gehe weg. Allerdings fand ich, dass Theo, der Mann an meiner Seite, meine Loyalität ebenfalls verdiene. Eine Zwickmühle? Nur eine kleine. Ich entschied mich, ihm am Abend vor der Vertragsunterzeichnung doch noch einen kleinen Wink und damit die Chance zu geben, mit Karasek zu reden. »Ach übrigens, was ich dir noch sagen wollte: Wenn du Karasek halten willst, musst du ihn *jetzt* anrufen«, sagte ich zu ihm, als er wie jeden Abend am Schreibtisch über seinen Zeitungen saß. Er blickte auf, sah mich ziemlich erstaunt an und sagte »Aha?«, überlegte noch einen kurzen Moment und meinte dann: »Danke, aber Reisende soll man nicht aufhalten.« Das, so fand ich, war eine elegante Lösung, mit der ich leben konnte.

Am 7. November 2002 ist Rudolf Augstein in Hamburg gestorben, und sein Zimmer im *Spiegel* blieb nach der Bonner Zeit 1972 zum zweiten Mal leer, diesmal für immer. Ich war traurig und machte einen letzten Besuch oben in seinem Büro. Ich legte ihm eine langstielige rote Rose auf seinen gläsernen Schreibtisch und sah mich ein letztes Mal um, wollte noch einmal die Atmosphäre in mich aufnehmen, so viel wie möglich davon mitnehmen und mich innerlich und besinnlich von ihm verabschieden. Das ging nicht ohne Tränen ab. Heute empfinde ich tiefe Wehmut, wenn ich an ihn und die vielen Herausforderungen, Kämpfe und Kämpfchen zurückdenke, die er in seinem Leben bestehen musste. So manche kleine Szene kehrt plötzlich aus der Erinnerung ins lebendige Bewusstsein zurück, so seine Beschwerde, dass wir ihn nicht auf das Kinderlied »Auf der Mauer, auf der Lauer sitzt 'ne kleine Wanze« aufmerksam gemacht hatten, als er einen Kommentar zu einer bundesdeutschen Abhöraffäre schrieb – und er diese Zeile wenig später in anderen Blättern als Überschrift las. Gerne wäre er der Erste gewesen. Er rächte sich dann laut und spöttisch mit der Zeile »Im Wald und auf der Ha-hai-de, da such ich meine Freu-heu-de«, die er gern und oft in meine Richtung schmetterte und sich köstlich amüsierte. Er erlaubte sich das und konnte sich das erlauben.

Augstein war ein Mensch mit tiefen Gefühlen, was ich erleben durfte, als ich einmal bei ihm zu Hause war und er mich – im berühmt-berüchtigten Bademantel – mit dem vielleicht zehn Monate alten Söhnchen Julian auf dem Arm empfing. Julian war wohl eben erst erwacht, er weinte, dicke Tränen kullerten ihm über das Gesicht, das schmale Köpfchen kuschelte sich an Papas Hals, die kurzen Ärmchen versuchten eine Umarmung. Und Augstein sagte, es gebe für ihn nichts Schöneres als ein weinendes Baby. Natürlich freute er sich nicht über den Kummer des Kindes, er war berührt von der schluchzenden Trostbedürftigkeit, von der absoluten Hingabe des Babys an seinen Papa und diesen arglosen, elementaren Empfindungen. Das war ein Moment, der mich im Herzen wärmte und mir noch wie gestern im Gedächtnis ist. Augstein fehlt mir von allen meinen illustren Chefs am meisten, und ich bin froh und dankbar für die Zeit, die ich mit ihm gehen durfte. Rudolf Augstein war *a mensch.*

Trennung und Rückkehr
in die Arbeitswelt

Ende 1973 schied ich beim *Spiegel* aus, bekam am 1. Februar 1974 meinen ersten Sohn, zog Ende des Jahres, bereits wieder schwanger, mit Theo in unser eigenes Haus, ebenfalls in Volksdorf, und bekam im heißen August 1975, in dem die Lüneburger Heide brannte und fünf Feuerwehrleute, vom Feuer eingeschlossen, elendig verbrannten, meinen zweiten Sohn. Im September 1976 heirateten wir. Rudolf Augstein, wie bereits erwähnt, wurde mein Trauzeuge, und ich war nun mehrere Jahre »nur« Hausfrau und Mutter. Die Kindergartensituation war ja noch weit, weit entfernt von unserem heutigen Stand, auch Elternzeit und Erziehungsgeld gab es noch nicht. Bei mir, der ledigen Mutter, klopfte sogar noch das Jugendamt an die Tür und wollte sich, obwohl ich mit dem gutsituierten Kindsvater zusammenlebte, davon überzeugen, dass wir die Kinder gut behandelten und ordentlich versorgten. Auch das Rooming-in habe ich haarscharf verpasst, bei beiden Jungs, sodass ich meine Babys erst nach acht Tagen Entbindungsstation zu Hause zum ersten Mal nackt sah, badete und salbte. Die Kinder waren mir in der Klinik vollversorgt »serviert« und nach dem Anlegen sofort wieder weggenommen worden. Ich habe sehr gelitten.

Immerhin kamen beim ersten Sohn zwei erstaunliche Besucher zu mir in die Klinik: Gerd Bucerius und Hilde von Lang. Die saßen an meinem Bett und wollten alles über die Geburt, das Stillen und überhaupt alles wissen. Der Buc war total fasziniert. Als ich mein Baby anlegte, konnte er den Blick nicht wenden, schaute versonnen auf das entzückende Schauspiel und sagte: »Das ist das zweite Mal im Leben, dass ich das sehe«, hüpfte auf seinem Stuhl auf und nieder, schlug sich auf die Schenkel und meinte wohl: nach seiner eigenen Zeit an der Mutterbrust. Das war schon nett. Und treu, denn ich war ja nun schon bald zehn Jahre nicht mehr bei der *Zeit*. Doch unser Mut, die Geburt als »Heide Grenz und Theo Sommer freuen sich ...« anzuzeigen, war damals vielbeachtet und revolutionär. Auch ein kleiner Schritt in Richtung Frauenemanzipation, auf den ich stolz bin.

Durch Theo war ich dann trotz der Babys, die mich im Hause hielten, über die politischen Entwicklungen gut informiert und fieberte 1977 im Deutschen Herbst mit, als die Lufthansa-Maschine »Landshut« von palästinensischen Terroristen entführt wurde. Die Irrfahrt dauerte Tage, aber in der Nacht zum 18. Oktober wurde die Maschine mit den Geiseln in der acht Minuten dauernden »Operation Feuerzauber« von der seitdem legendären Sondereinsatztruppe GSG 9 unter Führung von Ulrich Wegener befreit. Das geschah mitten in der Nacht, und um halb eins klingelte bei uns das Telefon. Klaus Bölling war am Apparat. Der war zu der Zeit Regierungssprecher in Bonn und ein guter Kollegenfreund von uns. Er scheuchte uns vor den Fernseher, denn dort gebe es gleich eine Live-Übertragung zu sehen, die wir nicht verpassen sollten. So wurden wir Zeuge, wie die malträtierten Geiseln nach und nach aus der entführten Maschine quollen. Ich habe laut geschrien vor Erleichterung.

Klaus Bölling hatte zu Beginn seiner Tätigkeit als Regierungssprecher, der er selbstverständlich als jahrelanger, erfahrener Zeitungsjournalist und Fernseh-Auslandskorrespondent gewachsen war, eine große psychische Krise. Heulend und zähneklappernd lag er bei Professor Sartorius im Universitätsklinikum Eppendorf auf der Station und hatte offenbar Panik vor der neuen Verantwortung, so gern er den Job auch machen wollte. Theo besuchte ihn jeden Tag, sprach lange mit ihm, betrieb Seelenmassage und machte ihm Mut. Es dauerte ein Weilchen, aber irgendwann war er stabil und konnte sein Amt in Bonn antreten. Als Bölling im Jahre 2014 sechsundachtzigjährig in Berlin starb, schwang in den Nachrufen große Anerkennung mit. Ein Meister der »gezielten Diskretion« sei er gewesen, »der beste Regierungssprecher aller Zeiten«, wie Hartmut Palmer in *Cicero* schrieb.

Nach unserer Eheschließung war es ruhiger geworden, das Familienleben, soweit das mit einem unsteten, mit Pflichten überladenen Mann wie Theo Sommer überhaupt möglich war, erfüllte und forderte mich über die nächsten Jahre. Immer öfter überforderte es mich auch. Wie schlecht es mir in unserer Ehe zunehmend ging, zeigt das Beispiel einer Abendeinladung bei Gräfin Dönhoff. Theo war schon direkt von der Redaktion zu ihr nach Blankenese in das kleine Haus Am Pumpenkamp vorausgefahren. Ich sollte zum feinen Essen mit dem Taxi nachkommen, war völlig abgehetzt, musste meine schreienden Kinder mit unserer Zugehfrau zurücklassen, hatte noch die Windelkacke unter den Fingernägeln und trug an jeder roten Ampel rasch etwas Nagellack auf – grau-en-voll. Das Taxi von Volksdorf nach Blankenese kostete ein Vermögen, doch ich sollte ja die »Trockenpuppe« sein und statt meines inzwischen alkoholisierten Ehemannes auf der Rückfahrt in seinem Wagen das Lenkrad übernehmen.

Wenn es offizielle Einladungen aus Bonn gab, zum Beispiel zu Staatsempfängen auf dem Petersberg bei Königswinter oder in der Redoute in Bad Godesberg, hatte ich wenig Lust. Mir war das alles zu stressig. Beim Empfang für den US-Präsidenten Jimmy Carter und seine First Lady Rosalynn war ich noch dabei, aber der spanische König Juan Carlos musste auf mich verzichten. Theo ließ immer durch seine Sekretärin anfragen, ob ich es einrichten könne. Meine Mutter, die ja dann bei uns einhüten musste, redete mir gut zu, eine Ehefrau gehöre bei solchen Anlässen an die Seite ihres Mannes. Aber ich ließ Theo ausrichten, solange mein Ehemann nicht einmal im Jahr Zeit hat, mit mir ganz privat ins Kino zu gehen, hätte ich leider keine Zeit, für derartige illustre Anlässe nach Bonn zu reisen.

So entfernten wir uns immer weiter voneinander. Die ständige, verzehrende Sehnsucht aus vorehelichen Zeiten war dahin, der Alltag fraß die Liebe auf. Ich war inzwischen um die vierzig und machte eine Rechnung auf: Wollte ich die nächsten vierzig Jahre so weitermachen, jeden Tag unglücklich und mir einredend: »Er hat es ja nicht so gemeint …« – und mit achtzig erkennen, dass ich an meinem Leben vorbeigelebt habe? Nein, das wollte ich ganz sicher nicht. Nun bin ich bald achtzig und habe es nicht bereut, meinen Entschluss, Theo zu verlassen, damals in die Tat umgesetzt zu haben. Was ich seitdem alles gemacht und gearbeitet habe, hätte ich innerhalb der Ehe nie geschafft. Wir begegnen einander heute mit Hochachtung und Respekt, schätzen uns gegenseitig und unsere Arbeit und begleiten uns aus distanzierter Nähe und nicht ohne Anteilnahme. Schließlich sind wir immer noch die Eltern unserer Söhne und freuen uns seit geraumer Zeit an vielen Enkeln und Urenkeln, die im Kreise der großen Sommer-Familie geboren werden. Manch geschiedene Ehefrau und Mutter fristet ein einsames Dasein und fühlt sich verstoßen oder ausgegrenzt. Ich hingegen gehöre immer noch dazu, bin eingebunden in diese große Familie, und dafür bin ich von Herzen dankbar.

Am 1. Januar 1982 lud ich bei klirrenden Minusgraden und Eisregen mithilfe unserer treuen Haustischler einige Schränke, unsere Betten, meine Kinder, gerade mal in der ersten und zweiten Klasse, die Papageien, den Dalmatiner, das Meerschweinchen und das Zwergkaninchen in den Transporter und zog in eine kleine, aber hübsche, neu gebaute Wohnung in Wellingsbüttel, die ich Theo in Vorbereitung meines Schrittes Mitte November noch gezeigt hatte. Er hätte es also wissen können, wissen müssen, hat mir aber wohl nicht zugetraut, dass ich das durchziehe, sondern prophezeite mir in aller Freundschaft, ich würde, wie so viele andere, an der Flasche enden. Aber den Gefallen tat ich ihm nicht. Im Grunde muss ich ihm für diesen Satz sogar dankbar sein, denn er ging tief und stachelte mich an, möglichst bald wieder auf die Beine zu kommen, ins Berufsleben einzusteigen, auch als alleinerziehende Mutter, allerdings finanziell gut ausgestattet durch meine über Jahre hart verhandelte Scheidungsvereinbarung. Immerhin hatte ich mir meinen Schritt vier Jahre lang sorgfältig überlegt und mich gründlich geprüft, ob ich das auch wirklich wollte und durchhalten würde. Denn einmal gegangen, wollte ich nicht vier Wochen später reumütig zurückkehren und wieder auf der Matte stehen. Womöglich hätte Theo mich gar nicht mehr zurückgenommen, und beides wollte ich nicht erleben.

Es war nicht einfach, für die Kinder nicht, für mich nicht, sogar der Hund kotzte uns vier Wochen lang die Bude voll, aber allmählich kamen wir zur Ruhe. Bald kam ich auch wieder zum Zeitunglesen und stolperte eines Tages über eine Glosse von Dieter E. Zimmer in der *Zeit*, in der er sich unter der Überschrift »Die Winzörfscheidunk« über die *Bunte* lustig machte, die ein neues Fass für die ereignisarme Sauregurkenzeit aufgemacht hatte. Die *Bunte* hatte über die »sauerste Gurke« des vergangenen Sommers berichtet, und das war die Windsurf-Scheidung. Das Blatt vertrat die These, dass die meisten Ehefrauen am Strand saßen und Trübsal bliesen, während sich ihre Männer stundenlang draußen auf dem Wasser tummelten und mit jungen blonden Nixen heftig flirteten. Windsurfen wurde auch von Theo mit Leidenschaft betrieben, und dem Burda-Blatt zufolge gingen viele Scheidungen auf ebendiesen Sport der Männer zurück.

Nun waren Theo und ich zwar noch nicht geschieden, aber ich hatte mich immerhin von ihm getrennt, und irgendwie fand ich die Idee, dass gerade dieser Sport Ehen auseinandertrieb, gar nicht so abwegig. Ich setzte mich also hin und schrieb unter Pseudonym einen Leserbrief, in dem ich Dieter E. Zimmer widersprach und die These der *Bunten* mit meinem Beispiel verteidigte. Ich schrieb:

> Wie bitte, die Winzörfscheidung sei eine Erfindung? Aber, aber, aus der Sicht der Winzörf-Sklavin (sprich unbeteiligten Ehefrau) ist da eine Menge dran, und ich würde das nicht so vom Tisch wischen. Überschrift: Ein Tag – meist Sonntag, wenn's zu Hause ruhig und an der Ostsee voll ist – im Leben einer Winzörf-Sklavin! 10 Uhr. Sollen wir, oder sollen wir nicht? Ist zu viel Wind oder zu wenig? Ist zu wenig Sonne, oder ist es zu heiß? Lässt sich schwer beurteilen vom grünen Garten eines hübschen Hamburger Vorstadthauses aus. Er kann sich nicht entscheiden, sie redet ihm zu – denkt, es würde ihm guttun –, kriegt nachher alle Schuld, wenn's nicht so läuft. Die Kinder drängeln, und nun geht's los. Picknick vorbereiten, Sandspielzeug einladen, Segelsack kontrollieren. Kaputte Naht im Segel nähen, Reißverschluss am Stiefel klemmt und überhaupt, kannst du nicht mal die Garage aufräumen, wie sieht das hier wieder aus … Sie tut und macht und springt und schleppt, beruhigt die Kinder, ruft den Hund, ach ja, eine Flasche Süßwasser für den Köter und einen Trinknapf nicht vergessen. Handtücher, Badezeug, Windjacke, Sonnenhut, man kann ja nie wissen. Der Kofferraum quillt über, für vier Wochen Urlaub brauchte man kaum mehr. Nun ja, was haben wir doch für ein sportli-

ches Hobby! Wir? Er, der Familienvorstand, sonnt sich in dem Gefühl, auf seine älteren Tage, nach der Bandscheibenoperation noch auf das Brett gestiegen zu sein, eine enorme Leistung. Die kleinen Söhne sind begeistert. Bald haben sie 30 Kilo, dann brauchen wir noch zwei Surfanzüge aus Neopren und zwei Paar Socklings und zwei Jacken und zwei Schwimmwesten, denn so sicher schwimmen die Burschen noch nicht mit 6 und 7 Jahren, daß man es ohne verantworten könnte. Da bekommt die Winzörf-Sklavin dann noch mehr zu tun, wird immer unentbehrlicher. Die Kinder in die Anzüge hinein und – schlimmer noch – aus denselben in nassem Zustand wieder herauszubekommen ist so anstrengend und tut ihr an den Fingern so weh, dass sie jedesmal kurz vor dem hysterischen Weinkrampf ist. Während des Surfens selbst steht sie am Strand, ob in Frankreich oder Dänemark oder an der deutschen Ostseeküste, und hält das Ende der 30-Meter-Schnur fest in der Hand, mit der das Surfboard mit den Söhnen vor dem Abtreiben bewahrt werden soll. Und Papa erteilt den Unterricht. Zwischendurch Filmaufnahmen, Super 8 mit Gummilinse, Fotos mit Tele und Weitwinkel, meistens Gegenlicht, und der Hund rauft sich gerade mit Spießbürgers Pinscher. Mann total erschöpft und daher aggressiv. Wo sind die Handtücher, bring mal die trockenen Sachen, Mama, ich hab Durst, ich muß mal ... Komm ich doch einmal zwei Minuten zur Ruhe, spüre ich nichts als Wut, Zorn und Grimm über derartigen Egoismus; doch ich ziehe Kraft daraus, e-mann-zipiere mich und lebe heute getrennt von Tisch und Bett und weit weg vom Winzörfbrett.

Als ich das zu Papier gebracht hatte, las ich den Kindern mein Elaborat vor. »Aber Mama, das ist ja wie bei uns!«, riefen sie einstimmig, was mich wiederum darin bestärkte: Alles richtig gemacht. Als der Leserbrief in der *Zeit* erschien, war Theo gerade in Amerika, und dank Nina Grunenberg, über die ich meinen Text ins Blatt lanciert hatte, wussten alle, wer den Brief geschrieben hatte. Als Theo von seiner Reise zurück und wieder an seinen Schreibtisch kam, begrüßte ihn die Zeitungsseite aufgeschlagen oben auf dem Stapel aller anderen wichtigen Dinge, die sich inzwischen angesammelt hatten. Theo aber war großmütig wie immer in solchen Dingen und amüsierte sich. Er sagte nur: »Gut geschrieben!« Noch vor seiner Rückkehr war ich mit einigen Herren, darunter auch Kurt Becker und Helmut Schmidt, nach einer Veranstaltung im »Old Commercial Room« beim Michel zum Labskaus-Essen eingeladen. Becker sagte lachend: »Wenn ich Chefredakteur wäre – ich hätte den verantwortlichen Redakteur sofort gefeuert!« So verschieden können Menschen sein.

Die Trennung war das einschneidendste Erlebnis überhaupt. Aber für mich stand fest: lieber selber gehen als verlassen werden. Das war gut für mich, ob für meine Kinder, kann ich nur hoffen. Jedenfalls kriegten wir es hin, der Vater und das Elternhaus in Volksdorf blieben ihnen erhalten. Ich befolgte den Rat von Oberschwester Leonarda, dieser unglaublichen Nonne aus dem Marienkrankenhaus in Hamburg, Ordensschwester mit einem flächigen, schlichten, bäuerlichen Gesicht und den schönsten braunen Augen, die ich jemals sah, und persönliche Vertraute des Chefarztes Professor Hans Harald Bräutigam, die ihren Chef bis zur Selbstaufgabe liebte. Schon beim ersten Kind sagte sie mir, der ledigen Mutter: »Immer zum Vater hin erziehen«, was ich selbstverständlich und nur zu gerne auch und gerade nach der Trennung tat. Umgangsregelungen und staatlich verordnete Besuchsvereinbarungen brauchten wir nicht, die gab es bei uns nie.

Theo nahm die Kinder und den Hund auch mal über ganze Wochenenden, füllte sie mit mehreren James-Bond-Filmen hintereinander ab, aber das Zusammensein mit dem Vater war wichtiger als pädagogisch fragwürdige Erziehungsmethoden. Als ich mir zur Eröffnung von Henri Nannens Kunsthalle am 3. Oktober 1986 in Emden eine Einladung erbettelt hatte, packte ich die Kinder, deren Bettzeug, Klamotten zum Wechseln, den Dalmatiner mit Körbchen, Futter und Näpfen sowie die Schulranzen für die Hausaufgaben in mein Auto und brachte alles zu Theo nach Volksdorf. Anstrengend erkaufte Freiheit, aber dann überließ mir Theo für die lange Strecke nach Emden sogar seinen BMW, und ich machte mich wohlgemut auf den Weg. Die Feier bewegte mich tief, viele frühere Kollegen und Kolleginnen freuten sich, mich, die in der Versenkung Verschwundene, wiederzusehen, gerade viele männliche Journalisten schleuderten mir lautstark ihr fröhliches »Lassen Sie uns mal telefonieren, wir müssen uns unbedingt mal sehen!« entgegen. Und das gab mir den Rest. Aus jahrelanger Erfahrung wusste ich, dass es leeres Gerede und nur so dahingesagt war, dass es nie zu Verabredungen kommen würde – aus den Augen, aus dem Sinn. Diese Einsicht erschütterte mich so sehr, dass ich auf der Rückfahrt am nächsten Tag bei lautstarker Dauerbeschallung mit Simon & Garfunkels »Bridge Over Troubled Water« den BMW gefährlich schnell über die Autobahn trieb und vor Tränen oft die Fahrbahn nicht sah. Ich heulte mir meinen ganzen Kummer, meinen Frust von der Seele und befand mich in einem Zustand totaler Auflösung. Dieser seelische Zusammenbruch und die Erkenntnis dahinter halfen mir aber wieder auf. Ich wusste, woran ich mich weiterhin hochziehen, mein zerstörtes Selbstwertgefühl heilen und neu aufbauen konnte: an meiner Arbeit.

Schon ein Jahr nach der Trennung, im Sommer 1983, streckte die Arbeitswelt ihre Finger wieder nach mir aus, und ich machte vier Wochen Aushilfe im Sekretariat Augstein. Wie immer hatte ich auch hier die Verbindung nicht abreißen lassen, und so wurde ich gefragt, ob ich während der großen Schulferien Lust und Zeit für eine Urlaubsvertretung hätte. Beides hatte ich und organisierte mir eine Kinder- und Hundebetreuung für die Wochen, und zwar in der Person von Pamela Rüsche, heute Pamela Biermann, die auf vielen Gebieten künstlerisch begabte Tochter eines Opernsängers und einer Ballettmeisterin aus unserer Nachbarschaft in Volksdorf, damals gerade mal neunzehn Jahre alt und mitten im Abitur.

Wir kannten uns, seitdem Pamela vierzehn war, mochten uns und hatten schon einige Reisen nach Sylt und auch nach Südfrankreich zusammen gemacht, wo Pamela, so jung sie war, mir eine echte Freundin wurde und außerdem als »Kindermädchen« zur Hand ging. Sie sah meine seelische Not und konnte ihrerseits mit mir, der Älteren, viele Dinge besprechen, die man mit Gleichaltrigen nicht so gern bespricht. So ergänzen sich Menschen manchmal, wenn das Schicksal sie zusammenführt und sie erkennen, wie wertvoll sie füreinander sein können.

Eines Tages nahm ich Pamela mit zu einem »Lernfest« in der Gesamtschule Steilshoop in einem der Problemviertel der Hansestadt. Ich hatte das Plakat gesehen und war wie elektrisiert: »Wolf Biermann: Wie macht man Lieder und Gedichte«. Seit seiner Ausbürgerung aus der DDR und dem Kölner Konzert, das ich atemlos am Fernseher verfolgt hatte, war mir der Liedermacher sehr nah, und ich versprach mir einiges von der Begegnung, auch ganz persönlich für mich als Frau. Gern hätte ich mit ihm geflirtet, doch es kam anders ...

Da die Veranstaltung am späten Nachmittag stattfand, nahmen wir meine beiden kleinen Söhne mit, und ich sagte noch zu Pamela: »Steck dir ein paar von deinen Gedichten ein, vielleicht ergibt es sich ja, dass du sie ihm zeigen kannst.« Es ergab sich – und noch mehr. In der Pause schubste ich Pamela zu dem Künstler, der auf seinem Hockerchen einen Moment alleine saß und die Gitarre noch im Arm hatte. Am nächsten Abend hatte er schon Pamela im Arm, so sind die beiden aufeinander geflogen, haben drei Kinder bekommen, inzwischen silberne Hochzeit gefeiert und ein gutes Leben mit viel Gesang und Tanz geführt. Pamela hatte damals den Namen Wolf Biermann noch nie gehört, und ohne mich, das darf ich wohl ungestraft behaupten, hätten die beiden sich vermutlich nie kennengelernt. Ganz tief in meinem Herzen muss ich zugeben, dass ich stolz darauf bin, diese Ehe gestiftet zu haben. Nun – sich verlieben und zusammenhalten, das mussten sie schon selber.

Also Pamela. Sie hütete die Kinder, und ich arbeitete an meinem früheren Arbeitsplatz, dem Büro Augstein im *Spiegel*, kannte noch alle Namen, wusste nach so vielen Jahren noch alle hausinternen Telefon- und Rohrpostnummern auswendig und fühlte mich sofort wieder heimisch. Davon angefixt, machte ich mich auf, bald wieder »richtig« zu arbeiten, als alleinerziehende Mutter die Arbeitswelt in unsere kleine Dreierfamilie zu holen. So landete ich zum Spielzeitbeginn 1984 als Sekretärin des Generalmusikdirektors auf der Intendanzetage der Hamburgischen Staatsoper.

An der Hamburgischen Staatsoper

Rolf Mares, der geliebte und gefürchtete, gehasste und verehrte, trickreiche und schlitzohrige Verwaltungsdirektor vieler Hamburger Bühnen, kam ursprünglich von der Finanzbehörde und war von 1974 bis 1988 Geschäftsführender Direktor und stellvertretender Intendant der Hamburgischen Staatsoper, ehe er dann im Neubau am Platz des alten Winterhuder Fährhauses die »Komödie Winterhude« übernahm und bis 1999 deren Intendant blieb. Ich kannte ihn von Empfängen und Premieren und über den befreundeten Konzertagenten Hans-Werner Funke, aber auch als Vater zweier Söhne auf der Albert-Schweitzer-Gesamtschule, die auch meine beiden Jungs besuchten. Rolf Mares war ein Hansdampf auf allen Bühnen – nun, selbst spielte er nicht, aber er führte so manches Theater auf, besonders mit seinem scharfen Wortdegen. Er war ein großer Trickser, beherrschte die Kunst der Täuschung, der Diplomatie und hatte seine Finger buchstäblich überall drin. Kein Gerücht, kein »Rüchlein«, wie Raddatz sagen würde, blieb ihm verborgen und bekam nicht von ihm noch einen ordentlichen Tritt verpasst, auf dass es blühe und gedeihe und in die gewünschte Richtung segele.

Aber wen er einmal ins Herz geschlossen hatte, der hatte gut von ihm. Da war er treu und sonnte sich in der Sympathie, die man ihm entgegenbrachte. Sein schiefes Grinsen, dann sein abwartendes Mustern, bis man selber anfing zu reden, seine stets gleichlautende Begrüßung »Alles wohlauf?« und seine Fähigkeit zur Verachtung – das alles war Mares für mich. Ich rief ihn sofort an, als ich die kurze Meldung in der Zeitung gelesen hatte, dass der Komponist und Dirigent Hans Zender die Nachfolge von Christoph von Dohnányi im Amt des Hamburger Generalmusikdirektors antreten würde. Doch Mares warnte mich: Die Stelle müsse auch im Hause ausgeschrieben werden, das sei bei Staatstheatern von der Behörde so vorgeschrieben; aber er würde mir »außer der Reihe« einen Vorstellungstermin bei Zender besorgen. Na, das war's doch, mehr brauchte ich nicht.

Hans Zender führte ein Einstellungsgespräch mit mir und war von meinen Zeugnissen als Sekretärin, aber auch von meinem musikalischen Fachwissen und meiner musikalischen Bildung, die ich ja bei meinen Eltern genossen hatte, sichtlich beeindruckt. Ich hatte eine Grundausbildung in Musiktheorie und Harmonielehre erhalten, konnte Klavierauszüge und Partituren lesen und nach Anweisung Stimmen einstreichen, nur das Klavierspiel hatte ich längst aufgegeben, weil ich meinen eigenen Ansprüchen nicht genügen konnte. Nun meine Kompetenz als Sekretärin mit der Arbeit an einem Musiktheater zu verbinden, das war für mich neu und außerordentlich reizvoll. Zender spürte sofort, dass ich flexibel war, Verständnis für den Musikbetrieb hatte und mich auf sensible Künstler würde einstellen können – und stellte mich ein.

Zender war damals siebenundvierzig Jahre alt, ein temperamentvoller Schnellsprecher mit einem sperrigen silbrigen Bürstenhaarschnitt und rosigem Teint. Er bewegte sich auf dicken Kreppsohlen durchs Leben und zum Podium. Auf seinem neuen Posten hatte er es nicht leicht. Man kannte seine langjährige hervorragende Arbeit als Chefdirigent des Rundfunk-Sinfonieorchesters Saarbrücken, aber auch sein Engagement für die ultramoderne zeitgenössische Musik, wie er sie selber komponierte. Er war von Temperament und Kopf das genaue Gegenteil des saftig schwelgenden Dirigenten von Dohnányi und verfolgte einen intellektuell-durchgeistigten

Musizierstil. Er war auf Präzision bedacht, schloss wohl auch mal beim Dirigieren die Augen, verachtete aber jegliches Show-Verhalten, wie es zum Beispiel Leonard Bernstein seiner Meinung nach an den Tag legte. Dieser stattete der Staatsoper anlässlich der Aufführung seines Musicals »On the Town« 1985 einen Besuch ab und wurde von mir während des Premierenempfangs im Foyer zum vierten Rang fest an die holzgetäfelte Wand genagelt, um dort seine Gesprächspartner zu erwarten, da er alkoholbedingt keinen Schritt mehr gehen, geschweige denn frei stehen konnte. Bernsteins Mimik während des Dirigierens war dazu angetan, Widerwillen und harsche Kritik in Zender hervorzurufen, der sich bei der demonstrativen Nachahmung gewisser Bernstein-Grimassen aber auch nicht viel besser ausnahm.

Zenders Mozart war so kristallklar und fein ziseliert, dass es schmerzte, und um das zu erreichen, bestellte er die Sänger und Sängerinnen zu Einzel- und Ensembleproben in sein Zimmer, wo er sie eigenhändig am Steinway begleitete oder einen Korrepetitor dazu bat. Diese Extraproben verlangten den Solisten einiges ab an Zeit und Kraft und waren kaum noch in den ohnehin schon vollen Probenplan zu integrieren.

Als Generalmusikdirektor war Hans Zender nicht nur für den Opernspielplan, sondern auch für das Konzertprogramm des Philharmonischen Staatsorchesters verantwortlich. Hierfür vergab er Kompositionsaufträge an moderne Komponisten wie Peter Ruzicka, Isang Yun, Aribert Reimann, York Höller und andere, die heute längst zu den etablierten Komponisten des ausgehenden 20. Jahrhunderts zählen. Allerdings war es nicht leicht, sie damals dem traditionsbewussten Hamburger Abonnentenpublikum schmackhaft zu machen. Wat de Buer nich kennt, dat frett he nich – die feine Hamburger Gesellschaft, die so für ihre Philharmonischen Konzerte schwärmte, lehnte solche Töne, wie Zender sie einmal im Vierteljahr zu

Gehör brachte, schlichtweg ab und gab ihrem Missfallen deutlichen Ausdruck. Es hagelte Abonnementskündigungen, und viele Konzertbesucher verließen reihenweise und laut türenschlagend empört den Saal, wenn eine der Auftragskompositionen in der Laeiszhalle ihre Uraufführung erlebte. Es herrschte absolute Krisenstimmung.

Aber nicht nur die Philharmonischen Konzerte, auch den Opernspielplan wollte Zender durch Uraufführungen bereichern. York Höller zum Beispiel erhielt von ihm den Auftrag, eine Oper zu komponieren, und zwar »Der Meister und Margarita« nach dem gleichnamigen Roman von Michail Bulgakow. Diese neue Oper wollte Zender 1988 in seiner vierten und letzten Spielzeit eigentlich am Haus, welches den Kompositionsauftrag schließlich finanzierte, uraufführen. Aber auch das kam, wie so vieles, anders. Höller wurde nicht rechtzeitig fertig, und Zender verließ die Staatsoper bereits nach drei Jahren, sodass diese Uraufführung nicht in Hamburg, sondern erst 1989 unter der Regie von Hans Neuenfels an der Pariser Grand Opéra stattfand. Danach wurde das Werk nur noch ein weiteres Mal aufgeführt, und zwar 1991 in Köln. Dann aber, endlich, holte die Staatsopern-Intendantin Simone Young im Jahre 2013 »den ›Meister‹ heim«, wie Werner Theurich in seiner Rezension der Hamburger Aufführung im *Spiegel* schrieb. In der Opera stabile fand eine Einführung in das eindrucksvolle Werk statt, das voller musikalischer Anspielungen und Zitate steckt, zum Beispiel aus »Sympathy for the Devil« von den Rolling Stones. Auch York Höller und seine Frau waren anwesend. Ich suchte das Gespräch mit ihm, und er erinnerte sich noch genau an die damalige Korrespondenz, an viele Telefonate und die schwierigen Verhandlungen mit der Staatsopernleitung und der Kulturbehörde, die nach Zenders vorzeitigem Weggang dann im Sande verliefen. Ich war erschüttert zu sehen, dass Höller heute – übrigens wie Zender auch – große

Augenprobleme hat. Zender kann nicht mehr dirigieren, und beide können nicht mehr gut genug sehen, schreiben oder lesen, um zu komponieren, obwohl die modernen digitalen Techniken etliche Hilfsmittel bieten.

Zender hatte sich einen eigenen Büroleiter mitgebracht, Michael Hocks, von 1977 bis 1983 Mitinhaber der namhaften Konzertdirektion Hans Ulrich Schmid in Hannover und ehemals sein Agent. Als Dirigent flog Zender um die ganze Welt und konzertierte mit den besten Orchestern, vornehmlich in Fernost. Seine Frau, die »niedliche« Gertrud, wie Freunde sie in ihren Briefen grüßen ließen, und er verehrten die fernöstlichen Kulturen. Sie bekochte ihn blutdrucksenkend mit leichter asiatischer Küche, beide beschäftigten sich mit alten asiatischen Philosophien, sie belegte Kurse in Kalligrafie, und er hatte in Japan, Korea und anderen Ländern sein festes Publikum. Michael Hocks war als Zenders Konzertagent sehr erfolgreich gewesen und kannte den Künstler gut, aber nun wechselte er die Seiten und stieg mit seinem ehemaligen Schützling in den aktiven Musikbetrieb an diesem nicht ganz unkomplizierten Haus mit seinen vielen internen Herzogtümern und Querelen ein. Auch er hatte es nicht leicht und saß zwischen sämtlichen Stühlen. Es war eben doch etwas anderes, Verträge auszuhandeln und deren Umsetzung von außen an großen Häusern durchzusetzen, als innen dazuzugehören.

Denn Zender war spontan, traf seine Entscheidungen nach Probenerfahrungen und neuen Erkenntnissen, die er bei der Probenarbeit gewann. Das brachte seinen Büroleiter gelegentlich zur Weißglut. Hocks war es von seiner Tätigkeit als Agent her gewohnt, Termine als unumstößlich anzusehen und unbedingt einzuhalten. Nun wollte er dieses System auf Zender übertragen, was ihm nicht gelang. Zender erwartete, das Haus solle sich nach ihm richten und nicht umgekehrt. Er stellte seine Forderungen an Organisation und Probenzeit entsprechend der von ihm definierten künstlerischen Ansprüche, was unweigerlich zu Kollisionen führen musste.

Die Musikertochter in mir verstand Zender gut, und Hocks und ich bekamen heftigen Streit, der nach langen Monaten dazu führte, dass ich nervöses Herzflattern und Magenschmerzen bekam und Zender vor die Wahl stellte: Hocks oder ich. Hocks wurde aus dem Zimmer neben meinem evakuiert und zwei Etagen tiefer neben Ernst Schönfelders Orchesterbüro sozusagen strafversetzt. Von da an ging es besser. Mir persönlich ging es auch deshalb besser, weil Zender sich bald Gedanken über mein Leben als alleinerziehende Mutter mit zwei schulpflichtigen Kindern und Hund machte und meinen Dienstplan umstellte. An sich arbeiteten alle künstlerischen Büros mit geteiltem Dienst, also einer Vormittagsschicht, einer mehrstündigen Pause und einer Abendschicht, weil abends vor Vorstellungsbeginn gelegentlich noch Handlungsbedarf war. Alle Büros auf der Intendanzetage arbeiteten nach diesem Muster, was für mich bedeutete: Mittags schnell, schnell zur U-Bahn hetzen, in Ohlsdorf in die S-Bahn umsteigen und nach Hause eilen, den aus der Schule heimkehrenden zehn und elf Jahre alten Söhnen ihr Mittagessen bereiten, mit dem Hund gehen, eine kurze Schulaufgabenbesprechung abhalten und dann schnell, schnell wieder den gleichen Weg in die Stadt antreten, um möglichst pünktlich um 17.00 Uhr den Abenddienst bis Vorstellungsbeginn anzutreten. Jeder Weg dauerte ungefähr fünfundvierzig Minuten, mit meinem Auto konnte ich nicht fahren, weil es rund um die Staatsoper keine bezahlbaren Parkmöglichkeiten gab.

Die geteilten Dienste hatten es in sich, waren für mich nerven- und kräftezehrend, hatten zwar ihre Berechtigung, aber Zender sah das nicht so eng. Was sollte ich im Notfall schon groß tun können, wo doch das Künstlerische Betriebsbüro zuständig und ohnehin besetzt war. Für ihn, der ja abends im

Büro nur kurz in seinen Frack schlüpfte und sich ansonsten im Künstlerzimmer aufhielt, war es viel wichtiger, nach den Vormittagsproben noch Briefe und Hausmitteilungen diktieren, Telefonate führen und dabei die Unterstützung seiner Sekretärin in Anspruch nehmen zu können. Danach fuhr auch er nach Hause, ruhte sich aus, um dann um fünf Uhr noch rasch die inzwischen fertig getippten Briefe zu unterschreiben, ehe ich Feierabend machen und nach Hause fahren konnte. Die Umstellung war wirklich gut für uns beide, wurde aber von den Nachbarbüros mit Argwohn betrachtet. Es war neu und fremd und wurde offen missbilligt.

Überhaupt war Streit angesagt in der fünften Etage. Außer Rolf Mares und seinen Damen waren noch das Künstlerische Betriebsbüro, zuständig für die Erstellung der Probenpläne und den reibungslosen Ablauf der Proben und Aufführungen, dort angesiedelt sowie das Büro der allmächtigen Disponentin im Besetzungsbüro. Renate Kupfer empfand nicht nur ich als streng, zynisch und ungerecht. Auch junge Sänger und Sängerinnen haben einen vertraglich festgeschriebenen Anspruch auf einige freie Tage im Monat für Gastspiele an anderen Häusern. Das ist wichtig für ihre Entwicklung und um Erfahrungen zu sammeln. Diese Chancen wurden ihnen durch »Renate Zyankali«, wie sie genannt wurde, jedoch regelmäßig vermasselt. An proben- und aufführungsfreien Tagen hätten die jungen Künstler gern ein kleines Gastspiel angenommen, reichten vorschriftsmäßig Urlaub ein, um sich das genehmigen zu lassen, und bekamen stattdessen willkürlich neue Probentermine reingehauen, sodass sie ihre Gastspiele nicht wahrnehmen konnten. Das führte oft zu Tränen und Nervenzusammenbrüchen.

Die Atmosphäre war vergiftet. Zender kämpfte, bekam manches Mal Wutausbrüche, schlug wie wild auf sein Telefon ein, wenn er keinen Anschluss bekam und besonders bei hausinternen Nummern kein Glück hatte. »Lassen Sie mich mal machen« – mit diesen Worten betrat ich sein Zimmer, wenn ich sein Toben bis ins Vorzimmer gehört hatte, und zeigte ihm, dem ungläubig Staunenden, wie man mit Ruhe und Gelassenheit selbst ein streikendes Telefon besänftigen kann.

Besonders gravierend und folgenreich war der erste Premierenabend, den Zender dirigierte. An einigen Pulten im Orchestergraben saßen plötzlich ganz andere, sogar externe Musiker, die keine einzige seiner Proben mitgemacht hatten. In der Pause fragte er nach den Gründen und erfuhr: Das machen wir immer so, die Kollegen kennen die Stimmen, haben die Oper früher schon oft gespielt. Dahinter steckten private Verpflichtungen der Orchestermitglieder, die entweder selber irgendwo solistisch auftraten, Unterricht gaben oder sich wegen Schallplatteneinspielungen oder anderer Engagements vertreten ließen. Der scheidende GMD von Dohnányi, der sein vertraglich zugesichertes Gastspielkontingent voll ausschöpfte, in der ganzen Welt Konzerte dirigierte, sich gern selbst vertreten ließ, oft durch Abwesenheit glänzte und sich so seinen Spitznamen »Herr von Dochnieda« redlich verdiente, hatte dieses Verhalten seiner Musiker auch nicht toleriert, doch für Zender war das ein Schock. Er beklagte mit Recht, dass ja die Kollegen, auch wenn sie die Stücke kannten, nicht sein Konzept, seine vielfach geübten Übergänge, Einsätze oder Feinheiten der Agogik, auf die er größten Wert legte, mitgeprobt hätten. Die neue Regel lautete: Nur diejenigen, die mindestens die letzten fünf Proben, inklusive Haupt- und Generalprobe, mitgemacht hätten, durften bei einer Premiere spielen. Und Michael Hocks musste das nun dem Orchester beibiegen und dafür sorgen, dass die neuen Regeln eingehalten wurden.

Christoph von Dohnányi war Intendant und Chefdirigent der Hamburgischen Staatsoper sowie Generalmusikdirektor des Philharmonischen Staatsorchesters in Personalunion gewesen. Zender übernahm bei seinem Antritt nur den musikalischen Teil der Ämter, sein Partner im Amt des Intendanten war Kurt Horres, der auch inszenieren und Regie führen sollte. Seine erste und wie sich herausstellte einzige Premiere am Haus war »Die Gespenstersonate« nach Strindberg in der Vertonung von Aribert Reimann, und zwar am 17. November 1984 in der Opera stabile. Bei dieser Arbeit hatte Horres die grauenvollen Arbeitsbedingungen am Haus kennengelernt, und zwar so deutlich, dass er sofort nach der Premiere seine Sachen packte, seinen Vertrag fristlos kündigte und Hamburg und die Staatsoper verließ. Rrrrumms. Dieses war der erste Streich, doch der zweite folgte gleich, denn es war kein Ersatz-Intendant zu finden. Die damalige FDP-Kultursenatorin Helga Schuchardt suchte händeringend nach einer kurzfristig verfügbaren, geeigneten Persönlichkeit, reiste wochen- und monatelang durch ganz Europa, von Spanien über Italien und Frankreich bis in die Schweiz, und fand niemanden, und das lange nicht. Mares übernahm derweil die Funktion des Intendanten, der Opernbetrieb lief weiter, aber die offizielle Führungslosigkeit wirkte sich auch auf Zender aus. Sein »Boris Godunow« war eine inszenatorische und klangliche Katastrophe, die Bühne war so gestaltet, dass der Gesang des riesigen, stimmgewaltigen, durch externe Sänger verstärkten Chores sich nicht entfalten konnte. Dieser sollte Aufstellung hinter durchsichtigen Vorhängen und einem großen Loch im Bühnenboden nehmen, und die Akustik war so schlecht, dass viele Töne verschluckt wurden, man hörte den mächtigen Chor nicht, oder nicht so, wie man ihn hätte hören sollen. Zender war wütend und verzweifelt. Schließlich wurde »Boris Godunow« als szenische Oper abgesetzt und nur noch konzertant aufgeführt, was zu großen Irritationen führte.

Es ist keine Kleinigkeit, eine teure Inszenierung in den Sand zu setzen. Viel Geld und viele Verträge hingen daran, ganz zu schweigen von dem teuren Bühnenbild und den sehr teuren Kostümen. Später, als Zender die Staatsoper ob solcher unhaltbaren Zustände vorzeitig verließ, ich aber noch für ein Jahr einen Vertrag hatte, versetzte man mich zu Mister King, dem englischen Sicherheitsingenieur des Hauses. Da habe ich nicht schlecht gestaunt über die Vorschriften bezüglich Bühnenbau und Materialsicherheit, die er zu überwachen hatte und für die er verantwortlich war. Wenn ein Sänger nur wenige Stufen zu erklimmen und auf einem Podest zu singen hatte, war versicherungstechnisch genauestens geregelt, wie und wo und in welcher Höhe das Schutzgitter oder ein Geländer zu verlaufen habe, damit er nicht herunterfallen konnte. Wie oft gibt es bei Inszenierungen Vorhänge, die zum Bühnenbild gehören und während der Handlung eingezogen werden. Kein Laie ahnt, wie streng die Vorschriften bezüglich der Stärke und der Feuerfestigkeit der verwendeten Materialien sind. Es kam vor, dass ein großer Sichtvorhang diesen Vorschriften nicht entsprach und eingestampft werden musste. Wieder ein riesiger Verlust von 200 000 Mark.

Apropos Sicherheit: Im Orchestergraben gab es auch den einen oder anderen Unfall mit von der Bühne fallenden Requisiten, und das, worüber sich am Tag nach dem Ereignis alle die Haare rauften, war der Degen des Don Carlos, der dem Sänger beim schwungvollen Ziehen aus der Hand glitt und mit lautem Knall im Orchester landete. Zum Glück verfehlte er die Brust eines der Cellisten und blieb haarscharf neben dem Dirigentenpult auf dem Holzfußboden liegen. Doch es gab auch Sternstunden! Unvergesslich ist mir Zenders »Cosí«, wie Mozarts Oper an allen Häusern genannt wird. Diese Perfektion, diese Transparenz besonders in den beiden solistischen Quintetten! Die wurden aber auch probiert bis zum Umfallen. Und das war nötig, denn ohne hellwache, konzentrierte und dabei schlafwandlerische Sicherheit war diese Perfektion nicht zu erreichen. Die Stimmen sollten schweben, und die Sänger am besten gleich mit.

Die ergreifendste Inszenierung unter Zenders Stabführung war zweifellos die Oper »Intolleranza 1960« von Luigi Nono nach einer Idee des italienischen Dichters Angelo Maria Ripellino. Zender verehrte Nono und gab für die Aufführung alles. Auch im Jahre 1985 war der Kampf gegen Folter und Unterdrückung in der Welt notwendig und aktuell, das Eintreten für den Schutz der Menschenwürde ein kulturelles Anliegen und diese Oper besonders geeignet, eine politische Aussage zu treffen. Künstlerisch war Nonos fünfundzwanzig Jahre alte Partitur eine große Herausforderung. Die Oper war ein Auftragswerk für die Biennale Venedig gewesen und am 13. April 1961 am Teatro La Fenice ebendort uraufgeführt worden. Die schrillen Töne, die Dissonanzen, besonders im doppelt besetzten Blech, alles, was an Schlagwerk aufgefahren werden konnte, machten einen Rie-sen-krach. Die Musiker im Orchestergraben haben gelitten und fingen ob der Lautstärke an zu murren. Einer der beiden Konzertmeister, der auch meinen Vater gut kannte, klagte mir sein Leid. Nicht ohne Grund kümmern sich Medizin und Versicherungen schon lange verstärkt um Hörschäden bei Orchestermusikern, denn der Lärm ist manchmal ohrenbetäubend und macht auf die Dauer krank. Messgeräte zeigen Werte bis zu 120 Dezibel, das entspricht dem Schallpegel eines Düsenjets beim Start. Eine Banalität: Musiker können keinen Hörschutz tragen, weil sie dann nicht mehr musizieren könnten. Sie müssen neben dem Sichtkontakt zu den Kollegen und dem Dirigenten vor allem aufeinander hören.

Der Konzertmeister zog aber die Aufnahme der Oper in den Spielplan insgesamt in Zweifel und tat das Werk als grauenvoll und unspielbar ab. Er hörte und sah ja unten im Graben nichts von dem, was oben auf der Bühne vor sich ging, und konnte, bedrängt von der ungefilterten Lautstärke, nicht erleben, wie sich Gesang, Orchesterklang und Handlung in gebührender Entfernung doch eindrucksvoll mischten und ergänzten. Ich, die ich gar nicht genug von dem Werk bekommen konnte und mich oft bei den Bühnenproben in den Zuschauerraum schlich, riet ihm, sich doch einmal ins Publikum zu setzen und sich eine Aufführung im Parkett anzusehen. Der akustische Eindruck sei wesentlich milder, die scharfen Töne seien zwar immer noch laut, würden sich aber mit dem Gesang der Solisten zu einem erschütternd eindringlichen Klangbild vereinen. Auch das noch, war seine spontane Antwort. Aber er gab sich einen Ruck und »tat sich das an«, wie er sich ausdrückte. Als wir uns das nächste Mal im Fahrstuhl trafen, beknirschte er sich und gab mir recht; er hätte nicht erwartet, dass die Oper einen so starken Eindruck hinterließe, »im Graben« könne man davon nichts spüren. Nach dieser »Publikumserfahrung« fiel es ihm doch wesentlich leichter, die wenigen Aufführungen, die noch folgten, zu spielen. Seine Einstellung hatte sich verändert.

Endlich war ein Übergangsnachfolger für Kurt Horres gefunden, und es kam der Tag, an dem ein alter Grande erneut im Haus am Gänsemarkt einzog: Professor Rolf Liebermann, der die Oper schon von 1959 bis 1973 vierzehn Jahre lang erfolgreich geleitet hatte. Er war Helga Schuchardts letzter Trumpf und erklärte sich bereit, als Zwischenlösung an seiner früheren Wirkungsstätte auszuhelfen, bis die neue Führung ihr Amt antrat: der Dirigent Gerd Albrecht als GMD und Peter Ruzicka als Intendant. Und bis dahin dauerte es noch zwei Jahre.

Nun saß der alte König also wieder, wie jeden Abend während seiner ersten Intendanz, auf seinem Stammplatz vorne im Parkett und beobachtete alles und jeden mit kritischem Blick. Das Publikum war's zufrieden, wie es immer gut ankommt, wenn etwas Bewährtes noch einmal wiederkehrt, aber im

Hause waren nicht alle begeistert. Liebermann besaß zwar immer noch Autorität, aber mit seinen fünfundsiebzig Jahren wollte er eigentlich ruhiger leben und mehr komponieren. Auch er bekam die internen Querelen nicht in den Griff oder bemühte sich womöglich gar nicht, weil sie ihn nicht interessierten. Ich schrieb eine böse Notiz an ihn, beschwerte mich über die Schikanen der Renate Kupfer gegenüber einer jungen Sängerin anlässlich der Proben zu »Gianni Schicchi« von Giacomo Puccini und ließ dem Betriebsrat eine Kopie zukommen. Der hängte sie im Fahrstuhl auf, und ich wurde aus dem ganzen Haus mit Komplimenten überschüttet. So etwas habe sich ja noch nie jemand getraut. Ich hatte aber auch gut reden, denn ich war nicht von der Staatsoper abhängig, junge Sänger und Sängerinnen hingegen schon. Leider hatte ich mich beim Titel der Oper vertippt, woraufhin Herr Liebermann mir antwortete, ich solle solche Kritik unterlassen und erst mal lernen, wie man Gianni Schicchi richtig schreibt, nämlich mit drei c. Er hat also nicht Stellung bezogen zu dem Problem, sondern sich mit einer kleinlichen Rüge revanchiert, und das hat mich menschlich doch enttäuscht.

Das ganze Haus brummte vor Aufregung, als Liebermann es schaffte, die legendäre, sich schon auf dem Höhepunkt ihrer Karriere befindliche amerikanische Sopranistin Jessye Norman zu einem Liederabend an die Staatsoper zu holen. Was musste da nicht alles beachtet werden! Kein Staubkörnchen in ihrer Garderobe, keine Blumen nirgendwo (wegen Allergie), das Publikum unbedingt ohne Geräusche, Beifall nur nach bestimmten Liedern und auf gar keinen Fall zwischendrin, wie es im Programmheft ausdrücklich geschrieben stand. Die Grandezza, mit der diese 1,85 Meter große, mächtige Frau mit ihrem markanten Gesicht und dem farbigen Teint dann auftrat, kann man nicht spielen – die hat man, oder man hat sie nicht. Hocherhobenen Hauptes, mit seidener Kopftuchhaube wie eine stolze sumerische Königin, so kam sie zur linken Bühnentür herein, schritt vor dem Flügel mit aufgestelltem Deckel her und war schon vorne an der Rampe, als ihr Gewand mit der langen Schleppe hinten noch das dritte Bein des Flügels umspielte. Die Bühne war mit einem Spezialbelag ausgelegt, wie auch für Ballettaufführungen üblich. In diesem Fall: akustisch wertvoll und staubfrei, so gut es ging.

Dann der Vortrag. Das Publikum mucksmäuschenstill, die Stimme engelsgleich. Das Lungenvolumen so groß, dass die Norman lange Passagen auf nie gehörte Weise am Stück singen konnte, ohne zwischendurch Luft zu holen, was die Zuhörer in den Bann zog, den Fluss der Melodie ganz neu erfahrbar machte und den Eindruck nie gehörter, ja überirdischer Schönheit des Gesangs noch verstärkte. Die hohen Töne gestützt von dem enormen Luftvolumen, beherrscht, das Pianissimo sanft und doch kraftvoll aus ihrem gewaltigen Brustkorb strömend. Es war überwältigend.

Während meiner Zeit ohne Zender war ich zwischendrin auch Versuchskaninchen bei Heinz-Dieter Sense in der Kaufmännischen Verwaltung. Sense legte später eine große Karriere hin, war Intendant der Deutschen Oper Berlin und Geschäftsführer der Bayreuther Festspiele, aber damals sollte er den computergestützten Verkauf der Eintrittskarten an der Oper einführen und musste dafür ein Programm einrichten und den Bedürfnissen des Hauses anpassen. Da saß ich dann und führte bestimmte Tastenbefehle aus, und wir beobachteten gespannt, ob der Computer das machte, was er sollte. Es ging los mit der Erfassung der Abonnentenkartei. Was heute leicht einzurichten und in vielen Programmen schon enthalten ist, war damals noch Pionierarbeit im Brachland, zum Beispiel das automatische Einfügen der männlichen oder weiblichen Anrede im Brief, passend zum Adressaten.

Außerdem nahm ich in dieser Zeit an einer Gastspielreise

der Staatsoper teil. Mit einer Chartermaschine der KLM flog die gesamte Besetzung der Korngold-Oper »Die tote Stadt« nach Amsterdam: Chor und ziemlich großes Orchester für den Graben und die Bühnenmusik, dazu aufwendiges Schlagwerk mit vier Pauken und sieben tiefen Glocken, zwei Harfen, Basstrompete, Kontrafagott; zehn Solisten, Tänzer, Tänzerinnen und Statisten; dazu Teile des Bühnenbilds, Kostüme, Maskenbildnerei und was man sonst noch so braucht. Mit Amsterdam wurde vorbesprochen, was am dortigen Haus vorhanden sei, aber der Hamburger Inspizient und die langjährige Souffleuse Ingvelde Binder waren natürlich auch dabei. Und das war nur ein sehr kleines, überschaubares Gastspiel gegenüber den großen, mehrere Wochen dauernden Reisen von Oper oder Ballett nach Fernost. Da hatte man sogar mehrere Opern im Programm, wobei die Solisten nicht die gesamte Zeit dabei sein mussten, sondern einzeln zu ihren Auftritten eingeflogen wurden.

Im Juli 1988 kam der Tag, an dem mein Vertrag bei der Staatsoper endgültig endete, und ich war traurig. Ein Musiktheater ist eine Welt für sich, ein eigener autarker Kosmos mit großer Emsigkeit und Strahlkraft. So einen Betrieb – auch wirtschaftlich – zu leiten und am Laufen zu halten, ist eine Mammutaufgabe. Allein die Zahl der Gewerke, die an so einem Haus gebraucht werden und beteiligt sind, ist enorm. Das geht los beim Bühnenbild mit den Tischlern und Kulissenbauern, der Malerwerkstatt, der Kostümschneiderei, den Maskenbildnern; aber auch ohne Spezialisten für die Elektrik, Techniker für Schnürboden, Bühnenmaschinen, Beleuchtung und pyrotechnische Effekte geht es nicht. Ich habe schon Aufführungen mit großen Wasserflächen gesehen, in denen zumeist Sängerinnen singend planschen mussten – für die dafür zuständigen Gewerke gewiss eine Herausforderung. Ferner die künstlerische Seite mit dem gesamten Einstudierungs- und

Proben-Business, mit Korrepetitoren für die Solisten (die Klavierstimmer hier nicht zu vergessen), mit assistierenden Dirigenten für die Ensembleproben, Einstudierung von Chor und Kinderchor, dann die große, inzwischen ausgelagerte, selbstständige Abteilung Ballett mit Ballettschule, die Dramaturgie, die Notenbibliothek mit den Partituren und Orchesterstimmen der im Spielplan befindlichen Werke. Auch geht es nicht ohne den Orchesterdiener, der vor jeder Aufführung im Graben die Pulte und Stühle so stellt, wie sie für die jeweilige Besetzung am Abend gebraucht werden, und die Stimmen so verteilt, dass jeder Musiker das vorfindet, was er zu spielen hat.

Beim Sprechtheater ist es ja nicht viel anders, aber einige wichtige Unterschiede zum Musiktheater gibt es doch. Der gesamte musikalische Apparat, der diese besonderen Ansprüche stellt, fehlt beim Schauspiel: Sänger und Sängerinnen sind am Tag der Aufführung von anderen Terminen, vornehmlich Proben, befreit, wohingegen Schauspieler, auch wenn sie abends Vorstellung haben, vormittags noch stramm probieren müssen. So war es jedenfalls zu Zeiten Peter Zadeks am Deutschen Schauspielhaus. Zadek hatte damals einen Körpertrainer für sein Ensemble, Charly Lang aus Berlin, der auch die Choreografien für bestimmte Kampf- und Fechtszenen unter Zadeks Regie erarbeitete und einstudierte. Charly und ich lernten uns auf einer Premierenfeier kennen und luden uns von da an immer gegenseitig zu unseren Premieren ein, ich bei der Oper, er beim Schauspielhaus. Wir lästerten uns durch die Aufführungen und analysierten im Fall Zender auch dessen Körpersprache und seinen Kontakt zum Orchester im Dirigat. Mit Charly an meiner Seite bekam ich einen völlig neuen Blick auf die Kunst der Bewegung bei Darstellern und Sängern und auf deren Bühnenwirksamkeit. Es ging dabei nicht so sehr um Fitness, sondern um die Harmonie der Bewegung, um innere Übereinstimmung mit dem nach außen Gezeigten, eine Art ganzheitliche Verschmelzung mit der Rolle. Die Zeit mit Charly, den ich hinterher immer in meinem Auto mitnahm und am Braamkamp in Winterhude absetzte, war herrlich. Leider durfte ich nie mit raufkommen, er hatte eine Flamme in der Schweiz und war ihr offenbar treu. Doch diese Abende gehören mit Sicherheit zu den »pädagogisch wertvollsten«, aber auch amüsantesten jener Jahre.

Zu meiner Zeit kampierten die Opernfans noch tage- und nächtelang auf dem Gehweg vor der Opernkasse, um bei Kassenöffnung am Tage X eine Karte für Placido Domingo zu ergattern – Online-Buchungen gab's ja noch nicht. Der charismatische Sänger liebte die Hamburger, und die Hamburger liebten ihn. Er feierte im September 1968 sein Debüt an der Metropolitan Opera in New York, war aber schon anderthalb Jahre vorher, im Januar 1967, zum ersten Mal in Hamburg aufgetreten. Jeder einzelne Platz in Parkett und erstem Rang wurde von der Intendanz vergeben, nur wenige Karten kamen überhaupt in den freien Verkauf und kosteten für damalige Verhältnisse ein Vermögen. Was ich heute noch vermisse, das sind die Worte, die man sich am ersten Tag der neuen Spielzeit, beim Wiedersehen nach der langen Sommerpause, mit frischem Elan und positiver Energie zurief: »Ich wünsche Ihnen eine schöne Spielzeit!«

In der Folgezeit nahm ich alle möglichen Jobs an, die das Arbeitsamt mir präsentierte, zum Beispiel als Alleinkraft in einer versifften Exportfirma für Agrar- und Molkereiprodukte in einem kleinen Industriegebiet in Langenhorn, in der die überfüllten, stinkenden Aschenbecher des Chefs auch übers Wochenende nicht geleert wurden. Oder in der Hamburger Geschäftsstelle einer Münchener Baubetreuungs- und Immobilienverwaltung ganz in der Nähe des Pressehauses, bei der die Steuerfahnder schon vor der Tür standen, als ich eines Morgens eintraf. Sie griffen sich bestimmte Ordner aus dem

Regal – die telefonische Warnung meines Chefs kam zu spät, ich konnte sie nicht mehr beiseiteschaffen. Im Büro der Star-Friseurin Marlies Möller war ich dem Sohn zu Diensten und lernte nebenbei, wie man den Computer bedient, bügelte aber auch schon mal schwarze Frisierumhänge und Kittel, die von MM entworfen worden waren und fotografiert werden sollten. Bei der Burmah Oil Deutschland GmbH an der Esplanade hatte ich einen sehr gut bezahlten Job, aber leider nichts zu tun. Ich saß den lieben langen Tag in meinem großen Büro herum, meldete mich immer wieder und forderte Arbeit, aber die Herrschaften grinsten nur und meinten, »gehen Sie doch einkaufen oder Kaffee trinken« – aber danach war mir nicht. Dann wollte ich lieber mit meinen Kindern zusammen sein, sie mit wohlschmeckenden Kalorien versorgen, mit ihnen Schulaufgaben machen oder mit dem Hund spazieren gehen – aber rumsitzen, das war noch nie mein Fall. Am schönsten waren die freien Jobs, die mir aus meinem persönlichen Umfeld und aufgrund früherer beruflicher Verbindungen angeboten wurden: von der Anzeigenrepräsentantin für Theater- und Bühnenzeitschriften im Hause Carini-Werbung bis zur PR-Mitarbeit an Rüdiger Proskes Sat.1-Sendereihe zur deutschen Geschichte »Mitten in Europa«. Immerhin habe ich in jenen Jahren so viele verschiedene Metiers kennengelernt, so viele Einblicke in Firmen und Geschäfte bekommen, dass ich wohl als vielseitige Allrounderin gelten darf. Inzwischen schreckt mich gar nichts mehr und ich traue mir alles zu.

Ich fing dann 1988 an, Bücher zu übersetzen, was schon immer mein Traum gewesen war und nicht ohne Glücks- und Zufälle möglich gewesen wäre – aber auch nicht ohne meinen Mut, gebotene Chancen zu ergreifen. Bekanntlich wächst man ja an seinen Aufgaben, und so verlief mein Leben fortan dreigleisig: immer noch als Sekretärin, nun auch als freischaffende Übersetzerin und im Nebenberuf als alleinerziehende Mutter.

Die Eroberung des Fritz J. Raddatz

Er war skeptisch. Und er hatte Angst. Vor mir, vor seiner Zukunft, vor sich selbst. Anfang 2001 stand Fritz J. Raddatz wieder einmal vor einem großen Umbruch: Nach sechsundzwanzig Jahren ging seine vertraute, ihm symbiotisch verbundene Sekretärin Ilse Schulze in Rente, ein Jahr vor seinem eigenen, für Ende 2001 vertraglich festgelegten endgültigen Ausscheiden aus der *Zeit*-Redaktion. Ilse hatte schon ein Jahr ihres kostbaren Ruhestands drangegeben und wollte diesen nun endlich genießen: reisen und einen Hund halten. Aber wer sollte dem sensiblen Professor in seinem letzten Jahr als *Zeit*-Autor mit Anspruch auf Büroräume und Bürokraft nun zur Seite stehen?

»They never come back« – dieser aus dem Boxsport bekannte Spruch für einmal entthronte Schwergewichtsweltmeister galt und gilt in gewisser Weise auch für mich. Niemals bin ich irgendwohin zurückgekehrt – weder in Beziehungen noch an Arbeitsplätze. Was einmal abgeschlossen war, blieb Vergangenheit und wurde nicht wiederbelebt. Die einzige Ausnahme war meine Rückkehr zur *Zeit*, denn Ilse Schulze und Raddatz kamen auf die glorreiche Idee, mich zu fragen, ob ich nicht sein letztes Jahr auf der Redaktion dort mit ihm verbringen, für ihn arbeiten wollte. Einst hatte ich Ilse zu Raddatz vermittelt, und nun fiel diese gute Tat krönend auf mich zurück. Raddatz und ich kannten uns ja, hatten uns noch zu seinen Rowohlt-Zeiten oft getroffen, ich an der Seite von Theo Sommer auf den berühmten Rowohlt-Festen, auf Sylt und anderswo. Anfang 2000 hatte es sich ergeben, dass ich ihm als freie Mitarbeiterin für seine Gottfried-Benn-Biografie empfohlen wurde und das Buchmanuskript von der Handschrift zunächst einmal abtippen, dann aber seine ungewöhnliche, sehr spezielle, aber praktische Art des Zitatnachweises lernen und diesen sowie Zeittafel, Bibliografie und Personenregister selbstständig erarbeiten sollte. Die handschriftliche Widmung in diesem zu seinem siebzigsten Geburtstag im September 2001 erschienenen Buch lautet: »Für Heide Sommer, die dieses Buch geschrieben hat; ich habe es nur verfaßt – Ein dikker, herzlicher Dank von F. J. Raddatz, September 01«. Reine Koketterie, aber eigentlich eine nette Art, die niedere Tätigkeit des Abtippens zu würdigen.

Wie viele hunderttausend Seiten mögen es wohl gewesen sein, die ich seit den Anfängen meiner Berufstätigkeit 1961 getippt habe? Wenn ich alles zusammenzähle, alle Korrespondenzen, Artikel, Buchmanuskripte, und meine Übersetzungen mit einrechne, komme ich bestimmt auf eine sehr hohe Zahl mit vielen Nullen. Was aber liebe ich so daran? Ich finde es einfach spannend, das Entstehen von Texten mitzuerleben, und habe mir da nicht die schlechtesten Autoren ausgesucht. Immerhin bin ich die Erste, die den neuen Text zu sehen bekommt, die spürt, ob der Autor stark ist oder schwächelt, gut drauf ist oder an sich zweifelt, gar verzweifelt. Und ich bin gerne die Zweite, muss nicht vorneweg tanzen, Zugpferd sein. Ich bin glücklich und vor allem gut in der Rolle der Nachschöpferin, der Zuarbeiterin, der Unterstützerin und sprudele nur so vor Ideen, die dem jeweiligen Werk zugutekommen, wenn der Autor, der Verlag sich darauf einlassen. Ich kann dabei meinen Perfektionismus als ewige Besserwisserin ausleben, brauche manchmal Mut, um den Mund aufzumachen, aber wenn man mich anhört, gerät das nicht zum Nachteil des Werks und seines Schöpfers. Ich kann aber auch loslassen, mich innerlich zurückziehen, von der Arbeit distanzieren, wenn ich spüre, dass ich kein Gehör finde oder dass Autor oder Autorin »zugemacht« haben, meinen Vorschlägen nicht folgen mögen. Man kann auch aufdringlich sein und stören, wenn man zu viel anbietet. Das kreative Element ist wohl das, was mich am meisten an diesen Tätigkeiten reizt, denn ich fühle mich als Eingeweihte, dem Autor nah, dem Werk verpflichtet und hege große Hochachtung vor dem schöpferischen Akt des Schreibens.

Mit meiner Rückkehr zur *Zeit* nach immerhin fünfunddreißig Jahren schloss sich ein Kreis, heilte eine Wunde, die bei mir seit 1966 schwelte, als ich wegen der Entdeckung meiner Affäre mit Theo Sommer ins Exil geschickt worden war und nicht nur den Mann hatte aufgeben sollen (was ja dann nicht klappte), sondern auch meine geistige Heimat, mein geliebtes berufliches Umfeld verlor. Zum Glück nicht für immer, wie sich herausstellte, denn in den folgenden Jahren und Jahrzehnten habe ich mich ja nach wie vor in der Presse bewegt, beim *Spiegel* und in befreundeten Redaktionen. Und nun noch einmal dorthin zurückzukehren, wo ich so gerne gearbeitet hatte, zu den Menschen, von denen etliche allerdings inzwischen schon gestorben waren – ja, auf Trauerfeiern hat man sich dann immer noch einmal wiedergesehen –, das war eine schöne Aussicht.

Aber es war auch einiges zu bedenken. Was würde Theo dazu sagen, von dem ich seit 1988 geschieden war, zu dem sich aber ein sehr freundschaftliches Verhältnis entwickelt hatte, wie wir es in den Jahren unserer großen Liebesbeziehung, aber nicht in unseren wenigen Ehejahren erlebt hatten. Wie sagt Bertolt Brecht in seinem »Liebeslied aus einer schlechten Zeit« so schön: »Wir waren miteinander nicht befreundet/Doch haben wir einander beigewohnt./Als wir einander in den Armen lagen/War'n wir einander fremder als der Mond.« Als ich mit Josef Joffe kürzlich zu Abend aß, kamen wir auf dieses Thema zu sprechen, und er erwies sich als ein glühender Verfechter der These, dass auch und gerade Eheleute in erster Linie Freunde sein müssen. Ihm scheint das gelungen zu sein, Theo und mir leider nicht. Jedenfalls war Theo einverstanden, auch die Chefredaktion (Josef Joffe und Michael Naumann) und die benachbarten Ressorts hatten keine Einwände, Marion Dönhoff freute sich bei ihren letzten Besuchen auf der Redaktion in ihrem letzten Lebensjahr, mich wiederzusehen, und wünschte mir Glück, und so war es bald fast wie früher: Es begann ein von Sympathie und Respekt getragenes Arbeiten in einem sehr freundschaftlichen, kollegialen Umfeld – und in einem, wie sich herausstellte, Schicksalsjahr voller dramatischer Ereignisse.

Zu der Zeit machte Raddatz noch viele Reisen, um berühmte Schriftsteller wie zum Beispiel John Updike und Saul Bellow zu interviewen. Aber die Einschläge kamen immer näher und häuften sich: Am 19. Mai 2001 starb vierundneunzigjährig der Literaturwissenschaftler Hans Mayer, bei dem Raddatz 1971 an der Universität Hannover habilitiert wurde und dem er in einer »diffizilen Beziehung« verbunden blieb. Am 29. Mai starb Ruth Liepman, die nach dem frühen Tod ihres Mannes die Literaturagentur in der Schweiz weitergeführt hatte und von Raddatz fast zärtlich geliebt wurde. Am 5. Juli nahm sich Hannelore Kohl das Leben, was weniger persönlich berührte als einiges Aufsehen erregte und zum Nachdenken über ihren Mann, den ehemaligen Bundeskanzler, Anlass gab. Für Raddatz am schlimmsten von allen Toden dieses Jahres: Am 3. November starb sechsundfünfzigjährig Thomas Brasch, der Dichter und Freund, der ihm intellektuell am nächsten stand und an den er jeden Tag mit Sorge dachte: Wie lange würde der sein Leben und seine Sucht noch durchhalten? Im Tagebuch schreibt Raddatz: »Dieser Tod hat mir ein Loch in die Brust geschossen.« Also tiefe, ungläubige Erschütterung. Er hielt die Grabrede und veröffentlichte diese am Schluss seines zauberhaften Bändchens »Mein Sylt«.

Aber der dramatische Höhepunkt des Jahres 2001 war der 11. September, dieses unvergessliche Datum »Nine-Eleven«, als in New York die Zwillingstürme des World Trade Centers einstürzten. Als sich die Nachricht von den Flugzeugattacken an jenem müden Dienstagnachmittag gegen 16 Uhr im Verlagshaus verbreitete und man sich auf den Fluren erste Einzelheiten zuraunte, war Raddatz schon zu Hause. Ich packte meine Sachen, hatte ohnehin Feierabend und machte mich auf den Heimweg. Als ich im Autoradio die Nachrichten verfolgte, wusste ich: Der Raddatz hat keine Ahnung von dem, was da gerade passiert. Nachmittags sah er niemals fern, Radio hörte er auch nicht. Aber ich fand, er musste Bescheid wissen. Was also tun? Anrufen natürlich! Aber das war im Falle Raddatz nicht so einfach, sondern ein Sakrileg: Er hasste überraschende Anrufe, zog Faxnachrichten vor, die er zur Kenntnis nehmen konnte, wenn ihm danach war. Er verabredete sich sogar per Fax für bestimmte Uhrzeiten zum Telefonieren, und wehe, wenn der verabredete Anruf dann nicht pünktlich kam und er länger als fünf Minuten warten musste – das bereitete ihm gehörigen Ennui, stürzte ihn in tiefe Verzweiflung und war von großem Nachteil für den Anrufer.

Aber ich fasste mir ein Herz und griff zum Hörer. Abweisend und mürrisch klang sein im Stakkato ausgestoßenes emotionsloses »Hallo«, und als ich ihm eine Kurzfassung der Ereignisse geliefert und empfohlen hatte, das Fernsehen einzuschalten, verstummte er für Sekunden und fragte dann: »Jetzt oder in der Tagesschau?« Dass es auf sämtlichen Kanälen nichts anderes zu sehen gab, schien dem jenseits seiner Gewohnheiten Weltfremden unvorstellbar. Dann sagte er noch: »Das ist Krieg«, und legte auf.

Der nächste Tag war ein Mittwoch, die reguläre Zeitung

schon fertig und im Druck. Joffe, Naumann, Theo und Kollegen entschlossen sich, zusätzlich zum normalen Blatt eine Sonderausgabe zu produzieren, und waren dankbar für jede helfende Hand, die mit anpackte: Artikel tippen, Telefonate führen, Fotos besorgen, eben alles, was man für eine spontan geplante Ausgabe braucht. Da war ich natürlich dabei, das ließ ich mir nicht entgehen.

Nach dem 11. September war eigentlich nichts mehr wie zuvor, aber Raddatz und ich hatten im Laufe des Jahres unsere Einstellung zueinander gefunden. Er fasste Vertrauen zu mir, versuchte, sich mit seinen peniblen Vorschriften, die mich in meiner Handlungsfreiheit enorm einengten, immer mehr zurückzuhalten. Mir wurde ja nicht nur vorgeschrieben, *was* ich zu tun hatte, sondern auch noch *wie* ich es tun sollte. Der Ängstliche wollte halt sichergehen, dass alles so gemacht würde, wie ER es sich vorstellte und von seiner Ilse gewohnt war. Solche Chefs finde ich ausgesprochen anstrengend. Sie verunsichern und zwingen mich, noch die einfachsten Abläufe lange und gründlich zu hinterfragen. Aber das hatte ich drauf: Anweisungen befolgen, Kritik ertragen, möglichst einfühlsam mit- und vorausdenken, kurz: ein Rundum-sorglos-Paket liefern.

Im Grunde war ich in all den Jahren meines Daseins als Sekretärin, und nicht nur bei Raddatz, eine Art Wunscherfüllerin. Ich war das gerne und entwickelte es zu einer hohen Kunst: sich zurücknehmen und trotzdem etwas bewirken. Es fiel mir kein Zacken aus der Krone, ich fühlte mich weder missbraucht noch herumgeschubst, sondern empfand mich in meiner Rolle als »Zweite« hinter dem Chef genau am richtigen Platz, um bei der Umsetzung dessen, was der Chef im Sinn hatte, an vorderster Front und auf intelligente Weise behilflich zu sein. Mit meinem gesunden Menschenverstand und meinem oft gefragten Lieschen-Müller-Urteil gelang es mir immer, brenzlige Situationen zu entschärfen, Probleme zu lösen. Ich freute mich an meinen kleinen persönlichen Erfolgen, und wenn es im Beruf auch darum geht, zu glänzen und erfolgreich zu sein, dann fiel genügend Glanz von oben auf mich, um mein Geltungsbedürfnis, mein Ego zu befriedigen. Man muss wissen, wo man steht, aber man darf durchaus auch wissen, wer man ist. Dieses Selbst-Bewusstsein war es wohl, das mich gut und erfolgreich durch all die Jahrzehnte getragen hat.

Eine Woche vor dem Schreckensdatum Nine-Eleven hatte es den 3. September 2001 gegeben, und das war ein Schreckensdatum der ganz anderen Art: der 70. Geburtstag von Fritz J. Raddatz. Wie immer zum Geburtstag war er in seiner Wohnung in Kampen auf Sylt und traf logistische Vorkehrungen, um die vielen zu erwartenden Blumensträuße, Päckchen, Pakete und Geschenke aller Art – Freunde und Gäste waren nicht geladen – richtig zu dirigieren. Ich bastelte große Hinweisschilder für die Boten: »Zu Prof. Raddatz – Bitte über den Parkplatz zur Terrasse gehen«, und hoffte, dass der Strom der Gaben so sein Ziel erreichen würde. Ob sich der Aufwand lohnte, kann man in der Nachlese des Geburtstags in seinem Tagebuch erfahren, und ob der Jubilar zufrieden war, auch. Am wichtigsten ist wohl der Eintrag vom Geburtstag selbst: »Kampen, den 3. September. 70. Geburtstag. Grabstein gekauft.« Damit hat er sich, nachdem er die Grabstelle schon lange besaß, selbst beschenkt.

Aber der Jubilar war nicht zufrieden, es gab ein menschlich bitteres Nachspiel. Der *Zeit*-Verlag schmiss eine schöne, aufwendige Feier im großen Saal des Hamburger Literaturhauses, zu der alles eingeladen war, was Rang und Namen hatte und dem zu Ehrenden Ehre erwies, aber am Ende des Jahres, als er sein Büro räumte, legte »Eff-Jott« die Worte der Einladung auf die Goldwaage. Er sagte und schrieb, nach so vielen Jahren habe der Verlag ihm nicht einmal ein Abschiedsfest gegönnt. Auf der Einladung zu dem Fest im Literaturhaus habe nur etwas von »Geburtstag« gestanden, und von dieser Interpretation war er nicht abzubringen. Aber zwei Riesenfeten im Abstand von drei Monaten – war diese Erwartung nicht etwas vermessen? Seltsam, aber so kann man sich seine Kopfschmerzen auch selber machen.

Ende 2001 begann für Raddatz ein großes Revirement. Ich löste sein *Zeit*-Büro auf und erreichte durch eine taktisch kluge, an den richtigen Mann gerichtete Frage, dass er seine Büromöbel – Schreibtisch, Lampe, Ledersessel –, die er nun schon so viele Jahrzehnte »besessen« hatte, behalten durfte. Sie wären sonst vernichtet worden und wurden nun in das neu bezogene Büro der Kurt-Tucholsky-Stiftung, deren Vorsitzender Raddatz ja war, transportiert und halfen ihm, den Abschied von der *Zeit* einigermaßen zu verkraften. Der vertraute Schreibtisch, der dem bei Schriftstellern besonders strapazierten Hinterteil vertraute Sessel – wie tröstlich war das. Das »Büro« war eigentlich eine hübsche kleine Wohnung – zwei Zimmer, Küche, großes Bad, Fahrstuhl und Balkon – ganz oben in einem der alten Häuser in der Mönckebergstraße, gegenüber von Karstadt, aber hintenraus zum Pressehaus. Dort hörte gerade die studentische Hilfskraft auf, sodass Raddatz mir den Job anbieten konnte. Was für ein Glück, wieder einmal, aber auch für ihn, denn die Stiftung war sein Augapfel, sein Baby. Er hatte sie mit Tucholskys 1987 verstorbener Witwe Mary Gerold-Tucholsky gegründet und ihr versprochen, bis zu seinem 80. Geburtstag deren Geschicke zu leiten.

Bis Ende 2005 erhielt die Stiftung aus der Verwertung der Werke Tucholskys ihre Einkünfte, aus denen sie satzungsgemäß Stipendien an deutsche Studierende im Ausland oder ausländische Studierende in Deutschland vergab. Dann aber, siebzig Jahre nach Tucholskys Tod, lief das Urheberrecht aus, und es gab keine Tantiemen mehr. Das Werk Tucholskys war »gemeinfrei«, jeder konnte es nun kostenlos aufführen, umdichten, verballhornen, sich in anderer Form daran vergreifen, wie Raddatz formulierte, denn es graute ihm davor. Wir durften laut Stiftungsgesetz nun kein Geld mehr für Büromiete und mein Gehalt ausgeben, lediglich ein 400-Euro-Job war für mich noch drin, denn die Stiftung bestand ja noch, die vielen Bewerbungen mussten geprüft und begutachtet, Stipendien vergeben werden. Ich räumte also zum zweiten Mal ein Raddatz-Büro, verkloppte oder verschenkte die Möbel an andere Büros auf der Etage. Die vierhundert Bücher, darunter seltene Tucholsky-Ausgaben, wurden von Peter Böthig, dem Leiter des Kurt-Tucholsky-Museums in Rheinsberg, abgeholt und übernommen. Die Akten gingen zum größten Teil ins Deutsche Literaturarchiv in Marbach am Neckar in das dortige Tucholsky-Archiv, und die Stipendienarbeit nahm ich mit zu mir nach Hause, denn dort verfügte ich ja über das, was laut Virginia Woolf alle Frauen und Mädchen haben sollten: »Ein Zimmer für sich allein«, mein großes, schönes Arbeitszimmer. Im Jahre 2011 übergab ich dann alles an den neuen Vorsitzenden Joachim Kersten.

Und wo blieb Raddatz? Hatte er nun gar kein Büro mehr in der Hansestadt? Die rettende Idee kam wieder von mir. Ich kannte inzwischen seine Eigentumswohnung im Hochparterre einer Villa in der Heilwigstraße. Ich kannte auch seine dazu gemietete Arbeitswohnung im Souterrain des Hauses, den Ort, an dem er Artikel und Bücher schrieb, telefonierte, Briefe tippte und Faxe verschickte. Dort unten saß er im größten und schönsten der drei Zimmer mit Ausgang zum Garten, daneben gab es ein Zimmer mit besonders schiefen Regalen und dem freistehenden, von ihm als »Höllenmaschine« bezeichneten Fotokopierer, der dritte Raum war spartanisch als Gästezimmer eingerichtet. Es gab auch ein geräumiges Bad und im Flur eine kleine Pantry wie im Flugzeug. Und dieses Gästezimmer sollte nun, so schlug ich ihm vor, mein beziehungsweise sein neues Büro werden. Seine gesamte Arbeitsbibliothek war dort unten auf alle Räume verteilt, fünftausend Bücher, alphabetisch geordnet, füllten sämtliche Wände bis unter die Decke, der Flur durch überstehende größere Formate so schmal, dass man schon mal hängen blieb. Oben, in der repräsentativen Wohnung, außer seinen eigenen, gleich am Eingang stehenden Werken im eigens von seinem Buchbinder handgefertigten Sondereinband: keine Bücher! Nur Kunst! Bilder und Skulpturen, wertvolle alte Möbel und einst sündhaft teures Meißner Porzellan, das heute eigentlich nicht mehr verkäuflich ist, weil niemand es mehr haben will, und Fadengläser, in denen er gerne Champagner ausschenkte, schlückchenweise wie aus einem Fingerhut. Und nicht zu vergessen: die Messerbänkchen. Diese von ihm gern verwendeten und oft beschriebenen kleinen Geräte legte er sich auch selber vor, wenn er ganz allein zu Hause speiste – sie gehörten zu seiner Esskultur wie die Rose auf dem Frühstückstablett.

Er gab mir schnell recht: Das Gästezimmer brauchte er eigentlich nicht mehr. Dort hatte vornehmlich Günter Grass sein müdes Haupt gebettet, wenn er nach einem Abend bei Raddatz zu betrunken war, um noch nach Lübeck oder Behlendorf zurückzufahren. Aber Grass kam kaum noch, und wenn, dann nicht allein, sondern hin und zurück chauffiert von seiner Frau Ute. Ich überredete Raddatz, das alte Schlafsofa rauszuschmeißen und den kleinen Raum in ein klitzekleines Büro umzuwandeln, in dem wir beide gerade so Platz fanden. Das Ganze war ja im Souterrain, und ich hatte zwar ein Fenster auf Höhe des Erdreichs vor mir, das aber überwuchert war von einem riesigen Rhododendron-Busch, der kein Tageslicht durchließ und nur noch an der Peripherie Blüten entwickelte; innen waren die dicht ineinander verschlungenen

Stämme und Äste kahl. Ein kräftiger Schnitt hätte da gut getan, aber da ging Raddatz nicht mehr dran. Der Garten- und Pflanzenliebhaber fürchtete sich vor dem, was sein Gärtner ihm prognostiziert hatte: »Es dauert sehr lange, bis das nachgewachsen ist.« Er ließ die Hände davon und sagte entschieden zu mir: »Das erlebe ich nicht mehr.«

Wieder war sein alter Schreibtisch von der *Zeit* mit dabei, sein Ledersessel, die Lampe – und nun auch noch der Stiftungscomputer mit Tisch und Drucker. Wie praktisch! Ich bekam Schlüssel und konnte kommen und gehen, wann ich wollte, tat das aber nur nach Absprache mit ihm, denn ich spürte seine Angst. Ich war die erste und einzige Frau, die diese Arbeitsetage je betreten hat, sie war sein Allerheiligstes, und er wusste nicht, ob er eine fremde Frau dort ertragen würde. Er empfand mich als Eindringling, aber als notwendiges Übel. Einfühlungsvermögen und äußerste Zurückhaltung meinerseits waren gefragt, Rücksichtnahme und Empathie.

Raddatz erschien immer zwei, drei Stunden nach mir, gab mir »Vorlauf«, damit ich die vorbereitete Arbeit schon erledigen, Briefe bereits unterschriftsreif tippen konnte, und schon bei seinen ersten leisen Schritten auf dem uralten Teppichboden (er kam ja, manchmal in gepflegten Pantoffeln, direkt durch den Weinkeller seiner Wohnung angeschlurft) hörte oder spürte ich, wie er drauf war. Wenn er die Luft zischend durch die Zähne zog, war er ärgerlich, hatte Beschwerden an mich oder andere. Oder er stöhnte laut, was oft bedeutete, dass er bei Blume 2000 mannshohe Zwiebelblüten für mich gekauft hatte und diese ihm nun, mit allen möglichen unter den Arm geklemmten Papieren, zu entgleiten drohten. Alles Bitten meinerseits, er möge mir doch kleinere Blumen mitbringen, auch ich hätte Probleme, die großen Stiele bei mir nach oben zu schleppen, war vergebens. Er fand die zart lilafarbenen Blütenbälle so schön, bewunderte ihre von der Natur hervorgebrachte Gestalt und Farbe so sehr, dass es eben diese sein mussten. Klein-Klein war Raddatzens Sache nicht.

Wir arbeiteten nun schon einige Jahre zusammen und waren gut aufeinander eingespielt. Es wurde immer lockerer, ja sogar wohliger, er schenkte mir Pralinen und Parfum, signierte mir seine Bücher, die ich ja für ihn bis zur Druckreife begleitete. Auch machte er mir reizende Komplimente über mein Aussehen, was bewies, dass er überhaupt hinschaute. Einmal überraschte er mich mit Anstrichen in den Kontaktanzeigen des *Zeit*-Magazins, denn er verstand nicht, warum ich immer noch allein sei und keinen Lebenspartner hätte. Da war ich zwar sehr gerührt, denn er hatte passende, sogar schmeichelhafte, niveauvolle Annoncen ausgesucht, aber den Zahn musste ich ihm sofort ziehen. Ich fand, er war naiv und hatte von dem Business, das dahintersteckte, keine Ahnung. Das Aufklärungsgespräch, das ich dann mit ihm führte, war sehr komisch und holte den Gutgläubigen auf den Boden der Tatsachen zurück: dass nämlich die wenigsten Anzeigen »echt« sind, dass sie nicht von den sich selbst anpreisenden Herrschaften aufgegeben wurden und man ohnehin zwischen raffgierigen Vermittlungsagenturen und übelsten Privatannoncen unterscheiden müsse. Eine völlig fremde Welt für ihn! Das hatte er nicht gewusst und glaubte er mir wohl auch nicht so ganz.

Damals hatte er noch die Wohnung in Nizza, wo er jedes Frühjahr mehrere Wochen mit seinem Lebenspartner Gerd Bruns verbrachte. Oft nutzte er gerade die Zeit an der Côte d'Azur im Mimosenrausch, um ein neues Buch zu schreiben, um dann einen Großteil des handschriftlichen Manuskripts fertig von dort mitzubringen. So geschah es zu meiner Zeit mit seinen Erinnerungen »Unruhestifter« und mit seiner Rilke-Biografie.

Man denke nicht, dass Fritz J. Raddatz selbstsicher und

traumwandlerisch seine Bücher schrieb und ablieferte. Nein, er hatte jedes Mal einen Riesenbammel und große Skrupel. Nach Beendigung der Niederschrift musste er erst einmal in die Fleetinsel-Klinik, um sich dort bei seinem Professor, wie er selber sagte und schrieb, einen »Genickschuss« verpassen zu lassen. Dieser bestand aus einer Spritze, die in den oberen Bereich der Halswirbelsäule, womöglich in der Nähe des Atlas, gesetzt wurde. Dort nämlich entstanden mit der Zeit unerträgliche Schmerzen aufgrund seelischer Anspannung oder körperlicher Verspannung durch die monatelange verbissene Konzentration und die angestrengte Haltung beim Schreiben mit der Hand. Er besorgte sich ja extra schwergängiges Papier mit senkrechten Rillen, damit die Feder des Füllhalters beim Schreiben einen Widerstand überwinden müsse und er es beim Verfassen seiner Texte nicht allzu leicht hätte. Dieser »Genickschuss« war jedes Mal nach Beendigung eines großen Manuskripts fällig, und stets musste er danach eine Nacht sitzend im Klinikbett verbringen.

Was aber nach der Ablieferung des Rilke-Manuskripts geschah, das spottet jeder Beschreibung. Wie immer bangte und barmte Raddatz, ob er wohl bald, möglichst gleich am nächsten Tag, eine Reaktion, eine positive, eine hymnische Reaktion aus dem Hause Suhrkamp/Insel erfahren würde. Aber nichts geschah. Es gab keinerlei Reaktion, wochenlang nicht. Dann kam ein Brief. Der Insel-Verlagsleiter schrieb in wenigen Zeilen eiskalt, er müsse dieses Manuskript ablehnen, es sei schlecht geschrieben und enthalte zu viele Fehler. Aus. Das war's. Eine Gelegenheit zur Stellungnahme, zur Aussprache, zur eventuellen Fehlerkorrektur gab es nicht. Und das ausgerechnet bei Rilke, dem Lyriker, dem Raddatz sich so verbunden fühlte, den er im tiefsten Herzen verehrte, für den er glühte und blutete. Vielleicht war er sogar zu befangen, um dieses Buch mit ausreichender innerer Distanz zu schreiben –

war er doch eigens noch auf Rilkes Spuren gewandelt und im Spätsommer 2007 zu dem »Chateau Muzot« genannten engen Turm »mit gewunden-steilen Treppen, einigen winzigen Fenstern, Schießscharten gleich, die Kühle atmenden Zimmerchen« gepilgert, in dem Rilke zuletzt lebte und dichtete. Auch hatte er das Grab in Raron besucht, um die von ihm als »Zauberspruch« bezeichnete geheimnisvolle Inschrift auf der Grabplatte zu sehen: »Rose, oh reiner Widerspruch, Lust,/ Niemandes Schlaf zu sein unter soviel/Lidern.« Im Epilog zur Biografie schreibt Raddatz, noch ganz unter dem Eindruck dieses Besuches: »Weit, weit weg ist Deutschland, die Luft schmeckt hier anders, jeder leiseste Ton klingt anders. Aber DIESER hat doch Luft und Schmecken und Ton der Deutschen eingefangen wie kaum einer? Und da liegt er nun, fern, so fern, als habe er sich weg-gedichtet.« Mehr Zauber, mehr Verzauberung, stärker verzaubernde Worte für eine Verehrung gibt es nicht. Und ich habe mich von diesem Rilke-Buch gleich mit verzaubern lassen.

Raddatz hat in der Vorbereitung zu dieser Biografie noch einmal alles von Rilke gelesen, einschließlich sämtlicher Briefe und Schriften. In gewisser Weise näherte er sich dem Dichter auch in Gewohnheiten an oder pflegte einige seiner eigenen in Übereinstimmung mit denen Rilkes, was man aus kleinen, von ihm verwendeten Zitaten ableiten könnte wie diesem: »Ebenso bin ich empfindlich für sorgsames Anrichten und Servieren, sorgfältiges und geschmackvolles Decken des Tisches etc. ...« Das ist zwar Rilke, aber auch Raddatz pur.

Was nach der Ablehnung seines Manuskripts in Raddatz geschah, können sich nur wenige vorstellen. Es war die Hölle und fraß sich in seinen Organismus wie ein Krebsgeschwür. Er war verletzt, zutiefst verletzt, konsterniert und ratlos und konnte mit der Situation überhaupt nicht umgehen. Er empfand sich und sein eigenes Dasein als »überzählig«, wie das

Rilke-Zitat im Untertitel der Biografie lautet. Er war auch wütend, konnte seine Wut aber nicht herauslassen. Man glaube nur nicht, dass ein Raddatz nach so einem Brief noch je mit dessen Verfasser auch nur ein Wort gesprochen hätte. Die Publikation war geplatzt, jedenfalls sah es zunächst so aus.

Rettung nahte in der Person von Nikolaus Hansen, dem Raddatz verehrenden und freundschaftlich verbundenen Verlegerfreund. Dieser war von 1996 bis 2000 Verleger des Rowohlt Verlags gewesen und hatte gerade die verlegerische Geschäftsführung des an die Oetinger-Gruppe übergegangenen Arche Literatur Verlages übernommen. Hansen und Raddatz wurden sich rasch einig, und 2009 erschien die Rilke-Biografie dann doch noch, zu gemischten Kritiken. Was ein gewisser Stefan Groß im Debatten-Magazin *The European* schrieb, schien mir allerdings zutreffend: »Raddatz' biographischer Essay ist auch ein Buch über den Publizisten Raddatz selbst. Zugleich aber auch ein intimes Bekenntnis zu einem Rilke, der nicht nur Lob, sondern ob seiner religiösen und frühen sentimentalischen Gedichte oft Spott und Hohn erntete.« Spott und Hohn, das sollte noch oft auch über Raddatz ausgeschüttet werden.

Das Pech blieb der Rilke-Biografie noch in einem weiteren Punkt treu. Ein polnischer Verlag zeigte Interesse, machte einen Vertrag und ließ das Buch ins Polnische übersetzen. Raddatz und ich gaben uns große Mühe und verbrachten viel Zeit damit, dem Übersetzer seine Fragen zu beantworten und die sprachlichen Eigenheiten des Autors anhand von anderen Beispielen und unter Hinzuziehung französischer Vokabeln zu erläutern. Ich hätte das nicht übersetzen mögen. Aus uns unbekannten Gründen verlief die polnische Publikation dann im Sande – vergebliche Liebesmüh.

In diese Zeit fiel noch ein anderer schwerer Rückschlag, der Raddatz ebenfalls bis ins Mark getroffen hat. Mit dem langjährigen Direktor des Hamburger Museums für Kunst und Gewerbe, Wilhelm Hornbostel, hatte Raddatz sich etwas sehr Schönes ausgedacht und auch vertraglich festgehalten: Nach seinem Ableben sollten im Museum in fester Dauerausstellung zwei Raddatz-Zimmer eingerichtet werden, in denen die schönsten und wertvollsten Stücke aus seiner Wohnung und seinem Hausstand präsentiert werden sollten, praktisch wie bei ihm zu Hause. Das waren die grazilen kostbaren Möbel, Porzellan, Gläser, aber vor allen Dingen die Bilder und Skulpturen, mit denen er sich umgab. Hornbostel und Raddatz stellten sich vor, in diesen Räumen exemplarisch das Leben eines Schriftstellers in seinem Umfeld zu zeigen, im Kontext seiner Schriften, der von ihm gesammelten und geliebten Kunst und der hinter diesen Kunstwerken stehenden Künstler. Zu jeder Tiffany-Lampe, zu jedem der ihm gewidmeten Bilder, zu jeder der vieldeutigen und wandelbaren Skulpturen seines Freundes Paul Wunderlich gab es schließlich eine persönliche Geschichte, zu jedem Interview mit berühmten Schriftstellern wie zum Beispiel James Baldwin gab es neben dem gedruckten Text eine persönliche Notiz oder ein Foto oder eine andere bewahrenswerte Erinnerung. Draußen im Garten gab es noch die riesige Statue von Alfred Hrdlicka, die Raddatz, als der Traum seines Nachlasses im Museum platzte, an das Museum Würth im fränkischen Künzelsau verkaufte, wo es schon eine Hrdlicka-Sammlung gab.

Aber warum flog ihm auch dieser Wunschtraum um die Ohren, was war passiert? Nun, im Mai 2008 verabschiedete sich Wilhelm Hornbostel in den Ruhestand, und seine Nachfolgerin Sabine Schulze übernahm die Geschäfte im Museum. Wie so oft in seinem Leben wartete Raddatz auch hier vergeblich auf eine Reaktion und darauf, dass sich diese Dame bei ihm melden und vielleicht auch ihrerseits für die sehr beachtliche »Schenkung von Todes wegen« bei ihm bedanken würde.

Und natürlich wollte er die Art der Präsentation seiner Schenkung auch gern mit der neuen Museumsleitung besprechen. Aber es verging viel Zeit, und nichts geschah. Raddatz wurde unruhig, wollte seinerseits nicht nachfragen, hätte das unhöflich gefunden und wartete, bis es nach Monaten doch noch zu einem Besuch der neuen Direktorin bei ihm in der Heilwigstraße kam, wo man ja alle Dinge noch in Gebrauch sehen und würdigen konnte.

Als ich Raddatz nach diesem Besuch wiedersah, war er ein gebrochener Mann. Das Gespräch mit Frau Schulze war unerfreulich verlaufen, sie machte klar, dass sie ein anderes Konzept als Hornbostel vertrete und keinesfalls die beiden zugesagten Raddatz-Zimmer als Dauerausstellung einrichten würde. Sie zeigte sich beeindruckt von den schönen Dingen und nähme die Schenkung gerne an, würde aber alles einlagern und nur gelegentlich im Rahmen geeigneter Ausstellungen einzelne Stücke »dazustellen«. Das konnte Raddatz nicht akzeptieren. Er löste den Vertrag auf und fühlte sich in gewisser Weise seines Lebenswerks beraubt. So gerne hätte er in dem Bewusstsein weitergelebt, dass er sich selbst ein Denkmal gesetzt, ein Zuhause für die Dinge geschaffen habe, die ihm so sehr am Herzen lagen und die er wirklich und wahrhaftig liebte. Angesichts seiner schweren Kindheit mit brutalem Vater, liebloser Stiefmutter und traumatischen Kriegserlebnissen wollte er, der Kinderlose, für diese geliebten Dinge, seine »Kinder«, ein anständiges, würdiges Zuhause schaffen. Nun sah er auch diesen Traum geplatzt, und es würde folgen, was er gerne vermieden hätte und was ihn unglaublich schmerzte: Sein über ein langes Leben gesammeltes und mit dem Füllfederhalter, wie er immer wieder betonte, zusammengeschriebenes Interieur würde samt Kunst und Kegel nach seinem Tod verkauft, auseinandergerissen und »verramscht« werden, wie er sich mir gegenüber manchmal sarkastisch äußerte.

Drei Jahre Doppelspitze

Anfang 2006 klingelte mittags bei mir zu Hause das Telefon, und eine der Damen aus dem *Zeit*-Büro von Helmut Schmidt war am Apparat. Ob ich ab Juli in den Stab von Schmidt eintreten wolle, um in seinem berühmten Langenhorner Reihenhaus Büroarbeit zu verrichten. In seinem Berliner Büro – ein solches steht allen ehemaligen Kanzlern inklusive der Sicherheitsbeamten zu – ging eine Kollegin in Rente, und Schmidt wollte den vom Bundeskanzleramt finanzierten Arbeitsplatz aus Berlin nach Langenhorn verlegen. Darauf hatte er sich mit seiner Frau Loki, seinen Beratern und dem Amt verständigt, weil er aus Altersgründen, er war immerhin schon siebenundachtzig, nicht mehr so häufig und regelmäßig wie sonst in sein Berliner Büro an der Dorotheenstraße fuhr. Bei der Überlegung, wer den Job denn am besten machen könnte, sei Loki auf mich gekommen und habe ihren Helmut, so wurde mir berichtet, gedrängt: »Na los, nun frag sie schon!«

Wir kannten uns halt lange, schon aus Bonner Hardthöhe-Zeiten, und schließlich hatte ich schon 1974 meinen erstgeborenen Sohn bei Besuchen mit Theo am Brahmsee, dem Ferienort der Schmidts, auf dem kleinen Küchentisch gewickelt. Jedenfalls waren die Schmidts eines von zwei Hamburger Ehepaaren, die mir auch nach der Trennung von Theo die Treue hielten. Das andere waren meine lieben Freunde Bunny und Rüdiger Proske.

Der inoffizielle Hintergedanke bei diesem Revirement war, dass ich als die »Neue« in Langenhorn auch Loki bei ihrer Korrespondenz mit wissenschaftlichen Gesellschaften, botanischen Gärten in aller Welt und nicht zuletzt ihrer eigenen Stiftung ein wenig zur Hand gehen sollte. Das passte genau, denn das Tucholsky-Büro war gerade »abgewickelt« worden, und zu Raddatz fuhr ich nur nach Vereinbarung und keineswegs täglich. Die Manuskriptarbeit für ihn, also das Tippen von Büchern und Artikeln, erledigte ich ohnehin bei mir zu Hause, nachts und am Wochenende.

Was für ein Energieschub! Was für eine Freude, von solcher Stelle gefragt zu werden! Ich war völlig aus dem Häuschen. Mit so etwas kann man nicht rechnen, das kommt aus heiterem Himmel oder gar nicht, eine Riesenüberraschung. Ich fuhr also wieder einmal ins Pressehaus und sprach mit Frau Krüger-Penski, die ihren Arbeitsplatz in der *Zeit*-Redaktion in unmittelbarer Nähe von Schmidts Büro hatte, aber beim Bundeskanzleramt angestellt war. Sie war die »Leiterin des Stabes«, zuständig für die Öffentlichkeitsarbeit, den Kontakt nach Berlin, Schmidts Reisen und Termine sowie den Dienstplan der Sicherheitsbeamten. Auch beriet sie ihn bei der Frage, wem er welche Interviews gab oder welche Buchverträge er annahm, und bereitete vor, was man ihm zur Lektüre vorlegte. Schmidt las zwar immer noch jeden Tag höchstpersönlich bis zu zehn in- und ausländische Zeitungen, ließ aber etliche Publikationen, Zeitschriften und Pressedienste auf bestimmte Themen hin durchforsten. Die wichtigen Absätze oder Zeilen mit relevanten Informationen, damals besonders über Osteuropa, wurden mit gelbem Marker kenntlich gemacht, was ihm das Lesen unwichtiger Teile ersparte. Für die Artikel und Aufsätze, die er schrieb, für Korrespondenz und sein Büro überhaupt gab es noch die unglaublich nette und ihm im Rauchen verbündete Rosemarie Niemeier, die ihr Versprechen, ihn zu beerdigen, letztlich nicht einhalten konnte, weil sie vor ihm das Zeitliche segnete.

Schnell waren wir uns einig, hatten Arbeitszeit und Gehalt

geklärt, da fiel mir noch etwas ein: Vielleicht sollte man doch lieber in Berlin nachfragen, ob das Amt überhaupt eine Rentnerin einstellen durfte, denn damals war die Arbeitslosigkeit noch hoch und man hätte mit Sicherheit jemand anderen finden können. Aber die Zustimmung ließ nicht lange auf sich warten. »Was Helmut Schmidt will, wird gemacht«, hieß es aus Berlin, und ich bekam den grünen Mitarbeiterausweis des Bundeskanzleramts sowie eine Einladung dorthin, um mich wenigstens pro forma vorzustellen. Schließlich wollte man die neue Mitarbeiterin auch einmal persönlich in Augenschein nehmen.

Es gab dann ein Kaffeetrinken der besonderen Art, zu dem Helmut und Loki Schmidt alle Mitarbeiterinnen und Mitarbeiter mit allen Fahrern und Sicherheitsbeamten aus Hamburg und Berlin nach Langenhorn einluden, wie sie das öfter machten. Einmal gab es während meiner Zeit auch eine Fahrt mit einem gecharterten Alsterdampfer vom Jungfernstieg bis nach Ohlsdorf und zurück, damit man sich bei aller Arbeit nicht völlig aus den Augen verlor. An der langen Kaffeetafel in Langenhorn, wo auch die von Schmidt ins Leben gerufene Freitagsgesellschaft tagte, war es ein fröhlicher Gedankenaustausch in entspannter Atmosphäre, um einerseits die Berliner Kollegin in den Ruhestand zu verabschieden und andererseits mich der Truppe vorzustellen.

Ich war sehr lange nicht in Langenhorn gewesen, mindestens fünfundzwanzig Jahre nicht, und war erstaunt, alles noch genau so vorzufinden, wie ich es von früher, noch ehe Schmidts Tochter Susanne nach England ging, in Erinnerung hatte. Die Teakmöbel im Esszimmer, der Flügel, das Schachbrett, die Sitzgruppe, der Kamin – bis hin zur Kunst an den Wänden und den Keramik- und Gesteinssammlungen in den Vitrinenschränkchen aus Glas. Ich war beeindruckt, ja erschlagen von dieser nachhaltigen, konservativen Treue und brauchte eine

Weile, um den Sprung über die Jahrzehnte innerlich nachzuvollziehen. Loki begrüßte mich lachend und herzlich, überlegte einen Augenblick und sagte dann: »Ach weißt du, Heide, wir machen es wie früher und duzen uns.« Das war eben das Besondere, diese Treue auch im Persönlichen, zu der viel Menschenkenntnis und ein feines Gespür gehören. Auch von einigen anderen Herrschaften an der Kaffeetafel wurde ich wie eine alte Bekannte freudig begrüßt, und zwar von den Fahrern und besonders von Schmidts langjährigem Leibwächter Ernst-Otto Heuer, den ich ebenfalls noch aus Bonner Zeiten kannte und dessen liebster Arbeitsplatz in Langenhorn hinter der Hausbar war.

Genau an meinem ersten Arbeitstag begannen auf dem Grundstück die Bauarbeiten zu dem inzwischen als Helmut-Schmidt-Archiv bekannten Gebäude. Schon lange hatten die Schmidts ihr kleines Reihenhaus erweitert, an- und umgebaut und Nachbargrundstücke mit ebensolchen Reihenhäusern dazugekauft. Heute ist das alles ein großer Komplex, und von einem »kleinen Reihenhaus in Langenhorn« konnte schon seit Jahren nicht mehr die Rede sein. Dass sie daraus dann eine Stiftung machten, für Historiker und die wissenschaftliche Forschung, aber auch für das normale Publikum zugänglich, ist vorbildlich und bewundernswert, und sie haben sich damit ein würdiges Denkmal gesetzt.

Der erste Spatenstich für das neue Archivhaus förderte viel Sand zutage und einige Fossilien, die Loki in Begeisterung versetzten. Was sie schon immer gesagt hatte, hier war der Beweis: Da, wo jetzt Langenhorn mit seinen Mooren lag, musste früher ein Ozean, die Nordsee oder gar der Atlantik gewesen sein. Für sie das Normalste von der Welt, und auch die Vorstellung zukünftiger Überflutungen durch Meere schreckte sie nicht. Das sei das natürliche Auf und Ab, der sich über Jahrmillionen verändernde Lauf der Welt. Sie zehrte, schrieb und erzählte gerne von ihren Forschungsreisen mit der Max-Planck-Gesellschaft in exotische Gegenden der Welt, mit der Welthungerhilfe nach Afrika, wo sie alle kurz vor Erreichen einer Oase vom Expeditionsleiter noch eine Extradosis Wasser spendiert bekamen – zehn Liter pro Person; und was man mit so viel oder wenig Wasser alles anfangen konnte, das hat sie auf einer Veranstaltung im Völkerkundemuseum eindrücklich vorgetragen: wohltuende, ausgiebige Körperpflege, Dusche und Haarwäsche inklusive. Oder sie erzählte von einer Reise nach Brasilien in den Urwald, wo sie einen noch nicht beschriebenen Skorpion entdeckte, und besonders von den Reisen mit Heinz Sielmann, mit dem sie eine innige Freundschaft verband. Er starb am 6. Oktober 2006, und Loki, obwohl Abschiede gewohnt (das bringe das Alter so mit sich, meinte sie abgeklärt), war sehr traurig. Viele Zigarettenlängen sinnierte sie über die alten Zeiten, in denen sie sich das Recht herausnahm, als Kanzlergattin an Forschungsreisen anderer teilzunehmen, auch mal wochenlang unterwegs zu sein und gewisse menschliche Freiheiten zu genießen. Ich hörte heraus, dass nicht nur Helmut sich gelegentliche Beziehungen gegönnt hatte – und ich hörte das gerne!

Das Arbeiten in einem Privathaushalt bringt viele persönliche Einblicke und Eindrücke mit sich. Man bewegt sich unter Putzhilfen, Haushälterinnen, Gärtnern, Handwerkern aller Art und im Falle Schmidt auch am Wachpersonal vorbei, das vierundzwanzig Stunden am Tag per Video das gesamte Gelände im Blick hatte, in dem kleinen Diensthäuschen den Zugang kontrollierte und nur angemeldeten oder berechtigten Personen die Pforte zur Sicherheitsschleuse öffnete. Die ersten Wochen und Monate saß ich wieder einmal an einem Katzentisch, denn mein eigentliches Arbeitszimmer im Anbau des Wohnhauses war noch belegt. Heike Lemke, die Leiterin des Archivs, hatte dort ihr Büro, bis der Archivbau fertig war und sie in das neue Gebäude umziehen konnte. Ein wirklich schönes Haus ist das geworden, rundherum aus Glas, lichtdurchflutet, mit dunkelbraunem Palisanderparkett im Empfangsbereich und umgeben vom üppigen Grün des Gartens. Wenige Stufen führen hinab in das mit moderner Technik und verschiebbaren Kurbelregalen ausgestattete Archiv. Nur das Glasdach bekamen sie nicht dicht. Erdbewegungen unter der nur in eine geringe Tiefe verlegten Sohle führten oben auf dem hohen Glasdach zu Undichtigkeiten und großen Leckagen, wenn es Gewitterregen oder tauende Schneeschichten gab. Der schöne Fußboden stand oft unter Wasser, jedenfalls in den ersten Jahren.

Im Garten blühte ein schöner Apfelbaum, und dahinter stand ans Wohnhaus gelehnt ein kleines Gewächshaus für Lokis Orchideen, das Helmut ihr zum sechzigsten Geburtstag geschenkt hatte. Dort sprühte und sprengte sie immer noch selber mit Wasser, um die teils hängenden, von ihren Expeditionen mitgebrachten Pflanzen nass zu halten und einzunebeln. Unter dem Apfelbaum saßen eines Tages zwei wunderbare alte Männer: Helmut Schmidt und sein enger Freund, der 1926 in Breslau geborene und im Alter von zwölf Jahren mit seiner Familie nach Amerika ausgewanderte Historiker Fritz Stern, und führten lange Gespräche miteinander, die 2010 unter dem Titel »Unser Jahrhundert« als Buch erschienen. Stern war etliche Tage in Hamburg, und ich durfte die Gespräche zwischen den beiden bei mir zu Hause (bei Schmidt waren die technischen Gegebenheiten ja unzulänglich) von der DVD abtippen und war fasziniert. So locker, so charmant und so vertraut und dabei so kenntnis- und ideenreich – davon wünschte man sich mehr. Das Buch zeigt auf dem Umschlag ein Foto der beiden alten Herren – Schmidt war damals einundneunzig, Stern dreiundachtzig –, wie sie gemütlich und offenbar amüsiert unter ebendiesem Apfelbaum sitzen, direkt vor Lokis Gewächshaus, das man im Hintergrund deutlich erkennt. Nie werde ich dieses Bild vergessen.

Mein Arbeitsplatz war zu jener Zeit direkt neben der Baustelle, und zwar im Zimmer von Ruth Loah, der Dame, die Helmut Schmidt zwei Jahre nach Lokis Tod der Öffentlichkeit als seine neue Lebensgefährtin präsentierte. Sie stand ihm schon seit Bonner Kanzlertagen nahe, hatte anfangs in der *Zeit*-Redaktion für ihn gearbeitet und genoss sein volles Vertrauen, was die arme Loki doch oft traurig machte. Sie war ja nicht blind und wusste genau, mit wem ihr Helmut in jenen Jahren immer im März und September nach Mallorca reiste. Ich wusste es auch, reimte es mir zusammen, denn an die Wanderungen mit ihrer Schwester, seltsamerweise immer gleichzeitig mit Schmidts Erholungsreisen, habe ich nie geglaubt. Ich fragte Loki, warum sie nicht mit ihrem Mann zusammen in den Frühling reise, und hörte mit dünnem Stimmchen vorgetragene rührende Ausflüchte: Sie hätten einen total unterschiedlichen Lebensrhythmus, er sei ein Nachtmensch und schliefe bis Mittag, sie hingegen sei abends müde und morgens früh auf, das führe selbst im Ferienhaus am Brahmsee zu Konflikten. Nun, sie ertrug es und wollte es ertragen, aber die Vorwände, Ausflüchte, Machtspielchen und Lügereien unter den Frauen im Haus belasteten mich. Ein seltsames Klima, das weniger meine Leistungsfähigkeit als mein Lebensgefühl berührte.

»Heide, kommst du mal?«, rief sie mich öfter zu sich, um gemütlich bei etlichen Zigaretten über Gott und die Welt, damals viel über das im Bau befindliche »Loki-Schmidt-Haus« im Botanischen Garten in Klein Flottbek, zu quatschen. Das brauchte sie, denn sie war sehr viel allein. Früher, als meine Kinder noch Babys waren, kam sie gelegentlich auch mal bei uns in Volksdorf vorbei. Wir saßen beim Abendessen, als der Kleinere plötzlich anfing zu husten und Loki sofort die richtige

Diagnose stellte: Keuchhusten. Sie war halt sehr erfahren, hatte aber oft ein schweres Herz, das sie mir – Theo hörte es von oben mit – dann auf der Terrasse ausschüttete. Nein, sie war nicht glücklich über Helmuts Affären, aber sie liebte ihn, verzieh ihm, weil er ein so außergewöhnlicher Mann, der »Beste« sei, und ertrug es tapfer. Geradezu schockiert war sie, als sie als Kanzlergattin »neu« in Bonn war und man ihr dies und jenes sofort zutrug – aber noch mehr, als zum ersten Mal eine Frau vor ihr knickste und zaghaft fragte: »Darf ich Sie einmal anfassen, bitte?« Das machte ihr einen Schauder.

Aber sie hatte auch eigene Termine, ließ sich, wenn möglich, von einer der beiden Kanzler-Limousinen zu Sitzungen ihrer Stiftung und zu Veranstaltungen fahren, die sie im Namen der Botanik und des Naturschutzes durchführte. Überall gab es langjährige Mitarbeiter und Mitarbeiterinnen, und wenn Petra Schwarz, die Leiterin des Loki-Schmidt-Hauses, zu Besuch kam und über den Fortgang der Bauarbeiten berichtete, dann war das immer eine große, wärmende Freude für Lokis Herz. Bei der Eröffnung des Hauses hielt Loki bei strahlendem Sonnenschein im Botanischen Garten eine hübsche kleine Rede, und der Rundgang durch die erste Ausstellung war vielversprechend. Es waren noch längst nicht alle Exponate aus der Zwischenlagerung zurück, wohin sie aus dem Botanischen Institut der Universität Hamburg gebracht worden waren, als das Gebäude von der Bucerius Law School übernommen wurde. Aber die von der Reederei Woermann Ende des 19. Jahrhunderts aus dem Kameruner Urwald mitgebrachte und dem Institut gestiftete haushohe, abgestorbene Würgefeige, um die das kleine, feine Museum praktisch herumgebaut wurde, ist eindrucksvoll und sehenswert. Sie reicht im offenen Treppenhaus vom Erdgeschoss bis unters Dach. Man fragt sich, wie die Seeleute das zentnerschwere Holz damals überhaupt transportieren konnten.

Das hübsche Haus sieht von außen aus wie ein Würfel aus blauen Kacheln, die je nach Witterung und Wolkendecke ihre Farbe verändern. In jenen Jahren arbeitete Loki Schmidt mit der Universität Osnabrück an der Einrichtung einer Saatgut-Genbank für Wildpflanzen, um den Fortbestand pflanzengenetischer Ressourcen in Deutschland zu sichern. Und sie fabrizierte mit Papier, Schere und Buntstift liebevolle Geburtstags- und Weihnachtsgrüße für Freunde und Verwandte. Sie war sehr stolz auf ihre künstlerischen Produkte und die einfache Technik, mit der sie diese herstellte. Mithilfe eines Glases wurde ein kleiner Kreis vorgezeichnet und mit braunem Buntstift mit Ästen und Zweigen bestückt, an die kamen dann grüne Blättchen, Ranken oder Nadeln, und in den fertigen Kranz zeichnete sie kleine rote Beeren, aber so üppig und doch zart, dass der Eindruck wirklich reizend war. Mitten hinein dann die Zahl des runden Geburtstags und oben drüber und unten drunter ein handschriftlicher Gruß. Das war die alte Volksschullehrerin, die Derartiges wohl tausendfach in ihrem Leben gezeichnet hat. Routine war dabei, aber auch ganz viel Liebe und Persönliches.

Loki saß die meiste Zeit am großen Esstisch aus Teakholz auf ihrem Stuhl aus Teakholz, hinter sich das Sideboard aus Teakholz so nah, dass sie sich auf dem Stuhl umdrehen und mit einem Arm nach hinten greifen, die Tür öffnen und die Zigarettenstangen erreichen konnte, deren Nachschub durch die Fahrer gesichert wurde – zur großen Empörung von Fritz J. Raddatz, der sich oft darüber ausließ, dass Helmut Schmidt seine Sicherheitsbeamten als »Domestiken« benutze. Freunde fragten mich öfter, wie es denn bei den Schmidts so sei, wenn dort den ganzen Tag geraucht würde. Nun, ich war dem ja nur stundenweise ausgesetzt, und es machte mir nichts aus. Das musste ich mir ja vorher überlegt haben, ob ich das ertragen wollte oder nicht. Wenn ich gerufen wurde, setzte ich mich

Loki gegenüber auf Helmuts Platz mit den Krümeln vom Frühstück und etwas Eigelb an der Serviette – alles ganz menschlich und familiär, ohne Gedöns und sehr, sehr liebenswert.

Eines Tages war mein Auto kaputt und ich rief mir ein Taxi, um nach Langenhorn zu fahren. Der Fahrer war ein älterer, stattlicher afrikanischer Schwarzer mit schon angegrauten Haaren und Hamburger Dialekt. Offenbar lebte er schon eine Ewigkeit in der Hansestadt. Ich stieg ein und sagte »Bitte zum Neubergerweg«. »Ach, zu Helmut?«, drehte er sich zu mir um. Das hatte ich nicht erwartet, aber auch er war einigermaßen verdutzt, als ich seine Frage auch noch mit Ja beantwortete. Wir haben so gelacht! Das war die lustigste und unterhaltsamste Taxifahrt meines Lebens und spricht sehr für die Einstellung der Hamburger zu ihrem »Schmiddl«. Die Liebe und Verehrung sind so groß, dass sogar das große Schild an der Zufahrt zum »Hamburg Airport Helmut Schmidt« mit seinem lachenden Konterfei bislang nicht mit Graffiti verziert wurde.

Als das Archivhaus fertig war und ich endlich in mein richtiges Arbeitszimmer umziehen konnte, fingen die Probleme an. Schön war die Lage. Im Frühjahr saß ich, umgeben von viel Glas, mitten in einem Teppich aus verschiedensten Arten von Schneeglöckchen und Märzenbechern, vor mir der Blick in den Schmidt'schen Privatgarten mit der Tür zum Wohnzimmer und auf die haushohe Kamelie, die dort nun schon so viele Winter überdauert hatte und zuverlässig sensationell jeden März viele herrliche, rot schimmernde Blüten hervorbrachte. Der kleine, von hohen, efeubewachsenen Mauern umgebene Garten lag so windgeschützt hinter dem Haus, dass die Schmidts dort immer mal Arm in Arm herumspazierten und erste Sonnenstrahlen genossen, nicht ohne ihre Schritte achtsam zu setzen, um keine Blümchen zu zertreten. Loki musste die mannshohe Efeuhecke immer wieder durch Rückschnitt bändigen lassen und sagte oft, die Dornröschenhecke müsse aus Efeu gewesen sein, niemals hätte eine Rosenhecke so schnell wachsen können.

Ich machte mich mit meinem Schreibtisch, Computer und Drucker vertraut und stellte fest, dass es keinen Bürostuhl für mich gab. Ein uralter Küchenstuhl mit Resopal auf primitiven Rollen wurde mir hingestellt, auf dem ich aber weder sitzen noch arbeiten konnte. Der uralte Computer und der ururalte Drucker waren Eigentum der Berliner SPD-Fraktion und wurden, wenn sie ihre Macken hatten, mit den gepanzerten Limousinen, die ein- bis zweimal wöchentlich zwischen Hamburg und Schmidts Hauptstadtbüro hin und her pendelten, mit nach Berlin genommen und dort technisch überholt und repariert. Manchmal aber wurden sie auch nicht repariert, dann war ich durch untaugliches, defektes Arbeitsmaterial kaltgestellt. Ruth Loah saß auf den Bestellformularen und knauserte mit den Geldern fürs Büromaterial, aber das war mir bald zu blöd, und ich kaufte mir von meinem Geld einen schönen großen HP-Laserjet-Drucker und brachte mir auch einen zwar alten, aber tauglichen Bürostuhl mit, und zwar den aus der Tucholsky-Stiftung, den ich mir bei der Auflösung des Büros gerettet hatte. Dass ich so handelte, hat niemanden gestört. Es hat sich niemand beschwert, gewundert vielleicht. Als ich drei Jahre später das Büro von Helmut Schmidt wieder verließ, rief mich Loki per Haustelefon an und sagte: »Also Heide, die Sachen, die du gekauft hast, die würde ich an deiner Stelle doch wieder mitnehmen.« Das hatte ich tatsächlich auch vorgehabt, und der Drucker leistet mir heute noch treue Dienste.

Meine Arbeit bestand anfänglich in der Erledigung von Routinekorrespondenz, die von den Fahrern zur Bearbeitung aus Berlin nach Hamburg gebracht wurde. Berge von Mappen, Aktendeckel voll mit Vortragseinladungen, Autogrammbitten, Beschwerden über Missstände, um die Herr Schmidt sich doch bitte mal kümmern solle, und auf jedem einzelnen Vorgang standen handschriftliche Anweisungen der Büroleiterin, was und wie ich zu antworten hätte. Die von mir formulierten Briefe unterschrieb ich dann auch selbst und schickte sie ab. Einer dieser Briefe schaffte es als Faksimile auf die erste Innenseite des Männermagazins »Penthouse«. Die hatten Schmidt zu irgendwas eingeladen und sich so gefreut, auch wenn es eine Absage war, überhaupt »von ihm«, also tatsächlich mit seinem Briefkopf und meiner Unterschrift zu hören, und fühlten sich so geehrt, dass sie den ganzen Brief gleich vorne im Blatt veröffentlichten. Das fand ich cool.

Für mich interessant wurde es, wenn Schmidt mir handgeschriebene Redemanuskripte zum Abtippen gab und mich fragte, ob ich etwas für ihn ins Englische übersetzen könne. Ich hatte ihm früher schon einige der von mir, allerdings ins Deutsche übersetzten Henry-Roth-Bücher geschenkt, und jedes Mal diktierte er einen schönen Dankesbrief an mich mit Bemerkungen, die mir zeigten, dass er das jeweilige Buch tatsächlich gelesen hatte. Nun – *aus dem* Englischen, das wäre ja noch gegangen, das hätte ich mir ohne Weiteres zugetraut, aber *ins* Englische, und dann noch finanzpolitische Texte, das war für mich als nichtstudierte Nichtmuttersprachlerin doch eine riesige Herausforderung, zumal ich wusste, wie gut und fließend er selber Englisch sprach und auf internationalem Parkett mit Vorträgen und Diskussionsbeiträgen auf Englisch glänzte. Aber ich zierte mich nicht, sondern sprang hinein in die ganzseitigen Artikel über Hedgefonds und Lehman Brothers, die er seinen des Deutschen nicht mächtigen Freunden in den USA zukommen lassen wollte – Kissinger nicht, der spricht ja Deutsch, aber George Shultz und Gerald Ford, ein enger Freund, der damals gerade noch lebte.

Es war klar, dass ich für diese Aufgabe einen Internetzugang für ein Online-Dictionary und gewisse fachliche Recherche brauchte, und den hatte ich an meinem Arbeitsplatz in Langenhorn nicht. Er war versprochen, aber nie bereitgestellt worden. Da ließ ich mich beurlauben und erarbeitete die Übersetzungen bei mir zu Hause, ganz einfach. Das dauerte zwar ein paar Tage, aber Schmidt war mit dem Ergebnis zufrieden.

Wie alle Männer, für die ich arbeitete, schrieb auch Helmut Schmidt mit der Hand und redigierte die abgetippte Fassung gründlich mit spitzem Filzstift, immer noch in der Kanzlerfarbe Grün. Ich liebte es, seine tiefen Grunzlaute zu hören, wenn er tief am Nachdenken war. Ob er die trotz seiner Schwerhörigkeit wohl selber hörte? Die Verständigung mit ihm klappte gut, wenn ich Blickkontakt hatte und langsam sprach. Immer wieder betonte er, dass lautes Sprechen unnötig, ja sogar kontraproduktiv sei. Er konnte einen scharf ansehen, äußerlich ohne Gemütsbewegung, aber immer herrschend und beherrschend, und wenn er gut drauf war, auch mal mit seinem typischen leichten Grinsen. Ich hatte zwar immer das Gefühl, ihn zu stören, aber das war gar nicht so. Er wusste, dass man nicht unsichtbar und unhörbar und gleichzeitig effektiv sein konnte. Jedenfalls war ich immer noch tief beeindruckt von ihm, auch als Mann. Es war nicht das »Machtgebaren«, das ihm immer nachgesagt wurde, sondern eigentlich eine gewisse Macho-Ausstrahlung, die ich schon als junge Frau in seiner Gegenwart empfunden hatte. Die allerdings machte mich nicht locker, sondern eher verschämt und befangen. In Lokis Gegenwart, so empfand ich, ließ diese Ausstrahlung nach, und er war der ganz normale, einfache Ehemann, der sich zu Hause mit seiner Frau anschwieg, wie es in so vielen Familien der Fall ist.

Und Loki hatte Respekt vor ihm. Einmal hatte sie dem »Hamburger Klönschnack«, dem Stadtmagazin für die Elbvororte, ein für sie wichtiges Interview gegeben und sollte gegen Abend noch rasch einen letzten Korrekturblick darauf werfen. Ich rief sie an, sie sagte: Komm rüber, und während ich zu ihr eilte, war Helmut aus der Redaktion zurückgekehrt. Meine Zwickmühle war einerseits die eilige Korrektur des Interviews, andererseits die Respektierung der Privatsphäre der beiden am Feierabend. Sie saßen sich schweigend gegenüber, ich blieb in gebührendem Abstand stehen und wartete auf ein Zeichen von Loki, aber das kam nicht. Sie traute sich nicht zu sagen »Heide, komm rasch her« oder »Heide, das geht jetzt nicht, wir machen das morgen« oder »Helmut, ich habe die Heide eben bestellt, ich muss mal einen Blick auf mein Interview werfen«. Drei Möglichkeiten, von denen sie keinen Gebrauch machte, sondern mich einfach stehen ließ. Nach einer, wie es mir vorkam, kleinen Ewigkeit des stummen Wartens entfernte ich mich unverrichteter Dinge. Nun konnte es mir auch egal sein, ob das Interview unkorrigiert gedruckt wurde. Eine gewisse Wurschtigkeit hilft manchmal weiter.

Irgendwann hatte Loki dann ihre Wirbeloperation in St. Georg, und Schmidt wäre mit seinem Gehstock um ein Haar die letzten Treppenstufen zum Wohnzimmer hinuntergestürzt, als er aus seinem Arbeitszimmer kam. Er konnte sich gerade noch abfangen und am Flügel festhalten. Das war dann der Startschuss für den Einbau der Treppenlifte. Von da an benutzte Loki tapfer und konsequent ihre Gehwagen, und davon gab es im Hause Schmidt vier. An jeder Station des Treppenlifts – auf halber Höhe zu Schmidts Arbeitszimmer, von wo sie in den hinteren Teil des Hauses ging, sowie ganz unten und ganz oben – musste ja einer, und zwar, ganz wichtig: mit angezogener Bremse, stationiert sein, damit Loki beim Verlassen des Lifts gleich wieder Halt finden und weitergehen konnte. Sehr praktisch, dass man auch eine Zeitung, eine Schachtel Zigaretten und ein Feuerzeug damit transportieren konnte – Aschenbecher gab es ja reichlich und überall im Haus.

Im Dezember 2008 war Schmidt neunzig Jahre alt geworden und Lokis 90. Geburtstag stand im März 2009 ins Haus. Am 23. Januar schrieb Schmidt eine Mitteilung an alle Mitarbeiter: »Liebe Freunde, im vergangenen Jahr haben meine Frau und ich die Menge der täglich auf unsere Schreibtische gelangenden Post bereits als unzumutbar empfunden. Nachdem die Flut der zu meinem Geburtstag eingetroffenen Post noch nicht bearbeitet werden konnte und anlässlich des Geburtstages meiner Frau mit einer neuen Welle von Zuschriften zu rechnen ist, haben wir uns entschlossen, nach Abschluss der Arbeiten an der Geburtstagspost unsere Arbeitsweise grundlegend zu ändern. Wir beabsichtigen, in Zukunft nicht mehr alle Briefe zu beantworten. Ich werde dies auch öffentlich hörbar verkünden. Wir werden also die Arbeit aktiv reduzieren und in Folge auch den Stab der Mitarbeiter. Ihnen allen möchten wir danken dafür, dass Sie uns geholfen haben, die Flut von Arbeit zu bewältigen. Mit herzlichen Grüßen ...«

Als Loki immer schwächer und auch vergesslicher wurde, kam es zu einem Vorfall, der meine Beschäftigung bei den Schmidts ziemlich abrupt, und nicht nur wegen der angekündigten Personalreduzierung, beendete. Ich hatte Urlaub und flog für zwei Wochen nach Maine zu Hugh Roth, dem jüngeren Sohn von Henry Roth. Selbstverständlich sorgte ich dafür, dass wichtige Termine in Lokis Kalender eingetragen waren, sprach besonders das alljährliche Klassentreffen noch einmal mit ihr durch und bat auch die Kollegin und die Haushälterin, ein Auge darauf zu haben, denn das Treffen mit den noch lebenden Damen ihrer allerersten Volksschulklasse, der sie nach dem rasch gemachten Examen im Krieg als Lehrerin vorstand, dieses Zusammensein bei Kaffee, Zigaretten und Kuchen war ihr überaus wichtig. Als ich nach meiner Reise wieder am Arbeitsplatz erschien, rief Loki mich zu sich.

»Sag mal, Heide, was hast du dir eigentlich dabei gedacht?«, wurde ich streng empfangen. »Wie kommst du dazu, mir ein falsches Datum für das Klassentreffen aufzuschreiben?« Wie bitte? Ein falsches Datum? Das konnte doch gar nicht sein! Ich schaute in meinen Aktenordnern nach und hatte zum Glück das DIN-A4-Blatt abgeheftet, mit dem ich Loki von einem Anruf der Organisatorin des Klassentreffens unterrichtet hatte. Es hieß darauf: Das Treffen soll dann und dann stattfinden, aber Frau Schmidt möge sagen, ob sie es anders haben will. Sie wollte es anders haben und hat mit eigener Hand mit Kugelschreiber ein zwei Tage früheres Datum auf dem Zettel und in ihrem persönlichen Rido-Kalender notiert. Dieses hatte ich den Damen und im Hause kommuniziert. Aus meiner Sicht hätte da nichts schiefgehen dürfen.

Ich bin mir nicht sicher, ob es so ein Glück war, dass ich Loki diese Notiz unter die Nase halten konnte. Niemand lässt sich gerne in dieser Weise belehren und gibt seine Schwäche zu, und eine Frau Schmidt schon gar nicht. Für mich war aber wichtig, die Sache zu klären, denn sogleich wusste ich und sprach das auch aus, dass wir uns nun nicht mehr würden vertrauen können. Solche Irrtümer und Missverständnisse konnten doch jederzeit wieder passieren. Die alte Dame kämpfte gegen die Beschwerden des Alters an, vor denen auch sie nicht gefeit war. Offenbar hat sie dann ihren Mann gebeten, meinen Arbeitsvertrag aufzulösen, denn Frau Krüger-Penski, die mich einst eingestellt hatte, kam nach Langenhorn gefahren und teilte mir mit, ich würde nun nicht länger gebraucht, Herr Schmidt wolle das Arbeitsverhältnis beenden. So trennten wir uns nach drei Jahren, und ein weiteres Jahr später war Loki Schmidt tot.

Auf der Trauerfeier im Hamburger Michel – Loki war eine der wenigen Ehrenbürgerinnen der Hansestadt – fand ich am bewegendsten die Rede von Henning Voscherau, ehemals Hamburger Bürgermeister und ein Lebensfreund der Schmidts, der von seinen Gefühlen überwältigt wurde und neben dem

Sarg fast zusammenbrach. Ich kannte ihn gut aus meiner Nachbarschaft und der Wellingsbütteler SPD, in die ich 1982, am Tag nach dem Misstrauensvotum gegen Helmut Schmidt, eingetreten war. Ich war damals schon von Theo Sommer getrennt und hatte ernstlich vor, bei der SPD mitzumachen. Ich besuchte Sitzungen im Wahlkreis, ertrug den Zigarrenqualm und den Biergestank, den die Männer verbreiteten, und weckte sonntagmorgens sehr früh meine Kinder, zweite und dritte Klasse, obwohl die ja keine Schule hatten und gerne ausgeschlafen hätten. Aber sie und der Hund mussten mit und mir helfen, wenn ich in eisiger Kälte die sozialdemokratische Wahlkampfzeitung im CDU-dominierten Wellingsbüttel austrug. Nicht selten wurden wir mit Schimpf und Schande von den Grundstücken verjagt, die Hausbesitzer, noch im Morgenmantel, kochten sich gerade ihren Frühstückskaffee und wollten von SPD-Drucksachen nicht belästigt werden. Tja – zehn Jahre war ich Mitglied der Partei, dann trat ich unbemerkt wieder aus, weil niemand die Hand nach mir ausgestreckt hatte.

Henning Voscherau, der nun auch nicht mehr unter uns ist, kämpfte im Michel mit den Tränen und konnte nicht verbergen, wie nah ihm das alles ging. Aber er war tapfer und hielt die Rede, die er Loki vor langer Zeit versprochen hatte. Helmut Schmidt im Rollstuhl am Sarg seiner Frau, ihren Ehering auf dem kleinen Finger seiner rechten Hand, das war schon erschütternd anzusehen. Ich habe die beiden geliebt und verehrt und bin stolz darauf, mich eine Zeit lang in ihrer Nähe nützlich gemacht zu haben.

Letzte Jahre mit Raddatz

Aber mein Leben ging weiter, und ich hatte ja noch meine Beschäftigung bei Raddatz, die ich nun zeitlich wieder etwas ausdehnen konnte. Als die Anfrage von Schmidt kam, habe ich ihn natürlich gefragt, wie er dazu stehe, was er davon halte und ob es ihn stören würde; ich wusste ja, dass Raddatz sich in seinen Artikeln und Tagebüchern auf Schmidt eingeschossen hatte. Aber er hatte nichts dagegen, sah wohl fairerweise auch den guten Verdienst, dessen er mich nicht berauben wollte. Loyalität, wie bereits erwähnt, war für mich kein Problem, alle vertrauten wir uns gegenseitig und enttäuschten uns nicht. So wurde es eine volle Fünf-Tage-Woche: vier Tage Schmidt, ein Tag Raddatz, nachts und an den Wochenenden eigene Übersetzungen. Ich war inzwischen Ende sechzig und gut ausgelastet. Überlastet war ich nicht, es war schön so, wie es war.

Raddatz konzipierte neue Artikel und Bücher, er hatte über Sylt geschrieben und schrieb nun über Nizza, zwei Orte auf dieser Welt, die er liebte und die ihm zur Teilzeitheimat geworden waren. Er arbeitete auch schon länger an der Publikation seiner Tagebücher, jenem Großprojekt, das Alexander Fest bei Rowohlt mit ihm verwirklichen wollte und dessen erster Band im Herbst 2010 von Joachim Kaiser, seinem alten Weggefährten, im Hamburger Liebermann-Studio vorgestellt wurde. Da kam eines Tages aus heiterem Himmel eine Anfrage vom Herder Verlag: Ob Raddatz nicht in der kleinen Reihe »Der wichtigste Tag im Leben von ...« über Kurt Tucholsky schreiben wolle. Das Nein kam sehr schnell: »Ich habe alles über Tucholsky gesagt.« Na, das wollen wir doch mal sehen! Ich war nicht zufrieden mit der Entscheidung meines Chefs und hielt sie auch für falsch. Nach einigen Tagen fragte ich ihn ganz nebenbei: »Ach übrigens, nur mal so für mich – wenn Sie das Büchlein für Herder schreiben würden, was wäre denn Ihrer Meinung nach der wichtigste Tag im Leben von Kurt Tucholsky?« Die Antwort kam ebenso prompt wie zuvor das Nein: »Der Tag, an dem er Mary Gerold kennenlernte.«

Peng! Das traf genau ins Schwarze. Und schon hatte ich eine Idee. Qua Stiftung war Raddatz der Inhaber des Urheberrechts von Mary Gerold, der Witwe von Kurt Tucholsky, der dieser wiederum, obwohl längst geschieden, qua Testament die Rechte an seinem Werk vermacht hatte. Und die Tagebuchaufzeichnungen von Mary Gerold, jungfräulich und unveröffentlicht, lagen doch hier bei Raddatz im untersten Fach der »Höllenmaschine«, des Fotokopierers. Von Mary eigenhändig getippte dünne Durchschläge – die Originale natürlich im Marbacher Archiv – ruhten nun schon so lange bei uns und waren offenbar ganz in Vergessenheit geraten. Ich nahm mir die Mappe zur Hand und bekam Gänsehaut. Hier lag ein Schatz, den Raddatz für das Herder-Bändchen verwenden konnte und nur zu heben brauchte. Die Eintragungen behandelten genau die Zeit, in der Tucholsky, der damals fünfundzwanzigjährige, im April 1915 eingezogene und zum »Kompanieschreiber« in der Fliegerschule Alt-Autz in Kurland abgestellte Journalist, ebendort die siebzehnjährige, aus Riga stammende Deutschbaltin Mary Gerold kennenlernte, die ihrerseits dorthin dienstverpflichtet worden war.

In einer flammenden Rede, die ihn zunächst sprachlos machte, legte ich Raddatz nahe, doch sich und seinen Lesern die Freude dieses Essays zu machen und mittels der einmaligen Notate, die niemand kannte und über die nur er verfügte, das gewünschte Büchlein zu verfassen. Es dauerte ein paar Tage,

Raddatz studierte das Material, ich versprach, ihm bei der Auswahl der Einträge zu helfen. Schließlich stimmte er zu. Das Buch erschien dann im blauen Einband unter dem Titel »Kurt Tucholsky: Eine biografische Momentaufnahme«. Raddatz war der ideale Autor, der nun wirklich alles aus Leben und Werk Tucholskys kannte und wusste und die Notate des sehr jungen Mädchens mit seinen empfindsamen Texten verknüpfen konnte. Mehri, wie Eingeweihte ihren Namen aussprachen, war die wichtigste Partnerin des Schriftstellers, obwohl sie nie lange zusammenlebten. Aber er wusste, was er an ihr hatte, und schrieb in seinem Abschiedsbrief an sie, die er als ganzen Kerl schätzte und in der dritten Person mit »Er« ansprach: »Wenn Liebe das ist, was einen ganz und gar umkehrt, was jede Faser verrückt, so kann man das hier und da empfinden. Wenn aber zur echten Liebe dazu kommen muß, dass sie währt, dass sie immer wieder kommt, immer und immer wieder –: dann hat er nur ein Mal in seinem Leben geliebt. Ihn.« Und meinte: Sie.

Es entstand ein sehr menschliches politisch-zeitgeschichtliches Kleinod, das Beste, das Raddatz je geschrieben habe, wie Theo Sommer nach der Lektüre sagte. Inzwischen ist der Text von Herder unter dem Titel »›Dann wird aus Zwein: Wir beide‹. Kurt Tucholsky & Mary Gerold« als Taschenbuch neu herausgegeben worden. Und immer noch genieße ich es, darin herumzublättern, sowohl Tucholskys als auch die Stimme von Raddatz darin zu hören.

Kaum war das Buch erschienen, kam ein Anruf von der »MS Deutschland«. Der für die kulturellen Veranstaltungen an Bord verantwortliche Programmdirektor lud Herrn Professor Raddatz zu einer Reise mit dem »Traumschiff« ein: »Sie kennen doch das Traumschiff vom ZDF?« Luxuskabine, eine Begleitperson, First Class, alles frei plus Honorar. Das Einzige, was er zu tun hätte, wäre, aus dem Herder-Buch zu lesen, denn man führe auf der Ostseeroute an Riga, der Heimat von Mary Gerold, vorbei bis nach St. Petersburg und auf der Rückroute nach Stockholm und Mariefred, wo man Tucholskys Grab besuchen könne, und das würde doch gut zu Herrn Raddatz passen. Wir wunderten uns, dass die so schnell von dem Buch erfahren hatten, trauten denen das eigentlich gar nicht zu. Aber Raddatz lehnte ab. Ihm war die Vorstellung zuwider, auf dem »Ausflugsdampfer« gefangen, für Kreuzfahrtteilnehmer ständig ansprechbar sein zu müssen, mit Wildfremden, selbstverständlich Ungebildeten, parlieren und Konversation treiben zu müssen. Nein, das war nichts für ihn.

In meinen Telefonaten mit der bedauernden Reederei fasste ich mir ein Herz und ließ einfließen, dass die Idee zu dem Buch von mir stammte und dass ich sehr gerne die Einladung zu der Reise an Raddatz' statt annehmen und auch Lesungen an Bord geben würde. Am nächsten Tag schon kam der Programmdirektor nach Hamburg, wir trafen uns im jüdischen Café Leonar, und als wir unseren Kaffee ausgetrunken hatten, war die Sache klar. Ich bekam einen Vertrag für die Reise, sah mein inzwischen zu St. Petersburg rückverwandeltes Leningrad wieder und trat wieder einmal zu Lesungen auf, wie ich sie früher schon mit meinen Henry-Roth-Übersetzungen gemacht hatte. Ich wurde dann noch zu zwei weiteren Reisen eingeladen, einmal rund um Großbritannien, wo »Oscar Wilde« mein Thema war, und einmal nach Grönland, wo ich sonst wohl nie in meinem Leben hingekommen wäre. Der von mir gestaltete Abend über den im grönländischen Eis gebliebenen Polarforscher Alfred Wegener war ein stimmungsvoller Erfolg. Der »Kaisersaal« – Traumschiff-Fans ein Begriff – war mit dreihundertfünfzig Zuschauern voll besetzt, und noch Tage danach wurde ich auf den Abend angesprochen. Es ergab sich, dass in Reykjavik fünfzig Tourismusagenten aus den USA mit an Bord gingen, die sich wunderten, dass weder die Lautsprecheransagen noch irgendwelche Veranstaltungen in englischer Sprache angeboten wurden. »Man spricht Deutsch« war das Motto des neuen Kapitäns. Ich wusste, dass in der Schiffsbibliothek auch die amerikanische Originalausgabe von Herman Melvilles »Moby-Dick« vorhanden war, und bot Lesungen daraus an. Ein voller Erfolg. Leider wurde das Schiff dann bald nach dieser Reise in die USA verkauft, die Reederei war insolvent. Gerne wäre ich noch öfter mit einem literarischen Programm mitgefahren, aber auch das Kapitel war nun beendet.

Als ich Raddatz erzählte, dass ich nun an seiner Stelle die Reise machen würde, und ihn um Erlaubnis bat, aus seinem Tucholsky-Bändchen lesen zu dürfen, wurde er immer neugieriger und überlegte sich seine Absage noch einmal. Und als man ihm seine Privatsphäre an Bord garantierte, gab er seine ablehnende Haltung ganz auf. Durch mich erfuhr er ja nun immer mehr über das Leben der »Künstler« an Bord (als solcher wurde man engagiert) und ließ sich, vielleicht auch auf Drängen seines Lebenspartners Gerd Bruns, von meiner Vorfreude anstecken. Das Ende vom Lied war, dass wir uns schließlich an Bord die Klinke in die Hand gaben: Ich kehrte heim, und Raddatz betrat das Schiff, um aus seinen soeben erschienenen Tagebüchern zu lesen. Ich war euphorisch, zeigte ihm alles und führte ihn und Gerd Bruns zu ihrer fabelhaften Luxuskabine. Als ich diese wieder verließ, um nicht beim Auspacken zu stören, kam mir der wunderbar nette, joviale Kapitän Andreas Jungblut entgegengestürmt, damals noch in Amt und Würden und erst später wegen Vorwürfen »wiederholter Indiskretion« fristlos entlassen. Er hatte sich dafür eingesetzt, dass die »MS Deutschland«, das ohnehin einzige Kreuzfahrtschiff unter deutscher Flagge, nicht ins Ausland verkauft würde.

»Hallo, Herr Kapitän!«, sprach ich ihn an. »Hier ist soeben

Professor Raddatz eingetroffen. Ob Sie die Güte hätten, ihn kurz an Bord willkommen zu heißen?« Das machte er sofort, und später zeigte sich Raddatz tief beeindruckt von dieser tollen Organisation: Kaum hätte er seine Kabine betreten, sei auch schon der Kapitän erschienen, um ihn zu begrüßen ... Es machte mir einen Heidenspaß, auf diese Weise das Weltbild meines Chefs ein wenig zum Positiven zu manipulieren – was mir auch auf anderen Gebieten immer öfter und immer besser gelang.

Und Raddatz? Bekam ihm das gut? Er tat mir so leid in seiner inneren Emigration, seiner verletzlichen und verletzten Einsamkeit. Er hatte noch Energien, die aber nicht abgerufen wurden. Und Energiestau macht krank. Er hätte eine Beratertätigkeit gebraucht, eine regelmäßige Fernsehsendung – irgendwas. Aber die Anfragen an ihn wurden über die Jahre immer weniger, er fühlte sich zutiefst deprimiert, depriviert und vergessen. Ende 2010, in seinem jährlichen Jahresabschluss-Bedankmich-Fax (er war wie immer auf Sylt), schrieb er mir: »Liebe Heide Sommer – die letzten Sonnenstrahlen versickern gerade im Glitzerschnee, das Jahr ist gleich vorüber – doch BEVOR es vorüber ist: Danke für die viele und wichtige Hilfe im zurückliegenden Jahr; ohne Sie hätte ich ja den Tagebuch-Tsunami nicht durchschwommen, durchschwimmen KÖNNEN. ... Gewiss kommt dies und jenes Artikel-chen, aber es kommt mit Sicherheit kein dickes Buch auf uns zu; ich denke sogar: garkeines mehr bei/von mir, selbst wenn der rührende/ rührige Hochhuth wegen einer Heinrich-Mann-Biografie auf mich einhämmert. Dazu und zu sowas langt meine Speicher- und meine Produktionskapazität nicht mehr.«

Bislang war er wenigstens dem Literatur-Ressort der *Zeit* noch eng verbunden gewesen, doch auch dieser Kontakt wurde allmählich schwächer und bröckelte vor sich hin. Auch wenn er sich sofort nach Eingang der Leselisten im Frühjahr und im

Herbst meldete: Die von ihm gewünschten Bücher waren immer schon anderweitig zur Rezension vergeben oder vorbestellt. Es kam zu absurden Angeboten: Tausend Seiten starke Romane oder auch dicke Sachbücher hätte er in Kurzrezensionen von hundertzwanzig Zeilen abhandeln dürfen, was er aus Unwirtschaftlichkeitsgründen natürlich ablehnte. Er war des Umgangs mit der Redaktion insgesamt so entwöhnt, dass er im September 2010 regelrecht Angst hatte, zu einem großen Gespräch über die Tagebücher mit Florian Illies und Ijoma Mangold auf der Redaktion zu erscheinen. Er hatte Angst, dass ihn die Damen und Herren am Empfang nicht erkennen würden, dass er sich lange vorstellen und erklären und untertänigst bitten müsse, zu den Herren vorgelassen zu werden. Diese Vorstellung war für ihn ein Horror, ebenso die Aussicht, während des Gesprächs nicht rauchen zu dürfen. Ich klemmte ihn mir unter den Arm und brachte den unsicher Schwankenden hin, schritt forsch zur Anmeldung voraus, nannte deutlich seinen Namen und machte gleich klar, was der Grund seines Besuches war. Er hatte recht gehabt: Lauter neue Gesichter, man hätte ihn mit Sicherheit nicht erkannt. Dann wartete ich mit ihm und seinem großen Schirm, an dem er sich festhielt, bis Mangold und Illies kamen, ihn abholten und ich ihn in Sicherheit wusste, nicht ohne die beiden an ihr Versprechen zu erinnern, einen Aschenbecher bereitzustellen.

Ich habe oft gesehen, wie älter werdende Menschen an der Verwaltung ihrer Wohnimmobilien zugrunde gehen. Immobilienbesitz kann auch überfordern und krank machen, und Raddatz traf es besonders hart. So viel Unklarheit, so viel Ärger, Streit und Inkompetenz, wie er mit seinen Miteigentümern und der Hausverwaltung erleben musste: Das brachte ihn um. Es tat sich für mich ein völlig neues Betätigungsfeld auf, denn seine Beschwerdebriefe hätten in ihrer Blumigkeit in einen literarischen Roman zu Zeiten Thomas Manns gepasst, waren jedoch völlig ungeeignet, heutzutage geschäftlich und rechtlich etwas zu bewirken. Also ging ich dazu über, seine tränenreichen Ausbrüche von Verzweiflung in knallharte Forderungen umzuformulieren und zu gliedern – erstens, zweitens, drittens. Schließlich brauchte er sogar einen Anwalt für Miet- und Wohnungseigentumsrecht, um sich durchzusetzen. Nicht gerade das, was ein hochsensibler Literat sich wünscht. Der Anwalt war prima und ein echter Gewinn, aber es war schlimm, wie viel Zeit, Gedanken und Geld Raddatz auf das Thema verwenden musste.

Immerhin gab es im Jahr 2010, in dem er auch den Hildegard-von-Bingen-Preis erhalten hatte, noch eine weitere Ehrung für Raddatz, und zwar in Hamburg. Alle zwei Jahre wird dort in einer schönen Feier, diesmal im Großen Festsaal des Atlantic-Hotels, die jedes Jahr verliehene Plakette der Freien Akademie der Künste in Hamburg an zwei Preisträger übergeben. Es werden normalerweise zwei Laudationes und zwei Dankesreden gehalten. Am 7. Dezember waren die Geehrten Hans Zender und Fritz J. Raddatz. Für mich war der Abend ein Fest, wurden doch zwei Männer geehrt, für die ich arbeitete beziehungsweise gearbeitet hatte. Das erlebt man auch nicht so oft. Aber Raddatz hatte wieder einmal Pech. Als Laudator hatte er sich den Journalisten Willi Winkler gewünscht, aber der sagte in letzter Minute ab – und ich muss die Begründung aus dem Tagebucheintrag von Raddatz zitieren, weil es so schön und absurd zugleich ist: »... wegen eines Eintrags in meinem Tagebuch. Nun ist die aparte Pointe, dass er dort überhaupt nicht vorkommt, er meint aber, sich in einem boshaften Bonmot von mir über einen namentlich nicht genannten *Spiegel*-Journalisten erkannt zu haben. Beleidigt. Ich fing in einem Avant-propos vor meiner eigentlichen kleinen Dankesrede den Vorfall auf, indem ich WW für die Idee, ursprünglich über mich zu sprechen, dankte und sagte, daß es ihn im

Grunde ehre, beleidigt zu sein (ich wäre es an seiner Stelle auch), da ja heutzutage die Regel ›Pack schlägt sich, Pack verträgt sich‹ gelte; Kritiker, die hohnvoll jemanden ›schlachten‹, laden 1 Tag später das Opfer zu einem ›Gläs'chen Wein‹ ..., so hätte ich große Achtung vor WWs Verhalten. Stürmischer Applaus UND VIELE LEUTE KAMEN HINTERHER, mir für diese elegante Volte zu danken.« Eine der letzten öffentlichen Sternstunden des FJR?

Er wurde immer dünnhäutiger. Oft dachte er an seinen Nachlass, der damals noch ein Vorlass im Literaturarchiv Marbach war und den er gerne anders geordnet gesehen hätte. Er korrespondierte viel mit Inge Feltrinelli, wenig mit Gabriele Henkel und betrieb einen regen Faxverkehr mit Paul Wunderlich, dem verehrten Freund und »Malerfürsten«, dem er in seinen Erinnerungen eine »Gemme« widmete, wie er die eingestreuten Porträts nannte. Wunderlich starb am 6. Juni 2010 im Garten seines französischen Landhauses in Saint-Pierre-de-Vassols ganz plötzlich und ohne Vorwarnung an einem Aorta-Riss. Diesem Datum war eine Veranstaltung in der Hamburger Kunsthalle vorausgegangen, in der Raddatz in der Reihe »Bildbeschreibungen«, einer Kooperation mit dem Literaturhaus, am 1. Juni 2010 zwei Gemälde nebeneinander hatte aufbauen lassen, um diese miteinander in Beziehung zu setzen und zu besprechen: »Aurora« (1964) von Paul Wunderlich und »Der Morgen« (1808/09) von Philipp Otto Runge.

Zu Beginn seiner Ausführungen las Raddatz der Hansestadt die Leviten, und zwar noch deutlicher, als es in seinem in dem Band »Bildbeschreibungen« veröffentlichten Text nachzulesen ist. »Hamburg, das außer in einer Musikangelegenheit« – gemeint ist die Elbphilharmonie – »so sparsame Hamburg, hätte die beste Wunderlich-Sammlung der Welt geschenkt haben können«, klagt Raddatz an, wenn man Paul Wunderlich besser gepflegt, ihn ans hanseatische Herz gedrückt und ihm vielleicht, angesichts seiner Verdienste als Professor an der Kunsthochschule Lerchenfeld, auch mal einen Preis verliehen hätte. Aber hier müsse ja einer erst tot sein, ehe man ihn ehre und preise ... Wunderlich sei »jemand, der mit dieser Stadt sehr viel zu tun hat, in der er lebt. Und wenn ich nachhaken darf, er lebt übrigens immer noch.« Aber eine Woche später war er tot. Und Raddatz zog sich den Schuh an. Er fühlte sich, als habe er durch seine Bemerkung diesen Tod heraufbeschworen, seinen Freund damit umgebracht. Er fühlte sich schlecht, konnte kaum darüber sprechen, aber ich sah ihm an, wie sehr es in ihm arbeitete.

Der Tod war immer schon und wurde über die Jahre zunehmend sein Thema. Aber wie legt man einen anständigen Tod hin? Totsein schreckte Raddatz weniger als der Weg dorthin, das Sterben. In seiner Vorstellung war das immer mit unsäglichen Schmerzen und Leiden verbunden, und er kannte wahrlich viele, bei denen es so war. Da war so ein plötzlicher Aortentod doch direkt ein Segen, wurden einem doch viele große und kleine Entscheidungen abgenommen. Aber darauf, dass es so kommen würde, war ja kein Verlass. Und wenn man den richtigen Zeitpunkt verpasste, dann konnte man sich nicht mal mehr selbst in Würde und gepflegt das Leben nehmen. Auch für solche Verzweiflungstaten gab es in seinem Freundes- und Literaturkreis dramatische Beispiele wie den einsamen Selbstmord mit Pistole von Wolfgang Herrndorf in Berlin und den Sprung aus dem Klinikfenster des siebenundachtzigjährigen Schriftstellers Erich Loest. So etwas empfand Raddatz als Zumutung, als würdelos, als blutige Schweinerei, wie *er* sie der Nachwelt nie und nimmer hinterlassen wollte.

Um diese Zeit begannen seine gelegentlichen Reisen in die Schweiz. Zunächst heimlich, mit selbst organisierten Flugtickets nach Zürich, angeblich in Verlagsangelegenheiten. Ganz offenbar versuchte er, bei einer der dort ansässigen Sterbehilfe-Organisationen aufgenommen zu werden. Aber das war gar nicht so einfach. Raddatz war ja nicht todkrank, bekam keine Bescheinigungen über eine letale Krankheit. Inzwischen hatte ich mir längst sein Vertrauen erobert. Er begann, sich mir rückhaltlos zu öffnen, machte Andeutungen, bis er mich unter dem Siegel der Verschwiegenheit einweihte. Heute fühle ich mich daran nicht mehr gebunden, weil die Fakten hinlänglich bekannt sind und er selbst noch das zur Veröffentlichung nach seinem Tod bestimmte Dossier an Alexander Fest schickte, der es an die *Zeit*-Redaktion weiterleitete. Darin gibt er selber ausführlich und tief Auskunft. In allen seriösen Nachrufen hieß es im Übrigen: »Wer es wissen wollte, konnte es wissen«, denn in seinen Interviews der letzten drei bis vier Jahre sprach Raddatz für sich von einem »selbstbestimmten Sterben von eigener Hand«. Er engagierte sich auch öffentlich für den »selbstbestimmten Tod«, trat auf Einladung von Roger Kusch und dessen Organisation an einem Informationsabend in Hamburg auf, schrieb mehrfach flammende Artikel gegen das Recht des Staates, Sterbehilfe zu verbieten, und machte auch in seinen Tagebüchern keinen Hehl aus seiner Meinung und seinen Absichten. Der zweite Band endet am 31. Dezember 2012 mit den Worten: »Maschine kaputt. Finis Tagebuch.«

Aber noch war es nicht so weit. Die Tagebücher, 2010 und 2014 bei Rowohlt erschienen, bescherten ihm seelische Qualen, viel Arbeit, teils hymnische, teils niederschmetternde Kritiken, aber doch etliche Auflagen, je eine Taschenbuchausgabe und insgesamt gute Verkäufe. Und um vom Erfolg noch etwas zu haben, gab er sie zu Lebzeiten und nicht erst posthum heraus, wie das ursprünglich mal angedacht war. Ich glaube, dass Alexander Fest an dieser Entscheidung großen Anteil hatte. Raddatz genoss die Zuwendung des jungen Verlegers, der sich wirklich rührend um Buch und Autor kümmerte, selber das Lektorat übernahm und zu langen Arbeitssitzungen in einem Hotel eigens nach Kampen kam. Raddatz fühlte sich bei Fest gut aufgehoben und fand es auch irgendwie stimmig, auf diese Weise im Alter zu Rowohlt zurückzukehren.

Einen denkwürdigen Abend gab es, als Raddatz mich zu einem kleinen, feinen Abendessen zu sich in die Heilwigstraße einlud, um seinen Abschied von der Tucholsky-Stiftung zu begehen – nur wir beide. Ich durfte mir wünschen, was ich essen wollte, und war so frei: Hummer, bitte. Die edlen Getränke bestimmte er, und ich zog mir ein richtig feines, langes Abendkleid an, weil ich wusste, dass er es liebte, wenn man sich angemessen kleidete. Was aber sollte ich ihm mitbringen? Das war schwierig, und mir fiel nichts ein. Mit seinen erlesenen Weinen und seinem teuren Champagner (er servierte ja den ruinösen »Ruinart«) wollte und konnte ich nicht konkurrieren, so ging ich zum Blumenladen meines Vertrauens und bestellte ein kleines Bouquet, möglichst in einer länglichen Glasschale, aus gelben und hellblauen Blüten, wegen Tucholskys Grab im Exil also in den Farben der schwedischen Nationalflagge, und auch so angeordnet: ein gelbes Kreuz auf blauem Grund. Als ich das Gesteck abholte, bekam ich einen Schreck. Es war genau, wie ich es bestellt hatte, aber es sah aus wie ein kleiner, blumengeschmückter Sarg! Damit hatte ich nicht gerechnet. Was sollte ich tun? Ich überlegte und entschloss mich trotzdem, es zu verschenken. Raddatz sagte artig Danke und sonst nichts. Ob auch er diese Assoziation hatte, weiß ich nicht, aber ein bisschen makaber fand ich es schon, und es tat mir leid. Aber nun konnte ich nichts mehr ändern. Augen zu und durch …

Schon einmal habe ich Raddatz und seine Pantoffeln erwähnt, in denen er gelegentlich aus der Wohnung ins Souterrain zum Arbeiten kam. Aber wie überrascht und nostalgisch berührt war ich, als ich mit ihm zur Buchmesse nach Leipzig fuhr, wo er abends im Bayerischen Bahnhof in einer Talkrunde mit Denis Scheck den ersten Tagebuchband vorstellte. Er traute sich die Reise nicht alleine zu, fühlte sich zitterig und schwach. Sein Gehör wurde immer schlechter, die Sehkraft auch, und am Dammtor-Bahnhof, wo ich ihn einmal zum Zug nach Bremen brachte, war er mir sogar entwischt und in den falschen Zug gesprungen, der aber glücklicherweise auch nach Bremen fuhr, nur eben nicht der ICE war, den er hätte nehmen sollen. Weil er die Anzeigen, die Änderung der Wagenreihung und anderes nicht mehr gut erkennen und die Lautsprecheransagen nicht mehr verstehen konnte und deshalb immer unsicher war, fuhr ich nun mit ihm zusammen im ICE von Hamburg nach Leipzig, hatte unsere Fahrkarten und Plätze organisiert und setzte mich auf meinen Einzelplatz in seiner Nähe. Als ich mir während der Fahrt die Beine vertreten wollte, traute ich meinen Augen nicht: Seine eleganten Halbschuhe standen fein säuberlich nebeneinander unter dem Sitz, und seine Füße steckten in feinen Lederpantoletten, wie man sie früher in Zügen wie dem Orient-Express trug. Was für ein Bild, was für eine Lebensart, wie herrlich, köstlich, stilvoll und schön das war!

Seine Bedingung war, wenn er sich schon nach Leipzig begleiten ließe (was ihm natürlich ganz viel Sicherheit gab und wofür er dankbar war), dann ohne zu reden. Eine Unterhaltung in der Bahn, nein, das wollte er auf keinen Fall, und das hatte sicherlich nicht nur mit seiner Schwerhörigkeit zu tun. Er saß die ganzen drei Stunden still, las ein Bändchen aus der Reihe »rororo aktuell«, ganz konzentriert, und rührte sich nicht. Da war doch noch viel Kraft, wenn er in seiner Ruhe war.

Am Sonntag, dem 22. Februar 2015, sollte im Berliner Ensemble eine Hommage zum 70. Geburtstag von Thomas Brasch stattfinden, dem so sehr vermissten und schon vor so vielen Jahren gestorbenen Freund. Ich schlug Raddatz, dem traurigen, von seinen eigenen Dämonen Gebeutelten, vor, sich doch die Freude zu machen und zu dieser Matinee nach Berlin zu fahren. Er überlegte lange, ehe er mich dann doch bat, ihn dort zu avisieren und eine Karte für ihn zu reservieren. Ich besprach noch mit den liebenswerten Damen am Haus, dass Raddatz einen besonderen Platz benötige: Seit Kriegstagen, als neben dem Dreizehnjährigen eine Granate explodierte und ein Trommelfell zerstörte, konnte er rechts nichts mehr hören und war darauf angewiesen, möglichst vorne, aber nicht in der ersten Reihe, halbrechts zu sitzen, damit Sprache oder Musik von halblinks auf sein gutes Ohr trafen. Ja, doch, dieser individuelle Service war bei mir inklusive. Die Bahnfahrkarte wollte er sich selber besorgen, aber ich sollte von Samstag an sein Zimmer im Kempinski reservieren, open end, er wollte sich in Berlin »noch ein paar schöne Tage machen«. Wie bitte? Das klang aber gar nicht nach Raddatz, der sonst nur zweckgebunden reiste und alles minutiös durchplante. Da ahnte ich, dass etwas nicht stimmte, es wurde mir aber erst später bewusst.

Auch der private Hausmeister von Raddatz hatte Merkwürdigkeiten zu berichten. Am Freitag vor dieser Berlin-Reise sollte er kein Kaminholz mehr nach oben bringen, und der Weinkeller sei auch bis auf ganz wenige Flaschen leer. Sehr verdächtig. Was ging da vor? Und als Raddatz und ich uns an jenem Freitag verabschiedeten und ich noch das Büro aufräumte und die letzten E-Mails abschickte, da bemerkte ich, dass sein Schreibtisch nackt und bloß dastand, keine unerledigten Briefe, keine Rechnungen, keine Manuskriptarbeit, der Füllfederhalter ordentlich in seiner Schale – nichts mehr war zu tun. Er hatte alles erledigt, er hatte abgeschlossen. Es beschlich mich ein ganz seltsames Gefühl. Irgendwie ahnte ich, dass das der Tag des endgültigen Abschieds war, dass ich Raddatz nie mehr wiedersehen würde. Traurig blickte ich hinter ihm her. Er taperte, gebrochen und leer, langsam den engen

Flur hinunter, an überstehenden Bildbänden und der Pantry vorbei, dem Ausgang zu. Ich erhob mich, schlug die Hände vors Gesicht, denn die Tränen sprudelten nur so aus mir heraus. Ich hob die Arme, zeichnete einen Sonnenkreis um ihn und segnete ihn auf meine Weise, wünschte ihm Glück für das, was nun noch vor ihm lag, das Schwerste.

Am Sonntag, dem 22. Februar, an dem ich Raddatz in Berlin wähnte, wurden im Klinikum Eppendorf meine beiden ersten Enkelkinder geboren, Zwillinge, ein Junge und ein Mädchen. Ich machte gegen 18 Uhr einen kurzen Besuch auf der Entbindungsstation, wo sich der Professor für das Wochenende alle seine Zwillingsgeburten einbestellt hatte. Alles war gut, die Schwiegertochter geschwächt, aber die Kinder gesund und auf natürlichem Wege zur Welt gekommen. Ich blieb nicht lange, umarmte meinen Sohn und dachte plötzlich, dass ich doch auf dem Heimweg ganz kurz an der Raddatz'schen Wohnung vorbeifahren könnte, um zu sehen, ob er noch in Berlin weilte. Dort der Schock. Alles hell, sogar grell erleuchtet, die Jalousie offen, wie sonst abends nie. Man konnte bis hinten in die großen Räume sehen, aber man sah nichts. Beinahe hätte ich die Polizei gerufen, denn ich wusste, dass Raddatz sich in diesem Frühjahr umbringen wollte, nur nicht, wann und wo. Doch zu viel Fürsorge und Einmischung waren nicht das, was er gewollt hätte.

Ich fuhr also nach Hause und staunte nicht schlecht, als am Montag per E-Mail eine »No show«-Rechnung vom Kempinski eintraf. Raddatz war also gar nicht nach Berlin gefahren, hatte seine Reservierung nicht wahrgenommen, es war alles »just for show« gewesen, er hatte mich planvoll gelinkt. Stattdessen hatte er mit seinem Lebenspartner, der ihm in der Nacht anhand von Papieren auf die Schliche gekommen war, in der Heilwigstraße gesessen und heulend Abschied genommen. Am Montag rief mich Gerd Bruns an und brachte mich auf den neuesten Stand: FJR sei nun schon mit einer Sterbebegleiterin in Zürich gelandet und habe für Donnerstag den entscheidenden Schritt geplant.

Theo war der Erste, der mich am Donnerstagmittag anrief und fragte, ob die Meldung von Raddatz' Tod stimme. Er verfasste dann den ersten Nachruf für *Zeit Online*.

Epilog

Am Mittwoch, dem 11. Februar 2015, stellte Raddatz in der Hamburger Buchhandlung Felix Jud sein letztes Buch vor, als dessen offiziellen Erscheinungstermin er mit Alexander Fest den 26. Februar vereinbart hatte, den Tag, an dem er aus dem Leben scheiden wollte. Das Buch enthält die rasante Beschreibung seiner »Jahre mit Ledig« beim Rowohlt Verlag, die er als die schönste Zeit seines Lebens rühmt.

Nach der Veranstaltung nahm mich Wilfried Weber, der inzwischen leider auch verstorbene Inhaber der Buchhandlung, beiseite und sagte: »Frau Sommer, Sie kennen doch auch Herrn von Dohnanyi. Dem geht es ja so schlecht. Seine langjährige Sekretärin ist plötzlich gestorben, und das war ein großer Schock für ihn.« Ich erwiderte: »Ach, wissen Sie, Herr Weber, Sie dürfen mich gern in Empfehlung bringen. Bei Raddatz wird es jetzt immer weniger, der will ja nicht mehr schreiben. Dieses ist bekanntermaßen sein letztes Buch.« Dass es bei Raddatz bald gar nichts mehr zu tun geben würde, konnte ich schließlich nicht sagen. Ich wusste ja, was er plante, und hoffte nur, dass er sich die von ihm so geliebte Rhododendronblüte im Mai noch gönnen würde, aber das sollte nicht mehr sein.

Nach Raddatz' Tod habe ich Hamburg verlassen und bin am 1. Juli nach Wacken – ja, *das* Wacken – gezogen. Dort rief dann im Oktober Klaus von Dohnanyi an, und im November 2015 habe ich bei ihm angefangen. Auch in der Heilwigstraße, auch im Souterrain seiner Villa, auch in einer Vertrauensstellung. Er hat sich ausbedungen, in diesem und in keinem anderen Buch von mir vorzukommen, was selbstverständlich respektiert wird. Raddatz hat sich in allen seinen Schriften bis aufs Blut entblößt, das ist Temperamentssache, das kann und will nicht jeder. Aber ich habe sie alle im Herzen, meine Männer, von A wie Augstein über S wie Sommer bis Z wie Zuckmayer.

Personenregister

Adenauer, Konrad 7, 42
Albers, Detlev 125
Albrecht, Gerd 192
Albrecht, Henning 139
Allenby, Edmund 144 f.
Arendt, Hannah 122
Argerich, Martha 30
Ascherson, Neal 52
Astor, David 51 f.
Augstein, Franziska 128
Augstein, Jakob 128
Augstein, Julian 166, 168
Augstein, Katharina 138
Augstein, Maria Sabine 128, 138
Augstein, Rudolf 53, 98, 116, 119 f., 122, 125, 128–135, 137–140, 150 ff., 154–163, 166–170, 250

Bahr, Egon 68
Baldwin, James 214
Barth, Ariane 131
Barzel, Rainer 126, 151, 156, 159 f., 162
Bauer, Abraham 143
Bäumler, Hans-Jürgen 121
Beauvoir, Simone de 167
Becker, Bärbel 44
Becker, Hans Detlev 137, 167

Becker, Kurt 44 f., 177
Behlmer, Gert Hinnerk 125
Bellow, Saul 202
Benda, Hans von 16, 20
Bergman, Ingmar 64, 104
Bernstein, Leonard 183
Beyer, Susanne 130 f.
Bezold, Oskar 110 f.
Biermann, Pamela 179 f.
Biermann, Wolf 179 f.
Binder, Ingvelde 195
Bismarck, Otto von 25 f.
Bittorf, Wilhelm 156 f.
Bogdanovich, Peter 164
Böll, Heinrich 151
Bölling, Klaus 171 f.
Böthig, Peter 207
Brandt, Willy 42, 68, 126 f., 160
Brasch, Thomas 202, 245
Bräutigam, Hans Harald 177
Brecht, Bertolt 201
Bruns, Gerd 210, 237, 247
Bucerius, Ebelin 43
Bucerius, Gerd 54 f., 58, 62 f., 69, 170
Buchan, Alastair 78 f.
Bulgakow, Michail 184
Busch, Wilhelm 89, 106
Busse, Walter 129, 137

Carlsson, Maria 151
Carter, Jimmy 172
Carter, Rosalynn 172
Chirico, Giorgio de 139
Chopin, Frédéric 67
Cohn-Bendit, Daniel 125
Courrèges, André 70

Dahrendorf, Rolf 125
Dajan, Mosche 145
Day, Doris 132
De Sica, Vittorio 99
Dohnányi, Christoph von 182, 188
Dohnanyi, Klaus von 249
Domingo, Placido 197
Dönhoff, Marion Gräfin 9 ff., 39 ff., 50–53, 55, 67 f., 74, 92 f., 172, 202
Döpfner, Julius Kardinal 28
Dregger, Alfred 162
Dutschke, Gretchen 124
Dutschke, Marek 124
Dutschke, Rudi 122, 124 f.

Eggerth, Sabine 121
Ehmke, Horst 42, 152
Engel, Johannes K. 120
Ensslin, Gudrun 152 f.
Erhard, Ludwig 42
Ertl, Josef 160
Eschenbach, Christoph 67
Eschenburg, Theodor 47

Fechter, Peter 68
Feltrinelli, Inge 241
Fest, Alexander 233, 243, 249

Fest, Joachim C. 116 ff., 125
Fischer, Kai 121
Fitzgerald, Ella 70
Flemmer, Walter 139
Flora, Paul 45 f., 55
Florath, Albert 20
Florath, Alois 20
Fohrbeck, Karla 119, 156 f.
Ford, Gerald 227
Forst, Willi 104
Forster, Norvela 77
Förster, Otto 129, 138, 151, 154 f.
Frantz, Justus 67
Funke, Hans-Werner 181

Gaus, Bettina 165
Gaus, Erika 166
Gaus, Günter 120–124, 128, 131, 163–166
Genscher, Hans-Dietrich 159 f., 162
Gerold-Tucholsky, Mary 206, 234 ff.
Godard, Jean-Luc 12
Goebbels, Joseph 22, 24
Gotthelf, Jeremias 108
Goverts, Henry 107
Grass, Günter 208
Grass, Ute 208
Grenz, Artur Herbert Diedrich Wilhelm 16 f., 19 ff., 24 f., 28
Grenz, Friedemann 158
Grenz, Friederike Luise Emilie (Emmy) 15–25, 28 f.
Gresmann, Hans 9, 59, 62, 65 f., 73, 93, 98, 125

Groß, Stefan 213
Grunenberg, Nina 177
Gruner, Richard 58
Guttenbrunner, Katharina 83
Guttenbrunner, Maria Winnetou 83, 91
Guttenbrunner, Michael 83, 101

Haffner, Sebastian 71
Hansen, Eliza 67
Hansen, Nikolaus 213
Hasenclever, Walter 109
Hatzfeld, Hermann 93
Henkel, Gabriele 241
Herdan-Zuckmayer, Alice 83, 88 ff., 94 f., 102, 104–107
Hermann, Kai 9, 50
Herrendoerfer, Christian 117
Herrndorf, Wolfgang 242
Heuer, Ernst-Otto 219
Hielscher, Margot 121
Hildebrandt, Regine 127
Hindemith, Paul 16
Hintz, Uschi 125
Hochhuth, Rolf 238
Hocks, Michael 185 f., 188
Hoff, Kay 142
Höller, York 183 f.
Höpker, Thomas 56 f.
Hornborstel, Wilhelm 214 f.
Horres, Kurt 189, 192
Hotter, Hans 26
Hrdlicka, Alfred 214
Hudson, Rock 131

Jacobi, Claus 120
Jacobsson, Ulla 103 f.
Janson, Horst 121
Janssen, Horst 118, 139
Joffe, Josef 201 f., 204
Juan Carlos I. 172
Jungblut, Andreas 237

Kaiser, Joachim 233
Kallmorgen, Werner 134
Karasek, Hellmuth 164 f., 167
Károlyi, Julian von 26
Kästner, Erich 22
Kennedy, Edward 71
Kennedy, Jackie 83
Kennedy, John F. 7, 37 f., 57, 68, 71
Kersten, Joachim 207
Kertzscher, Günter 69
Khvostov, Vladimir Mikhailovich 79
Kipphoff, Petra 82
Kissinger, Henry 142, 227
Knauf, Erich 22
Knef, Hildegard 104
Knuth, Gustav 121
Koch, Marianne 114
Kogon, Eugen 116
Kohl, Hannelore 202
Kohl, Michael 164
Krüger-Penski, Birgit 217, 231
Kuenheim, Haug von 67
Kühl, Janine 153
Küng, Hans 150
Kupfer, Renate 187, 193
Kusch, Roger 243

Lambrecht, Christa-Maria 117
Lang, Charly 196 f.
Lang, Hilde von 170
Lange, Hellmut 121
Lawrence von Arabien 44
Leander, Zarah 32
Lemke, Heike 220
Leonhard, Wolfgang 42
Leonhard, Yvonne 42
Leonhardt, Rudolf Walter 68
Liebermann, Rolf 192 f.
Liepman, Ruth 202
Loah, Ruth 222, 226
Loest, Erich 242
Löns, Hermann 162
Loren, Sophia 99

Makarios III. 149
Maly, Peter 112
Mangold, Ijoma 239
Mann, Thomas 239
Mares, Rolf 181 f., 187, 189
Mastroianni, Marcello 99
Maternus, Ria 42
Mattsson, Arne 103
Mayer, Hans 202
Meinhof, Ulrike 153
Meller Marcovicz, Digne 166
Melville, Herman 237
Mende, Erich 126
Merveldt, Eka Gräfin 52
Meysel, Inge 113
Möller, Marlies 198
Müller-Marein, Josef 43, 52
Münchenhagen, Jutta 85
Musil, Robert 94

Nannen, Henri 56, 70, 72, 97–100, 125, 178
Nannen, Martha 97, 99
Naumann, Michael 202, 204
Nelles, Irma 132
Nesselhauf, Michael 137, 167
Neuenfels, Hans 184
Ney, Elly 26
Niemeier, Rosemarie 217
Niese, Inge 64
Nissen, Peter Norman 29
Nono, Luigi 191
Norman, Jessye 193 f.

Oates, Joyce Carol 38
Ohnesorg, Benno 125
Ohser, Erich (e. o. plauen) 20 ff.
Offenbach, Joseph 121
Ottosson, Robert A. 16

Palach, Jan 68
Palmer, Hartmut 172
Panton, Verner 118
Passarge, Karl 36
Preller, Peter 112
Proske, Bunny 216
Proske, Rüdiger 198, 216
Puccini, Giacomo 193

Quandt, Mary 70

Rabanne, Paco 70
Raddatz, Fritz J. 55, 109, 111 f., 119 f., 124, 134, 151, 181, 199 f., 202–215, 217, 224, 233–250

Redgrave, Corin 15
Redgrave, Vanessa 15
Reemtsma, Jan Philipp 124
Reimann, Aribert 183, 189
Rijn, Rembrandt van 59
Ripellino, Angelo Maria 191
Ristock, Harry 125
Rökk, Marika 60
Roth, Henry 227, 230, 236
Roth, Hugh 230
Rothe, Sigrid 166
Rothfels, Hans 11
Runge, Philipp Otto 241
Ruzicka, Peter 183, 192

Salin, Edgar 93
Salinger, Pierre 71
Sander, Erna 113
Schappien, Sabine 128, 135–138, 151 ff.
Scharlau, Winfried 116 f., 125
Scharon, Ariel 145–148
Scharon, Lilith 146
Scheck, Denis 245
Scheel, Walter 126, 160, 163
Scheler, Max 72
Schiller, Friedrich 21
Schleede, Fiete 128, 138, 154
Schmid, Ulrich 185
Schmidt, Arno 135
Schmidt, Helmut 30, 42, 45, 114, 127, 166, 177, 216–233
Schmidt, Loki 30, 166, 216, 218–226, 228–231 f.
Schmidt, Marlies 113, 115
Schmidt, Susanne 218
Schmied, Wieland 139

Schönfelder, Ernst 186
Schuchardt, Helga 189, 192
Schulz, Caroline (Lina) 18
Schulz, Wilhelm 18
Schulze, Ilse 111, 199, 204
Schulze, Sabine 214 f.
Schumann, Robert 67
Schwarz, Petra 223
Schwarzer, Alice 8, 167
Seberg, Jean 12
Seghers, Anna 123 f.
Sense, Heinz-Dieter 194
Sethe, Paul 45
Shultz, George 227
Sielmann, Heinz 220
Silcher, Friedrich 84
Söhnker, Hans 121
Sommer, Jerry 11
Sommer, Theo 7–14, 38, 41, 44, 48, 50 f., 53, 56–63, 65–71, 74, 76–81, 92 ff., 97, 99, 101, 110, 112–115, 118, 122–125, 133, 136, 140–143, 146 ff., 152, 157, 161, 166 f., 170–175, 177 f., 199, 201 f., 204, 216, 223, 232, 235, 248
Sperr, Monika 167
Spitz, Harry Hermann 30
Springer, Axel 124, 139
Stahl, Erna 30
Stehle, Hansjakob 46 f.
Stelly, Gisela 129, 151 f., 159, 166
Stern, Fritz 221
Stolze, Diether 64
Strauß, Franz Josef 160 ff.
Strobel, Robert 42

Strothmann, Dietrich 9
Sudeck, Ursula 111

Terry, Luther L. 61
Thadden, Adolf von 85
Theurich, Werner 184
Topf, Erwin 43 f.
Trebitsch, Gyula 113 ff., 124 f.
Tremper, Will 160
Trotta, Margarethe von 64
Tucholsky, Kurt 43, 109, 206 f., 233–236, 244

Uhland, Ludwig 84
Ulbricht, Walter 7
Updike, John 202

Vacek, Egon 71 f.
Venske, Henning 160 f.
Voscherau, Henning 231 f.

Wagner, Richard 30
Weber, Wilfried 249
Wecker, Konstantin 8

Wegener, Alfred 236
Wegener, Ulrich 171
Wehner, Herbert 126
Weichmann, Herbert 139
Weinstein, Harvey 103
Welles, Orson 111, 164
Westhof, Josef 116
Wielckens, Barbara 129
Wiesand, Andreas 119, 156 f.
Wilde, Oscar 236
Winkler, Willi 120, 240 f.
Woolf, Virginia 207
Wunderlich, Paul 214, 241 f.

Young, Simone 184
Yun, Isang 183

Zadek, Peter 196
Zender, Gertrud 185
Zender, Hans 182–191, 194, 196, 240
Zimmer, Dieter E. 125, 174 f.
Zuckmayer, Carl 82–90, 92–95, 101–110, 142, 250
Zundel, Rolf 9, 50

Bildnachweis

Darchinger, J. H./Friedrich-Ebert-Stiftung: 11, 13; Greiser, Kai/Kosel: 7; Meller Marcovicz, Digne/bpk: 8–10; picture alliance/dpa: 6, 14; privat: 1–3, 12; Scheler, Max: 4, 5; Tallant, Paul/Images International: 15